C. H. BECK
STUDIUM

Positionen der Literaturwissenschaft

Acht Modellanalysen am Beispiel von Kleists
Das Erdbeben in Chili

Herausgegeben von
David E. Wellbery

Verlag C. H. Beck München

Der Abdruck der Novelle *Das Erdbeben in Chili* erfolgt mit freundlicher Genehmigung
des Carl Hanser Verlags, München und Wien, nach der Ausgabe
Heinrich von Kleist, Sämtliche Werke und Briefe. Herausgegeben von Helmut Sembdner.
© 1952, 7., ergänzte und revidierte Auflage 1984.

Die erste Auflage dieses Buches erschien 1985.
2., durchges. Auflage. 1987
3. Auflage. 1993
4. Auflage. 2001

5. Auflage 2007

Satz: Appl, Wemding
Druck und Bindung: Druckerei C. H. Beck, Nördlingen
Gedruckt auf säurefreiem, aus chlorfrei gebleichtem Zellstoff
hergestelltem Papier
Printed in Germany
ISBN 978 3 406 37731 0

www.beck.de

Inhalt

Vorbemerkung 7

Heinrich von Kleist
Das Erdbeben in Chili 11

Diskursanalyse
Friedrich A. Kittler
Ein Erdbeben in Chili und Preußen 24

Hermeneutik
Norbert Altenhofer
Der erschütterte Sinn. Hermeneutische Überlegungen zu Kleists *Das Erdbeben in Chili* 39

Kommunikationstheorie/Pragmatik
Karlheinz Stierle
Das Beben des Bewußtseins. Die narrative Struktur von Kleists *Das Erdbeben in Chili* 54

Literatursemiotik
David E. Wellbery
Semiotische Anmerkungen zu Kleists *Das Erdbeben in Chili* . . 69

Institutionssoziologie
Christa Bürger
Statt einer Interpretation. Anmerkungen zu Kleists Erzählen . . 88

Sozialgeschichtliche Werkinterpretation
Helmut J. Schneider
Der Zusammensturz des Allgemeinen 110

Theorie der Mythologie/Anthropologie
René Girard
Mythos und Gegenmythos: Zu Kleists *Das Erdbeben in Chili* . . 130

⋆ ⋆ ⋆

Werner Hamacher
Das Beben der Darstellung 149

Anmerkungen 174

Die Autoren 193

Vorbemerkung

Die Literaturwissenschaft hat ihren paradoxen Aspekt. Einerseits gibt sie sich als einheitliche Diskursdomäne zu erkennen, die sich von anderen gesellschaftlichen Diskursen – etwa durch ihren ausschließlich universitären Rahmen, durch die Bevorzugung der Kommunikationsformen Artikel, Vortrag, Studie, durch die Benutzung von Medien wie Zeitschrift, Konferenz, akademisches Buch – deutlich abgrenzt. Selbst wenn sie im Namen der Menschheit spricht, wie es zu geschehen pflegt, ist ihr primäres Handlungsfeld das einer professionalisierten Wissensbranche. Trotz dieser institutionellen Homogenität jedoch – und damit kommen wir zur anderen Seite des Paradoxons – zerfällt die Literaturwissenschaft in verschiedene Subdiskurse, die nicht einmal die gleichen Kriterien (im Wittgensteinschen Sinne) teilen. Es werden in ihr Sprachspiele gespielt, in denen heterogene Begriffe zu stark divergierenden Zwecken verwandt werden. Freilich, die stürmische Ausbreitung von methodologischen Modellen und globalen Konzepten zur Reform der Literaturwissenschaft, die besonders die späten sechziger und frühen siebziger Jahre kennzeichnete, scheint einstweilen verebbt zu sein. Das heißt aber keineswegs, daß die sogenannte Methodendiskussion zur Herausbildung eines konsensfähigen Forschungsprogramms geführt hat. Im Gegenteil, das *factum brutum,* mit dem jeder Anfänger im Fach heute konfrontiert wird, ist ein buntes Nebeneinander von methodologischen Subdiskursen, deren Grenzen nur schwer zu überschreiten sind.

Nicht die Vielfalt der Methoden macht diese Situation beklagenswert. Es läßt sich im Gegenteil argumentieren, daß nur eine perspektivenreiche Wissenschaft literarischem Schreiben gerecht zu werden vermag. Die methodologische Vielfalt hat nur dann nachteilige Konsequenzen, wenn zwischen den verschiedenen Subdiskursen keine Vermittlung stattfindet. Daß dies gegenwärtig der Fall ist, zeigt sich an den Tendenzen zum strengen Purismus einerseits und zur laxen Toleranz des sogenannten Pluralismus andererseits, welche sich in literaturwissenschaftlichen Kreisen immer entschiedener durchsetzen. So entgegengesetzt sie auch scheinen mögen, laufen beide letzten Endes auf das Gleiche hinaus; auf die Negation kommunikativer Vermittlung; denn beide Tendenzen sind bestrebt, Differenzen – sei es durch Ausschließung oder durch Egalisierung – zu leugnen. Kommunikation, die nicht trivial sein soll, setzt aber gerade die Anerkennung von Differenzen, die Bereitschaft, die Alterität des anderen zur Geltung kommen zu lassen, voraus. Die Folgen solchen Kommunikationsmangels sind leicht abzusehen. Auf inhaltlicher Ebene ist mit einem Verzicht auf theoretische Reflexion und einer Rückkehr zum Positivismus zu rechnen, auf institutioneller Ebene mit der zunehmenden Wichtigkeit von rein bürokratischen Faktoren in Entscheidungsprozessen. Selbstredend sind beide Entwicklungen für die Wissenschaftlichkeit der Disziplin gleich verheerend.

Damit ist die Problemsituation umrissen, zu deren Lösung der vorliegende Band beitragen möchte. Seine Organisation ist durch die Erkenntnis motiviert, daß beim gegenwärtigen Stand der Dinge jeder Versuch, die verschiedenen literaturwissenschaftlichen Positionen *systematisch* zu vermitteln, der Überzeugungskraft entbehren muß. Der Grund ist leicht einzusehen: Eine systematische Darstellung muß eine metatheoretische Begrifflichkeit – eine Theoriesprache für die Beschreibung von Theoriesprachen – herausbilden, die aber notwendigerweise einer der zu vermittelnden Positionen, wenn auch nur implizit, normativen Status zumessen wird. Diese Falle wird hier vermieden, indem Vermittlung nicht auf der Ebene der Metakonzepte, sondern auf der des *konkreten Anlasses* zur literaturwissenschaftlichen Tätigkeit gesucht wird. Ich sage mit Bedacht ‚Anlaß' und nicht ‚Gegenstand', denn letzterer wird durch die Arbeit des Forschers konstituiert, oder vielmehr durch die theoretischen Vorentscheidungen, die diese Arbeit steuern. Theoretische Gegenstände sind methodenspezifisch und daher ungeeignet, das Gemeinsame anzubieten, das ein Vergleich zwischen verschiedenen Methoden benötigt. Der Anlaß hingegen ist etwas Vortheoretisches, Faktisches: ein Stück geschichtlich-kultureller Wirklichkeit, das noch nicht durch die Prämissen einer Methode vorgeformt ist. Er läßt sich nennen, aber nicht beschreiben, denn jede Beschreibung müßte ihn zu einem bestimmten Gegenstand zurechtmachen. Selbst anscheinend neutrale Prädikate wie ‚Werk' oder ‚Text' sind perspektivegebunden, selektiv. Wir begnügen uns also vorerst mit dem rein Deiktischen des Namens und des Titels: Heinrich von Kleist, *Das Erdbeben in Chili.* Damit ist der gemeinsame Ausgangspunkt der hier gesammelten Beiträge zur Methodendiskussion bezeichnet.

Daß der Text des *Erdbeben in Chili* (präziser: eine Version des Textes) den Beiträgen vorangestellt wird, bedeutet also keineswegs, daß es sich hier um eine Reihe von Textbeschreibungen handelt. Nicht alle der vertretenen literaturwissenschaftlichen Forschungsrichtungen arbeiten *am Text* (obwohl alle mit Texten arbeiten). Der abgedruckte Text dient gleichsam als materielles Korrelat jenes Problemkomplexes, den ich den ‚Anlaß' zu unserem Gespräch genannt habe. Daß *Das Erdbeben in Chili* sich zu diesem Zweck besonders gut eignet, wird jedem, der den Text kennt, einleuchten. Bei aller Kürze und Übersichtlichkeit weist er eine ungeheure Dichte der Beziehungen auf allen Ebenen auf. Das geschichtliche Material, das er zu bewältigen sucht, ist, wie die in ihm dargestellten menschlichen Konflikte, ein wahrer Sprengstoff. Obwohl er zum Kanon der Schullektüre gehört, ist er keineswegs für die Gegenwart abgedroschen. Im Gegenteil, es handelt sich bei dieser Novelle um ein Kunstwerk ersten Ranges, das auch den heutigen Rezipienten zu ergreifen vermag.

Die Ausrichtung auf einen gemeinsamen Bezugspunkt führt aber noch nicht zu der angestrebten kommunikativen Vermittlung zwischen den einzelnen Beiträgen. Man einigte sich deswegen auf gewisse pragmatische Regelungen, die, indem sie die Konturen der Aufsätze bestimmen, ihre Vergleichbarkeit erhöhen sollten. Hier war die Gefahr des Präjudizierens natürlich recht groß, und um sie zu vermeiden, wurden die Vorschriften auf einem ziemlich hohen Abstraktionsniveau angesetzt. Jeder Teilnehmer sollte 1.) den *Gegenstand* und das *Ziel* seiner Untersuchung explizit machen, 2.) die wichtigsten *Voraussetzungen* der von ihm vertretenen Methode nennen und 3.) die in der Untersuchung verwendeten *Grundbegriffe* definieren. (Sollten diese Forderungen aus theoretischen Gründen nicht erfüllt werden können, so sollte erklärt werden, warum.) Auf diese Weise wurde allen Beiträgen ein gemeinsamer Standard zugrundegelegt, ohne dadurch ihre Differenzen auszulöschen. Hinzu kam eine materielle Einschränkung: Die Arbeiten sollten einen Umfang von 25 Manuskriptseiten nicht überschreiten. Allerdings war diese Regelung, aus Gründen, die den Methoden immanent sind, nicht immer mit der gleichen Stringenz einzuhalten.

Soviel zur Konzeption des Bandes. Es soll aber hervorgehoben werden, daß das Gespräch, das er inszenieren möchte, nur mit Hilfe des Lesers Wirklichkeit annehmen kann; erst die eingreifende Lektüre realisiert die latenten dialogischen (besser: poly-logischen) Bezüge zwischen den einzelnen Beiträgen. Am besten liest man also nicht linear, im Hinblick auf einen faßlichen Ertrag, sondern kreuz und quer, die Vorzüge des schriftlichen vor dem mündlichen Gespräch ausnützend. Auf diese Weise werden die Seiten des Bandes zu einem dynamischen Raum, gleichsam einem Tanz der wechselnden Perspektiven. Höchst bemerkenswert ist dabei folgender Sachverhalt: Die Aktualisierung der Differenzen zwischen den einzelnen Methoden verleiht diesen einen Grad von Individualität und Profiliertheit, den sie von sich aus nicht hätten erreichen können. Vieles, was in einer monologischen Selbstdarstellung verborgen geblieben wäre, kommt in der Konfrontation mit den anderen zur klaren Abhebung, nicht zuletzt die *Entscheidungen*, die das Abenteuer der Gegenstandskonstitution ausmachen. Die aktive, vergleichende Lektüre bereichert die einzelnen Perspektiven, indem sie ihre Kontingenz – ihr Anders-sein-können – aufzeigt.

Noch eine Anmerkung zu den Kategorien, unter denen in der Inhaltsangabe die einzelnen Beiträge angeführt werden. Sie nennen literaturwissenschaftliche Forschungsrichtungen, die sich während der letzten zwei

Jahrzehnte als besonders ergiebig erwiesen haben und die mit Sicherheit an der methodologischen Diskussion der nächsten Zukunft beteiligt sein werden. Auf die Einladung des Herausgebers hin haben sich die Teilnehmer an diesem Projekt bereiterklärt, gemäß den angegebenen Spielregeln die genannten ‚Methoden' zu vertreten. Doch der Leser sollte sich vor Augen halten, daß keiner der Aufsätze methodologisch gesättigt ist; das Verhältnis der ‚Vertretung' ist keines der bloßen Subsumption unter ein vorgegebenes Allgemeines. Es wohnt vielmehr jedem Beitrag eine Spannung inne zwischen (um ein Wort Roland Barthes' aufzugreifen) Methode und Schreiben, die vielleicht als das eigentliche Produktive an den Arbeiten zu betrachten ist. Thematisch wurde dieser Sachverhalt in der Korrespondenz zwischen dem Herausgeber und Werner Hamacher. Jener hatte Herrn Hamacher zunächst gebeten, die ‚Grammatologie' im Sinne Derridas zu vertreten. In seiner Antwort wies Hamacher mit Recht darauf hin, daß die Aufforderung, einer ‚grammatologischen Methode' zu folgen, widersinnig sei, weil das Verfahren der Lektüre, das der Terminus ‚Grammatologie' anzeigt, mit dem Konzept der Repräsentation eines Gehalts (und also einer ‚Methode') breche. Aus diesem Grunde ist der Text Werner Hamachers, der den Band abschließt, in der Inhaltsangabe durch eine Leerstelle statt durch eine übergeordnete Kategorie bezeichnet.

Der Text der Erzählung *Das Erdbeben in Chili,* den wir hier wiedergeben, ist der von Helmut Sembdner edierten Ausgabe der *Sämtlichen Werke und Briefe* (München, 7. Aufl. 1984) entnommen. Verweise durch in Klammern angegebene Seitenzahlen beziehen sich selbstverständlich auf die Paginierung des vorliegenden Bandes.

Zu danken hat der Herausgeber Egon Schwarz, von dem die erste Idee zu dem Projekt stammt, Herrn Reinhold Zimmer, der den Band betreute, und vor allem den Autoren für ihre Bereitwilligkeit, an dem Experiment teilzunehmen, und für ihre Geduld.

D. E. W.

Heinrich von Kleist

Das Erdbeben in Chili

In St. Jago, der Hauptstadt des Königreichs Chili, stand gerade in dem Augenblicke der großen Erderschütterung vom Jahre 1647, bei welcher viele tausend Menschen ihren Untergang fanden, ein junger, auf ein Verbrechen angeklagter Spanier, namens *Jeronimo Rugera*, an einem Pfeiler des Gefängnisses, in welches man ihn eingesperrt hatte, und wollte sich erhenken. *Don Henrico Asteron*, einer der reichsten Edelleute der Stadt, hatte ihn ungefähr ein Jahr zuvor aus seinem Hause, wo er als Lehrer angestellt war, entfernt, weil er sich mit *Donna Josephe*, seiner einzigen Tochter, in einem zärtlichen Einverständnis befunden hatte. Eine geheime Bestellung, die dem alten Don, nachdem er die Tochter nachdrücklich gewarnt hatte, durch die hämische Aufmerksamkeit seines stolzen Sohnes verraten worden war, entrüstete ihn dergestalt, daß er sie in dem Karmeliterkloster unsrer lieben Frauen vom Berge daselbst unterbrachte.

Durch einen glücklichen Zufall hatte Jeronimo hier die Verbindung von neuem anzuknüpfen gewußt, und in einer verschwiegenen Nacht den Klostergarten zum Schauplatze seines vollen Glückes gemacht. Es war am Fronleichnamsfeste, und die feierliche Prozession der Nonnen, welchen die Novizen folgten, nahm eben ihren Anfang, als die unglückliche Josephe, bei dem Anklange der Glocken, in Mutterwehen auf den Stufen der Kathedrale niedersank.

Dieser Vorfall machte außerordentliches Aufsehn; man brachte die junge Sünderin, ohne Rücksicht auf ihren Zustand, sogleich in ein Gefängnis, und kaum war sie aus den Wochen erstanden, als ihr schon, auf Befehl des Erzbischofs, der geschärfteste Prozeß gemacht ward. Man sprach in der Stadt mit einer so großen Erbitterung von diesem Skandal, und die Zungen fielen so scharf über das ganze Kloster her, in welchem er sich zugetragen hatte, daß weder die Fürbitte der Familie Asteron, noch auch sogar der Wunsch der Äbtissin selbst, welche das junge Mädchen wegen ihres sonst untadelhaften Betragens lieb gewonnen hatte, die Strenge, mit welcher das klösterliche Gesetz sie bedrohte, mildern konnte. Alles, was geschehen konnte, war, daß der Feuertod, zu dem sie verurteilt wurde, zur großen Entrüstung der Matronen und Jungfrauen von St. Jago, durch einen Machtspruch des Vizekönigs, in eine Enthauptung verwandelt ward.

Man vermietete in den Straßen, durch welche der Hinrichtungszug gehen sollte, die Fenster, man trug die Dächer der Häuser ab, und die frommen Töchter der Stadt luden ihre Freundinnen ein, um dem Schauspiele, das der göttlichen Rache gegeben wurde, an ihrer schwesterlichen Seite beizuwohnen.

Jeronimo, der inzwischen auch in ein Gefängnis gesetzt worden war, wollte die Besinnung verlieren, als er diese ungeheure Wendung der Dinge erfuhr. Vergebens sann er auf Rettung: überall, wohin ihn auch der Fittig der vermessensten Gedanken trug, stieß er auf Riegel und Mauern, und ein Versuch, die Gitterfenster zu durchfeilen, zog ihm, da er entdeckt ward, eine nur noch engere Einsperrung zu. Er warf sich vor dem Bildnisse der heiligen Mutter Gottes nieder, und betete mit unendlicher Inbrunst zu ihr, als der einzigen, von der ihm jetzt noch Rettung kommen könnte.

Doch der gefürchtete Tag erschien, und mit ihm in seiner Brust die Überzeugung von der völligen Hoffnungslosigkeit seiner Lage. Die Glokken, welche Josephen zum Richtplatze begleiteten, ertönten, und Verzweiflung bemächtigte sich seiner Seele. Das Leben schien ihm verhaßt, und er beschloß, sich durch einen Strick, den ihm der Zufall gelassen hatte, den Tod zu geben. Eben stand er, wie schon gesagt, an einem Wandpfeiler, und befestigte den Strick, der ihn dieser jammervollen Welt entreißen sollte, an eine Eisenklammer, die an dem Gesimse derselben eingefugt war; als plötzlich der größte Teil der Stadt, mit einem Gekrache, als ob das Firmament einstürzte, versank, und alles, was Leben atmete, unter seinen Trümmern begrub. Jeronimo Rugera war starr vor Entsetzen; und gleich als ob sein ganzes Bewußtsein zerschmettert worden wäre, hielt er sich jetzt an dem Pfeiler, an welchem er hatte sterben wollen, um nicht umzufallen. Der Boden wankte unter seinen Füßen, alle Wände des Gefängnisses rissen, der ganze Bau neigte sich, nach der Straße zu einzustürzen, und nur der, seinem langsamen Fall begegnende, Fall des gegenüberstehenden Gebäudes verhinderte, durch eine zufällige Wölbung, die gänzliche Zubodenstreckung desselben. Zitternd mit sträubenden Haaren, und Knieen, die unter ihm brechen wollten, glitt Jeronimo über den schiefgesenkten Fußboden hinweg, der Öffnung zu, die der Zusammenschlag beider Häuser in die vordere Wand des Gefängnisses eingerissen hatte.

Kaum befand er sich im Freien, als die ganze, schon erschütterte Straße auf eine zweite Bewegung der Erde völlig zusammenfiel. Besinnungslos, wie er sich aus diesem allgemeinen Verderben retten würde, eilte er, über Schutt und Gebälk hinweg, indessen der Tod von allen Seiten Angriffe auf ihn machte, nach einem der nächsten Tore der Stadt. Hier stürzte noch ein Haus zusammen, und jagte ihn, die Trümmer weit umherschleudernd, in eine Nebenstraße; hier leckte die Flamme schon, in Dampfwolken blitzend, aus allen Giebeln, und trieb ihn schreckenvoll in eine andere; hier wälzte sich, aus seinem Gestade gehoben, der Mapochofluß auf ihn heran, und riß ihn brüllend in eine dritte. Hier lag ein Haufen Erschlagener, hier ächzte noch eine Stimme unter dem Schutte, hier schrieen Leute von brennenden Dächern herab, hier kämpften Menschen und Tiere mit den Wellen, hier war ein mutiger Retter bemüht, zu helfen; hier stand ein anderer, bleich wie der Tod, und streckte sprachlos zitternde Hände zum Himmel. Als Jeronimo das Tor erreicht, und einen Hügel jenseits desselben bestiegen hatte, sank er ohnmächtig auf demselben nieder.

Er mochte wohl eine Viertelstunde in der tiefsten Bewußtlosigkeit gelegen haben, als er endlich wieder erwachte, und sich, mit nach der Stadt gekehrtem Rücken, halb auf dem Erdboden erhob. Er befühlte sich Stirn und Brust, unwissend, was er aus seinem Zustande machen sollte, und ein unsägliches Wonnegefühl ergriff ihn, als ein Westwind, vom Meere her, sein wiederkehrendes Leben anwehte, und sein Auge sich nach allen Richtungen über die blühende Gegend von St. Jago hinwandte. Nur die verstörten Menschenhaufen, die sich überall blicken ließen, beklemmten sein Herz; er begriff nicht, was ihn und sie hiehergeführt haben konnte, und erst, da er sich umkehrte, und die Stadt hinter sich versunken sah, erinnerte er sich des schrecklichen Augenblicks, den er erlebt hatte. Er senkte sich so tief, daß seine Stirn den Boden berührte, Gott für seine wunderbare Errettung zu danken; und gleich, als ob der eine entsetzliche Eindruck, der sich seinem Gemüt eingeprägt hatte, alle früheren daraus verdrängt hätte, weinte er vor Lust, daß er sich des lieblichen Lebens, voll bunter Erscheinungen, noch erfreue.

Drauf, als er eines Ringes an seiner Hand gewahrte, erinnerte er sich plötzlich auch Josephens; und mit ihr seines Gefängnisses, der Glocken, die er dort gehört hatte, und des Augenblicks, der dem Einsturze desselben vorangegangen war. Tiefe Schwermut erfüllte wieder seine Brust; sein Gebet fing ihn zu reuen an, und fürchterlich schien ihm das Wesen, das über den Wolken waltet. Er mischte sich unter das Volk, das überall, mit Rettung des Eigentums beschäftigt, aus den Toren stürzte, und wagte schüchtern nach der Tochter Asterons, und ob die Hinrichtung an ihr vollzogen worden sei, zu fragen; doch niemand war, der ihm umständliche Auskunft gab. Eine Frau, die auf einem fast zur Erde gedrückten Nacken eine ungeheure Last von Gerätschaften und zwei Kinder, an der Brust hängend, trug, sagte im Vorbeigehen, als ob sie es selbst angesehen hätte: daß sie enthauptet worden sei. Jeronimo kehrte sich um; und da er, wenn er die Zeit berechnete, selbst an ihrer Vollendung nicht zweifeln konnte, so setzte er sich in einem einsamen Walde nieder, und überließ sich seinem vollen Schmerz. Er wünschte, daß die zerstörende Gewalt der Natur von neuem über ihn einbrechen möchte. Er begriff nicht, warum er dem Tode, den seine jammervolle Seele suchte, in jenen Augenblicken, da er ihm freiwillig von allen Seiten rettend erschien, entflohen sei. Er nahm sich fest vor, nicht zu wanken, wenn auch jetzt die Eichen entwurzelt werden, und ihre Wipfel über ihn zusammenstürzen sollten. Darauf nun, da er sich ausgeweint hatte, und ihm, mitten unter den heißesten Tränen, die Hoffnung wieder erschienen war, stand er auf, und durchstreifte nach allen Richtungen das Feld. Jeden Berggipfel, auf dem sich die Menschen versammelt hatten, besuchte er; auf allen Wegen, wo sich der Strom der Flucht noch bewegte, begegnete er ihnen; wo nur irgend ein weibliches Gewand im Winde flatterte, da trug ihn sein zitternder Fuß hin: doch keines deckte die geliebte Tochter Asterons. Die Sonne neigte sich, und mit ihr seine Hoffnung schon wieder zum Untergange, als er den Rand eines Felsens betrat, und sich ihm die Aussicht in ein weites, nur von wenig Menschen besuchtes Tal eröffnete. Er durchlief, unschlüssig, was er tun sollte, die einzelnen Gruppen derselben, und wollte sich schon wieder wenden, als er plötzlich an einer Quelle, die die Schlucht bewässerte, ein junges Weib erblickte, beschäftigt, ein Kind in seinen Fluten zu reinigen. Und das Herz hüpfte ihm bei diesem Anblick: er sprang voll Ahndung über die Gesteine herab, und rief: O Mutter Gottes, du Heilige! und erkannte Josephen, als sie sich bei dem Geräusche schüchtern umsah. Mit welcher Seligkeit umarmten sie sich, die Unglücklichen, die ein Wunder des Himmels gerettet hatte!

Josephe war, auf ihrem Gang zum Tode, dem Richtplatze schon ganz nahe gewesen, als durch den krachenden Einsturz der Gebäude plötzlich der ganze Hinrichtungszug auseinander gesprengt ward. Ihre ersten entsetzensvollen Schritte trugen sie hierauf dem nächsten Tore zu; doch die Besinnung kehrte ihr bald wieder, und sie wandte sich, um nach dem Kloster zu eilen, wo ihr kleiner, hülfloser Knabe zurückgeblieben war. Sie fand das ganze Kloster schon in Flammen, und die Äbtissin, die ihr in jenen Augenblicken, die ihre letzten sein sollten, Sorge für den Säugling angelobt hatte, schrie eben, vor den Pforten stehend, nach Hülfe, um ihn zu retten. Josephe stürzte sich, unerschrocken durch den Dampf, der ihr entgegenqualmte, in das von allen Seiten schon zusammenfallende Gebäude, und gleich, als ob alle Engel des Himmels sie umschirmten, trat sie mit ihm unbeschädigt wieder aus dem Portal hervor. Sie wollte der Äbtissin, welche die Hände über ihr Haupt zusammenschlug, eben in die Arme sinken, als diese, mit fast allen ihren Klosterfrauen, von einem herabfallenden Giebel des Hauses, auf eine schmähliche Art erschlagen ward. Josephe bebte bei diesem entsetzlichen Anblicke zurück; sie drückte der Äbtissin flüchtig die Augen zu, und floh, ganz von Schrecken erfüllt, den teuern Knaben, den ihr der Himmel wieder geschenkt hatte, dem Verderben zu entreißen.

Sie hatte noch wenig Schritte getan, als ihr auch schon die Leiche des Erzbischofs begegnete, die man soeben zerschmettert aus dem Schutt der

Kathedrale hervorgezogen hatte. Der Palast des Vizekönigs war versunken, der Gerichtshof, in welchem ihr das Urteil gesprochen worden war, stand in Flammen, und an die Stelle, wo sich ihr väterliches Haus befunden hatte, war ein See getreten, und kochte rötliche Dämpfe aus. Josephe raffte alle ihre Kräfte zusammen, sich zu halten. Sie schritt, den Jammer von ihrer Brust entfernend, mutig mit ihrer Beute von Straße zu Straße, und war schon dem Tore nah, als sie auch das Gefängnis, in welchem Jeronimo geseufzt hatte, in Trümmern sah. Bei diesem Anblicke wankte sie, und wollte besinnungslos an einer Ecke niedersinken; doch in demselben Augenblick jagte sie der Sturz eines Gebäudes hinter ihr, das die Erschütterungen schon ganz aufgelöst hatten, durch das Entsetzen gestärkt, wieder auf; sie küßte das Kind, drückte sich die Tränen aus den Augen, und erreichte, nicht mehr auf die Greuel, die sie umringten, achtend, das Tor. Als sie sich im Freien sah, schloß sie bald, daß nicht jeder, der ein zertrümmertes Gebäude bewohnt hatte, unter ihm notwendig müsse zerschmettert worden sein.

An dem nächsten Scheidewege stand sie still, und harrte, ob nicht einer, der ihr, nach dem kleinen Philipp, der liebste auf der Welt war, noch erscheinen würde. Sie ging, weil niemand kam, und das Gewühl der Menschen anwuchs, weiter, und kehrte sich wieder um, und harrte wieder; und schlich, viel Tränen vergießend, in ein dunkles, von Pinien beschattetes Tal, um seiner Seele, die sie entflohen glaubte, nachzubeten; und fand ihn hier, diesen Geliebten, im Tale, und Seligkeit, als ob es das Tal von Eden gewesen wäre.

Dies alles erzählte sie jetzt voll Rührung dem Jeronimo, und reichte ihm, da sie vollendet hatte, den Knaben zum Küssen dar. – Jeronimo nahm ihn, und hätschelte ihn in unsäglicher Vaterfreude, und verschloß ihm, da er das fremde Antlitz anweinte, mit Liebkosungen ohne Ende den Mund. Indessen war die schönste Nacht herabgestiegen, voll wundermilden Duftes, so silberglänzend und still, wie nur ein Dichter davon träumen mag. Überall, längs der Talquelle, hatten sich, im Schimmer des Mondscheins, Menschen niedergelassen, und bereiteten sich sanfte Lager von Moos und Laub, um von einem so qualvollen Tage auszuruhen. Und weil die Armen immer noch jammerten; dieser, daß er sein Haus, jener, daß er Weib und Kind, und der dritte, daß er alles verloren habe: so schlichen Jeronimo und Josephe in ein dichteres Gebüsch, um durch das heimliche Gejauchz ihrer Seelen niemand zu betrüben. Sie fanden einen prachtvollen Granatapfelbaum, der seine Zweige, voll duftender Früchte, weit ausbreitete; und die Nachtigall flötete im Wipfel ihr wollüstiges Lied. Hier ließ sich Jeronimo am Stamme nieder, und Josephe in seinem, Philipp in Josephens Schoß, saßen sie, von seinem Mantel bedeckt, und ruhten. Der Baumschatten zog, mit seinen verstreuten Lichtern, über sie hinweg, und der Mond erblaßte schon wieder vor der Morgenröte, ehe sie einschliefen. Denn Unendliches hatten sie zu schwatzen vom Klostergarten und den Gefängnissen, und was sie um einander gelitten hätten; und waren sehr gerührt, wenn sie dachten, wie viel Elend über die Welt kommen mußte, damit sie glücklich würden!

Sie beschlossen, sobald die Erderschütterungen aufgehört haben würden, nach La Conception zu gehen, wo Josephe eine vertraute Freundin hatte, sich mit einem kleinen Vorschuß, den sie von ihr zu erhalten hoffte, von dort nach Spanien einzuschiffen, wo Jeronimos mütterliche Verwandten wohnten, und daselbst ihr glückliches Leben zu beschließen. Hierauf, unter vielen Küssen, schliefen sie ein.

Als sie erwachten, stand die Sonne schon hoch am Himmel, und sie bemerkten in ihrer Nähe mehrere Familien, beschäftigt, sich am Feuer ein kleines Morgenbrot zu bereiten. Jeronimo dachte eben auch, wie er Nahrung für die Seinigen herbeischaffen sollte, als ein junger wohlgekleideter Mann, mit einem Kinde auf dem Arm, zu Josephen trat, und sie mit Bescheidenheit fragte: ob sie diesem armen Wurme, dessen Mutter dort unter den Bäumen beschädigt liege, nicht auf kurze Zeit ihre Brust reichen wolle? Josephe war ein wenig verwirrt, als sie in ihm einen Bekannten erblickte; doch da er, indem er ihre Verwirrung falsch deutete, fortfuhr: es ist nur auf wenige Augenblicke, Donna Josephe, und dieses Kind hat, seit jener Stunde, die uns alle unglücklich gemacht hat, nichts genossen; so sagte sie: „ich schwieg – aus einem andern Grunde, Don Fernando; in diesen schrecklichen Zeiten weigert sich niemand, von dem, was er besitzen mag, mitzuteilen": und nahm den kleinen Fremdling, indem sie ihr eigenes Kind dem Vater gab, und legte ihn an ihre Brust. Don Fernando war sehr dankbar für diese Güte, und fragte: ob sie sich nicht mit ihm zu jener Gesellschaft verfügen wollten, wo eben jetzt beim Feuer ein kleines Frühstück bereitet werde? Josephe antwortete, daß sie dies Anerbieten mit Vergnügen annehmen würde, und folgte ihm, da auch Jeronimo nichts einzuwenden hatte, zu seiner Familie, wo sie auf das innigste und zärtlichste von Don Fernandos beiden Schwägerinnen, die sie als sehr würdige junge Damen kannte, empfangen ward.

Donna Elvire, Don Fernandos Gemahlin, welche schwer an den Füßen verwundet auf der Erde lag, zog Josephen, da sie ihren abgehärmten Knaben an der Brust derselben sah, mit vieler Freundlichkeit zu sich nieder. Auch Don Pedro, sein Schwiegervater, der an der Schulter verwundet war, nickte ihr liebreich mit dem Haupte zu. –

In Jeronimos und Josephens Brust regten sich Gedanken von seltsamer Art. Wenn sie sich mit so vieler Vertraulichkeit und Güte behandelt sahen, so wußten sie nicht, was sie von der Vergangenheit denken sollten, vom Richtplatze, von dem Gefängnisse, und der Glocke; und ob sie bloß davon geträumt hätten? Es war, als ob die Gemüter, seit dem fürchterlichen Schlage, der sie durchdröhnt hatte, alle versöhnt wären. Sie konnten in der Erinnerung gar nicht weiter, als bis auf ihn, zurückgehen. Nur Donna Elisabeth, welche bei einer Freundin, auf das Schauspiel des gestrigen Morgens, eingeladen worden war, die Einladung aber nicht angenommen hatte, ruhte zuweilen mit träumerischem Blicke auf Josephen; doch der Bericht, der über irgend ein neues gräßliches Unglück erstattet ward, riß ihre, der Gegenwart kaum entflohene Seele schon wieder in dieselbe zurück.

Man erzählte, wie die Stadt gleich nach der ersten Haupterschütterung von Weibern ganz voll gewesen, die vor den Augen aller Männer niedergekommen seien; wie die Mönche darin, mit dem Kruzifix in der Hand, umhergelaufen wären, und geschrieen hätten: das Ende der Welt sei da! wie man einer Wache, die auf Befehl des Vizekönigs verlangte, eine Kirche zu räumen, geantwortet hätte: es gäbe keinen Vizekönig von Chili mehr! wie der Vizekönig in den schrecklichsten Augenblicken hätte müssen Galgen aufrichten lassen, um der Dieberei Einhalt zu tun; und wie ein Unschuldiger, der sich von hinten durch ein brennendes Haus gerettet, von dem Besitzer aus Übereilung ergriffen, und sogleich aufgeknüpft worden wäre.

Donna Elvire, bei deren Verletzungen Josephe viel beschäftigt war, hatte in einem Augenblick, da gerade die Erzählungen sich am lebhaftesten kreuzten, Gelegenheit genommen, sie zu fragen: wie es denn ihr an diesem fürchterlichen Tag ergangen sei? Und da Josephe ihr, mit beklemmtem Herzen, einige Hauptzüge davon angab, so ward ihr die Wollust, Tränen in die Augen dieser Dame treten zu sehen; Donna Elvire ergriff ihre Hand, und drückte sie, und winkte ihr, zu schweigen. Josephe dünkte sich unter den Seligen. Ein Gefühl, das sie nicht unterdrücken konnte, nannte den verfloßnen Tag, so viel Elend er auch über die Welt gebracht hatte, eine Wohltat, wie der Himmel noch keine über sie verhängt hatte. Und in der Tat schien, mitten in diesen gräßlichen Augenblicken, in welchen alle irdischen Güter der Menschen zu Grunde gingen, und die ganze Natur verschüttet zu werden drohte, der menschliche Geist selbst, wie eine schöne Blume, aufzugehn. Auf den Feldern, so weit das Auge reichte, sah man Menschen von allen Ständen durcheinander liegen, Fürsten und Bettler, Matronen und Bäuerinnen, Staatsbeamte und Tagelöhner, Klosterherren und Klosterfrauen: einander bemitleiden, sich wechselseitig Hülfe reichen, von dem, was sie zur Erhaltung ihres Lebens gerettet haben mochten, freudig mitteilen, als ob das allgemeine Unglück alles, was ihm entronnen war, zu *einer* Familie gemacht hätte.

Statt der nichtssagenden Unterhaltungen, zu welchen sonst die Welt an den Teetischen den Stoff hergegeben hatte, erzählte man jetzt Beispiele von ungeheuern Taten: Menschen, die man sonst in der Gesellschaft wenig geachtet hatte, hatten Römergröße gezeigt; Beispiele zu Haufen von Unerschrockenheit, von freudiger Verachtung der Gefahr, von

Selbstverleugnung und der göttlichen Aufopferung, von ungesäumter Wegwerfung des Lebens, als ob es, dem nichtswürdigsten Gute gleich, auf dem nächsten Schritte schon wiedergefunden würde. Ja, da nicht einer war, für den nicht an diesem Tage etwas Rührendes geschehen wäre, oder der nicht selbst etwas Großmütiges getan hätte, so war der Schmerz in jeder Menschenbrust mit so viel süßer Lust vermischt, daß sich, wie sie meinte, gar nicht angeben ließ, ob die Summe des allgemeinen Wohlseins nicht von der einen Seite um ebenso viel gewachsen war, als sie von der anderen abgenommen hatte.

Jeronimo nahm Josephen, nachdem sich beide in diesen Betrachtungen stillschweigend erschöpft hatten, beim Arm, und führte sie mit unaussprechlicher Heiterkeit unter den schattigen Lauben des Granatwaldes auf und nieder. Er sagte ihr, daß er, bei dieser Stimmung der Gemüter und dem Umsturz aller Verhältnisse, seinen Entschluß, sich nach Europa einzuschiffen, aufgebe; daß er vor dem Vizekönig, der sich seiner Sache immer günstig gezeigt, falls er noch am Leben sei, einen Fußfall wagen würde; und daß er Hoffnung habe (wobei er ihr einen Kuß aufdrückte), mit ihr in Chili zurückzubleiben. Josephe antwortete, daß ähnliche Gedanken in ihr aufgestiegen wären; daß auch sie nicht mehr, falls ihr Vater nur noch am Leben sei, ihn zu versöhnen zweifle; daß sie aber statt des Fußfalles lieber nach La Conception zu gehen, und von dort aus schriftlich das Versöhnungsgeschäft mit dem Vizekönig zu betreiben rate, wo man auf jeden Fall in der Nähe des Hafens wäre, und für den besten, wenn das Geschäft die erwünschte Wendung nähme, ja leicht wieder nach St. Jago zurückkehren könnte. Nach einer kurzen Überlegung gab Jeronimo der Klugheit dieser Maßregel seinen Beifall, führte sie noch ein wenig, die heitern Momente der Zukunft überfliegend, in den Gängen umher, und kehrte mit ihr zur Gesellschaft zurück.

Inzwischen war der Nachmittag herangekommen, und die Gemüter der herumschwärmenden Flüchtlinge hatten sich, da die Erdstöße nachließen, nur kaum wieder ein wenig beruhigt, als sich schon die Nachricht verbreitete, daß in der Dominikanerkirche, der einzigen, welche das Erdbeben verschont hatte, eine feierliche Messe von dem Prälaten des Klosters selbst gelesen werden würde, den Himmel um Verhütung ferneren Unglücks anzuflehen.

Das Volk brach schon aus allen Gegenden auf, und eilte in Strömen zur Stadt. In Don Fernandos Gesellschaft ward die Frage aufgeworfen, ob man nicht auch an dieser Feierlichkeit Teil nehmen, und sich dem allgemeinen Zuge anschließen solle? Donna Elisabeth erinnerte, mit einiger Beklemmung, was für ein Unheil gestern in der Kirche vorgefallen sei; daß solche Dankfeste ja wiederholt werden würden, und daß man sich der Empfindung alsdann, weil die Gefahr schon mehr vorüber wäre, mit desto größerer Heiterkeit und Ruhe überlassen könnte. Josephe äußerte, indem sie mit einiger Begeisterung sogleich aufstand, daß sie den Drang, ihr Antlitz vor dem Schöpfer in den Staub zu legen, niemals lebhafter empfunden habe, als eben jetzt, wo er seine unbegreifliche und erhabene Macht so entwickle. Donna Elvire erklärte sich mit Lebhaftigkeit für Josephens Meinung. Sie bestand darauf, daß man die Messe hören sollte, und rief Don Fernando auf, die Gesellschaft zu führen, worauf sich alles, Donna Elisabeth auch, von den Sitzen erhob. Da man jedoch letztere, mit heftig arbeitender Brust, die kleinen Anstalten zum Aufbruche zaudernd betreiben sah, und sie, auf die Frage: was ihr fehle? antwortete: sie wisse nicht, welch eine unglückliche Ahndung in ihr sei? so beruhigte sie Donna Elvire, und forderte sie auf, bei ihr und ihrem kranken Vater zurückzubleiben. Josephe sagte: so werden Sie mir wohl, Donna Elisabeth, diesen kleinen Liebling abnehmen, der sich schon wieder, wie Sie sehen, bei mir eingefunden hat. Sehr gern, antwortete Donna Elisabeth, und machte Anstalten ihn zu ergreifen; doch da dieser über das Unrecht, das ihm geschah, kläglich schrie, und auf keine Art darein willigte, so sagte Josephe lächelnd, daß sie ihn nur behalten wolle, und küßte ihn wieder still. Hierauf bot Don Fernando, dem die ganze Würdigkeit und Anmut ihres Betragens sehr gefiel, ihr den Arm; Jeronimo, welcher den kleinen Philipp trug, führte Donna Constanzen; die übrigen Mitglieder, die sich bei der Gesellschaft eingefunden hatten, folgten; und in dieser Ordnung ging der Zug nach der Stadt.

Sie waren kaum funfzig Schritte gegangen, als man Donna Elisabeth welche inzwischen heftig und heimlich mit Donna Elvire gesprochen hatte: Don Fernando! rufen hörte, und dem Zuge mit unruhigen Tritten nacheilen sah. Don Fernando hielt, und kehrte sich um; harrte ihrer, ohne Josephen loszulassen, und fragte, da sie, gleich als ob sie auf sein Entgegenkommen wartete, in einiger Ferne stehen blieb: was sie wolle? Donna Elisabeth näherte sich ihm hierauf, obschon, wie es schien, mit Widerwillen, und raunte ihm, doch so, daß Josephe es nicht hören konnte, einige Worte ins Ohr. Nun? fragte Don Fernando: und das Unglück, das daraus entstehen kann? Donna Elisabeth fuhr fort, ihm mit verstörtem Gesicht ins Ohr zu zischeln. Don Fernando stieg eine Röte des Unwillens ins Gesicht; er antwortete: es wäre gut! Donna Elvire möchte sich beruhigen; und führte seine Dame weiter. –

Als sie in der Kirche der Dominikaner ankamen, ließ sich die Orgel schon mit musikalischer Pracht hören, und eine unermeßliche Menschenmenge wogte darin. Das Gedränge erstreckte sich bis weit vor den Portalen auf den Vorplatz der Kirche hinaus, und an den Wänden hoch, in den Rahmen der Gemälde, hingen Knaben, und hielten mit erwartungsvollen Blicken ihre Mützen in der Hand. Von allen Kronleuchtern strahlte es herab, die Pfeiler warfen, bei der einbrechenden Dämmerung, geheimnisvolle Schatten, die große von gefärbtem Glas gearbeitete Rose in der Kirche äußerstem Hintergrunde glühte, wie die Abendsonne selbst, die sie erleuchtete, und Stille herrschte, da die Orgel jetzt schwieg, in der ganzen Versammlung, als hätte keiner einen Laut in der Brust. Niemals schlug aus einem christlichen Dom eine solche Flamme der Inbrunst gen Himmel, wie heute aus dem Dominikanerdom zu St. Jago; und keine menschliche Brust gab wärmere Glut dazu her, als Jeronimos und Josephens!

Die Feierlichkeit fing mit einer Predigt an, die der ältesten Chorherren einer, mit dem Festschmuck angetan, von der Kanzel hielt. Er begann gleich mit Lob, Preis und Dank, seine zitternden, vom Chorhemde weit umflossenen Hände hoch gen Himmel erhebend, daß noch Menschen seien, auf diesem, in Trümmer zerfallenden Teile der Welt, fähig, zu Gott empor zu stammeln. Er schilderte, was auf den Wink des Allmächtigen geschehen war; das Weltgericht kann nicht entsetzlicher sein; und als er das gestrige Erdbeben gleichwohl, auf einen Riß, den der Dom erhalten hatte, hinzeigend, einen bloßen Vorboten davon nannte, lief ein Schauder über die ganze Versammlung. Hierauf kam er, im Flusse priesterlicher Beredsamkeit, auf das Sittenverderbnis der Stadt; Greuel, wie Sodom und Gomorrha sie nicht sahen, straft' er an ihr; und nur der unendlichen Langmut Gottes schrieb er es zu, daß sie noch nicht gänzlich vom Erdboden vertilgt worden sei.

Aber wie dem Dolche gleich fuhr es durch die von dieser Predigt schon ganz zerrissenen Herzen unserer beiden Unglücklichen, als der Chorherr bei dieser Gelegenheit umständlich des Frevels erwähnte, der in dem Klostergarten der Karmeliterinnen verübt worden war; die Schonung, die er bei der Welt gefunden hatte, gottlos nannte, und in einer von Verwünschungen erfüllten Seitenwendung, die Seelen der Täter, wörtlich genannt, allen Fürsten der Hölle übergab! Donna Constanze rief, indem sie an Jeronimos Armen zuckte: Don Fernando! Doch dieser antwortete so nachdrücklich und doch so heimlich, wie sich beides verbinden ließ: „Sie schweigen, Donna, Sie rühren auch den Augapfel nicht, und tun, als ob Sie in eine Ohnmacht versänken; worauf wir die Kirche verlassen." Doch, ehe Donna Constanze diese sinnreiche zur Rettung erfundene Maßregel noch ausgeführt hatte, rief schon eine Stimme, des Chorherrn Predigt laut unterbrechend, aus: Weichet fern hinweg, ihr Bürger von St. Jago, hier stehen diese gottlosen Menschen! Und als eine andere Stimme schreckenvoll, indessen sich ein weiter Kreis des Entsetzens um sie bildete, fragte: wo? hier! versetzte ein Dritter, und zog, heiliger Ruchlosigkeit voll, Josephen bei den Haaren nieder, daß sie mit Don Fernandos Sohn zu Boden getaumelt wäre, wenn dieser sie nicht gehalten hätte. „Seid ihr wahnsinnig?" rief der Jüngling, und schlug den Arm um Josephen: „ich bin Don Fernando Ormez, Sohn des Kommandanten der Stadt, den ihr alle kennt." Don Fernando Ormez? rief, dicht vor ihn hingestellt, ein Schuhflicker, der für Josephen gearbeitet hatte, und diese wenigstens so genau kannte, als ihre kleinen Füße. Wer ist der Vater zu diesem Kinde? wandte er sich mit frechem Trotz zur Tochter Asterons. Don Fernando erblaßte bei dieser Frage. Er sah bald den Jeronimo schüchtern an, bald überflog er die Versammlung, ob nicht einer sei, der ihn kenne? Josephe rief, von entsetzlichen Verhältnissen gedrängt: dies ist nicht mein Kind, Meister Pedrillo, wie Er glaubt; indem sie, in unendlicher Angst der Seele, auf Don Fernando blickte: dieser junge Herr ist Don Fernando Ormez, Sohn des Kommandanten der Stadt, den ihr alle kennt! Der Schuster fragte: wer von euch, ihr Bürger, kennt diesen jungen Mann? Und mehrere der Umstehenden wiederholten: wer kennt den Jeronimo Rugera? Der trete vor! Nun traf es sich, daß in demselben Augenblicke der kleine Juan, durch den Tumult erschreckt, von Josephens Brust weg Don Fernando in die Arme strebte. Hierauf: Er *ist* der Vater! schrie eine Stimme; und: er *ist* Jeronimo Rugera! eine andere; und sie *sind* die gotteslästerlichen Menschen! eine dritte; und: steinigt sie! steinigt sie! die ganze im Tempel Jesu versammelte Christenheit! Drauf jetzt Jeronimo: Halt! Ihr Unmenschlichen! Wenn ihr den Jeronimo Rugera sucht: hier ist er! Befreit jenen Mann, welcher unschuldig ist! –

Der wütende Haufen, durch die Äußerung Jeronimos verwirrt, stutzte; mehrere Hände ließen Don Fernando los; und da in demselben Augenblick ein Marine-Offizier von bedeutendem Rang herbeieilte, und, indem er sich durch den Tumult drängte, fragte: Don Fernando Ormez! Was ist Euch widerfahren? so antwortete dieser, nun völlig befreit, mit wahrer heldenmütiger Besonnenheit: „Ja, sehen Sie, Don Alonzo, die Mordknechte! Ich wäre verloren gewesen, wenn dieser würdige Mann sich nicht, die rasende Menge zu beruhigen, für Jeronimo Rugera ausgegeben hätte. Verhaften Sie ihn, wenn Sie die Güte haben wollen, nebst dieser jungen Dame, zu ihrer beiderseitigen Sicherheit; und diesen Nichtswürdigen", indem er Meister Pedrillo ergriff, „der den ganzen Aufruhr angezettelt hat!" Der Schuster rief: Don Alonzo Onoreja, ich frage Euch auf Euer Gewissen, ist dieses Mädchen nicht Josephe Asteron? Da nun Don Alonzo, welcher Josephen sehr genau kannte, mit der Antwort zauderte, und mehrere Stimmen, dadurch von neuem zur Wut entflammt, riefen: sie ists, sie ists! und: bringt sie zu Tode! so setzte Josephe den kleinen Philipp, den Jeronimo bisher getragen hatte, samt dem kleinen Juan, auf Don Fernandos Arm, und sprach: gehn Sie, Don Fernando, retten Sie Ihre beiden Kinder, und überlassen Sie uns unserem Schicksale!

Don Fernando nahm die beiden Kinder und sagte: er wolle eher umkommen, als zugeben, daß seiner Gesellschaft etwas zu Leide geschehe. Er bot Josephen, nachdem er sich den Degen des Marine-Offiziers ausgebeten hatte, den Arm, und forderte das hintere Paar auf, ihm zu folgen.

Sie kamen auch wirklich, indem man ihnen, bei solchen Anstalten, mit hinlänglicher Ehrerbietigkeit Platz machte, aus der Kirche heraus, und glaubten sich gerettet. Doch kaum waren sie auf den von Menschen gleichfalls erfüllten Vorplatz derselben getreten, als eine Stimme aus dem rasenden Haufen, der sie verfolgt hatte, rief: dies ist Jeronimo Rugera, ihr Bürger, denn ich bin sein eigner Vater! und ihn an Donna Constanzens Seite mit einem ungeheuren Keulenschlage zu Boden streckte. Jesus Maria! rief Donna Constanze, und floh zu ihrem Schwager; doch: Klostermetze! erscholl es schon, mit einem zweiten Keulenschlage, von einer andern Seite, der sie leblos neben Jeronimo niederwarf. Ungeheuer! rief ein Unbekannter: dies war Donna Constanze Xares! Warum belogen sie uns! antwortete der Schuster; sucht die rechte auf, und bringt sie um! Don Fernando, als er Constanzes Leichnam erblickte, glühte vor Zorn; er zog und schwang das Schwert, und hieb, daß er ihn gespalten hätte, den fanatischen Mordknecht, der diese Greuel veranlaßte, wenn derselbe nicht, durch eine Wendung, dem wütenden Schlag entwichen wäre. Doch da er die Menge, die auf ihn eindrang, nicht überwältigen konnte: leben Sie wohl, Don Fernando mit den Kindern! rief Josephe – und: hier mordet mich, ihr blutdürstenden Tiger! und stürzte sich freiwillig unter sie, um dem Kampf ein Ende zu machen. Meister Pedrillo schlug sie mit der Keule nieder. Darauf ganz mit ihrem Blute besprützt: schickt ihr den Bastard zur Hölle nach! rief er, und drang, mit noch ungesättigter Mordlust, von neuem vor.

Don Fernando, dieser göttliche Held, stand jetzt, den Rücken an die Kirche gelehnt; in der Linken hielt er die Kinder, in der Rechten das Schwert. Mit jedem Hiebe wetterstrahlte er einen zu Boden; ein Löwe wehrt sich nicht besser. Sieben Bluthunde lagen tot vor ihm, der Fürst der satanischen Rotte selbst war verwundet. Doch Meister Pedrillo ruhte nicht eher, als bis er der Kinder eines bei den Beinen von seiner Brust gerissen, und, hochher im Kreise geschwungen, an eines Kirchpfeilers Ecke zerschmettert hatte. Hierauf ward es still, und alles entfernte sich. Don Fernando, als er seinen kleinen Juan vor sich liegen sah, mit aus dem Hirne vorquellenden Mark, hob, voll namenlosen Schmerzes, seine Augen gen Himmel.

Der Marine-Offizier fand sich wieder bei ihm ein, suchte ihn zu trösten, und versicherte ihn, daß seine Untätigkeit bei diesem Unglück, obschon durch mehrere Umstände gerechtfertigt, ihn reue; doch Don Fernando sagte, daß ihm nichts vorzuwerfen sei, und bat ihn nur, die Leichname jetzt fortschaffen zu helfen. Man trug sie alle, bei der Finsternis der einbrechenden Nacht, in Don Alonzos Wohnung, wohin Don Fernando ihnen, viel über das Antlitz des kleinen Philipp weinend, folgte. Er übernachtete auch bei Don Alonzo, und säumte lange, unter falschen Vorspiegelungen, seine Gemahlin von dem ganzen Umfang des Unglücks zu unterrichten; einmal, weil sie krank war, und dann, weil er auch nicht wußte, wie sie sein Verhalten bei dieser Begebenheit beurteilen würde; doch kurze Zeit nachher, durch einen Besuch zufällig von allem, was geschehen war, benachrichtigt, weinte diese treffliche Dame im Stillen ihren mütterlichen Schmerz aus, und fiel ihm mit dem Rest einer erglänzenden Träne eines Morgens um den Hals und küßte ihn. Don Fernando und Donna Elvire nahmen hierauf den kleinen Fremdling zum Pflegesohn an; und wenn Don Fernando Philippen mit Juan verglich, und wie er beide erworben hatte, so war es ihm fast, als müßt er sich freuen.

Diskursanalyse

Friedrich A. Kittler

Ein Erdbeben in Chili und Preußen

Die Diskursanalyse ist kein Verfahren zur Beschreibung einzelner literarischer Texte. Das hat zwei Gründe. Erstens gibt es keinen Anlaß, die Analyse auf literarische Texte zu konzentrieren, wenn es gerade umgekehrt eine ihrer Aufgaben ist, die historischen Ereignisse zu beschreiben, die bestimmte Reden und in unserer Kultur die literarischen mit dem Vorrecht endloser Kommentierung ausgestattet haben. Und zweitens kann eine Diskursanalyse – im Unterschied zu Interpretationen, deren Grenzwert Einzeltexte über Einzeltexte sind – immer nur von einer Menge von Äußerungen ausgehen. Ihre Sache ist die Vernetzung, die faktisch ergangene Diskurse in einem bestimmten Raum und einer bestimmten Zeit zu Dispositiven organisiert hat. Solche Dispositive aber beschreiben zuletzt die unendlich variablen Programme, durch deren Eingriff Leute strategisch und technisch unter die Steuerung von Diskursen geraten sind.

Eine Empirie der Macht, die ersichtlich nur durch geduldige Archivierung ebenso empirischer Daten eingekreist werden kann, wenn Diskursanalyse nicht wieder in die Fallen von Geschichtsphilosophie laufen soll. Mag ihr das auch den Vorwurf eintragen, selber Mimikry an Macht zu üben – ihr Positivismus bewahrt die Diskursanalyse doch davor, die vielen realen Funktionen und Effekte, die Äußerungen haben können, mit so zeitlosen, monolithischen und unschuldigen Begriffen wie Literatur oder Philosophie aus der Welt zu schaffen. An die Stelle einer Referenz, die unmittelbar auf Sachverhalte gehen würde, treten interdiskursive Netzwerke, in denen Schreiber und Archivare, Adressaten und Interpreten verschiedener Diskursformationen verschaltet sind.

Die Lektüre eines einzelnen und literarischen Textes wie des *Erdbebens in Chili* bringt also diskursanalytisch wenig ein. Er könnte in verschiedenen Dispositiven ganz verschiedene Funktionen innegehabt haben. Seine faktische Funktion, wenn sie überhaupt auf der Oberfläche von Ablesbarkeit liegt, vermelden nur Daten, die am Rand oder jenseits des Einzeltextes stehen. (Adreßbits im elektronischen Datenfluß, Stempel, Aktenzeichen und Verteilerschlüssel im bürokratischen zeigen zur

Genüge, daß es die Ränder von Nachrichten sind, die ihre Vernetzung steuern und damit interpretatorische Unterstellungen vom Typ der Autorintention überflüssig machen.)

Literarische Texte freilich, seitdem sie an die sogenannte Öffentlichkeit adressiert sind, geben im Unterschied zu Briefen, Akten und Bytes nur spärliche Randdaten mit – im Fall Kleist den Autornamen, die Gattung und zwei Titel: Die Erstauflage in Cottas neuem *Morgenblatt für gebildete Stände* war *Jeronimo und Josephe* überschrieben, der Wiederabdruck in Kleists *Erzählungen,* drei Jahre später, hieß *Das Erdbeben in Chili.*

Von diesen Daten ist das erste, der Autorname, unter Diskursbedingungen unserer Kultur nachgerade obligat; es besagt also nicht mehr und nicht weniger, als daß die Novelle, im Unterschied zu zahlreichen anonymen Zeitungsartikeln oder politischen Interventionen Kleists, von vornherein seinem literarischen Werk zuzählt. Demgemäß hat Tieck, der erste Herausgeber, sie auch behandelt. Das zweite Randdatum, die Klassifikation des Textes, steuert einen bestimmten und öffentlichen Konsum, der im Fall von Erzählungen Lektüre heißt, kommt aber schon mit dem dritten Datum in Konflikt. Denn wenn aus dem anaphorischen Sprach- und Liebesspiel zwischen Jeronimo und Josephe durch Titeländerung eine Naturkatastrophe von 1647 wird, zählt das vom Titel Bezeichnete zu jenen unerhörten Begebenheiten, die seit Goethes zeitgenössischer Definition ‚Novellen' und nicht nur (sehr viel vager) ‚Erzählungen' heißen.

Andere Randdaten gibt der Text nicht her. Das Fehlen von Autoreferenzen wie Erzählerkommentar oder Rahmenhandlung, Leseranrede oder Quellenberufung macht es unmöglich, in Kleists Novelle selbst die Artikulation eines diskursiven Netzwerks nachzuweisen, wie Foucault das für Rousseaus *Dialogues* oder Flauberts *Tentation de Saint-Antoine* tun konnte. Die Novelle ist vielmehr gekennzeichnet durch eine elementare Knappheit dergestalt, daß ihr Text über die Relation von Ereignissen fast nirgends hinausragt.

Wenn aber ein Stück Literatur, das 1807 und nicht etwa als mittelalterliche Handschrift erschienen ist, auch an seinen Rändern lediglich die elementare Beziehung Autor-Erzähler-Lesepublikum artikuliert, ist die Literaturwissenschaft gemeinhin versucht, den schweigenden Text dadurch zum Sprechen zu bringen, daß sie ihm einen nie verlauteten, aber unaufhörlichen Diskurs des Autors unterlegt, den sie selbst dann ausschreiben kann. Diese Versuchung hat historische Gründe. Im Zeitalter der Bildung ist die Funktion ‚Autor' tatsächlich zum bestimmenden Jenseits von Literatur geworden. Einzeltexte im Fall Goethe sind in einen autobiographischen, im Fall Schiller in einen philosophischen Diskurs eingebettet, der ihre Auswalzung zum Kontinuum einer Autormeinung möglich gemacht hat.

Wer unter solchen Diskursregeln eine literarische Karriere antritt, hat seine entstehenden Werke zu verdoppeln durch eine Psychologie oder Philosophie, die dem Verstehen der Leser schon vorarbeitet und Dichtung zu ihrem höheren Ruhm den Speichereinrichtungen wissenschaftlicher Hermeneutiken an- und aufschließt. Demgemäß schreibt der junge Kleist an einer *Geschichte meiner Seele.* Sie ist nur im Wirrsal seiner Fluchten verschollen und durch nichts ersetzt worden.

Spätestens seit diesem Verlust ist *Das Erdbeben in Chili* ein erratischer Block. Niemand weiß, was der Schreiber beim Schreiben dachte oder meinte; niemand weiß, was er bei der Drucklegung dachte oder meinte. Und es ist nachgerade symptomatisch, daß Kleist, während einer seiner Freunde den Verleger Cotta zum Ankauf der Novelle brachte, in der Lage ihres Helden zu Textbeginn war: eingekerkert und damit von Nachrichtenkanälen so gut wie abgeschnitten. (Auch über Kassiber weiß man nicht viel mehr als das, was sie besagen.)

Diskursanalysen haben mit solchen Informationsdefiziten zu rechnen. Statt Kleists „Lakunenjahre", wie die Forschung sie nennt, im Interesse einer kontinuierlichen Autorbiographie auszufüllen, sind diese und andere Fehlanzeigen zunächst einmal, gut positivistisch, mit einzukalkulieren. Wo es keine kontinuierliche Seelengeschichte gibt, bleibt nur ein Feld diskursiver Streuungen, wie Zufallsereignisse der Archivierung es bereiten. Außer der Novelle ein paar Musteraufsätze und Briefe, ein Edikt und ein Verbot. Es macht aber gerade die Spezifität von Archiven aus, nur eine endliche Menge von Daten zu enthalten. Und es sind diese endlichen Datenmengen, die eine strategische Lage definieren, beim Schreiber wie bei den Lesern der Novelle.

Interne Interpretationen

Im *Morgenblatt für gebildete Stände,* vom 10. bis zum 15. September 1807, erscheint also die Novelle einer unerhörten Begebenheit, deren katastrophischer Anfang nur noch von ihrem katastrophischen Schluß überboten wird. Am Anfang vernichtet die Naturgewalt eines historisch beglaubigten Erdbebens die Hauptstadt Chiles samt dessen politischen und kirchlichen Machtzentren – mit dem Effekt, daß ein eingekerkerter Liebhaber und eine geschwängerte Novizin gerade noch vor Selbstmord und Hinrichtung errettet werden. Am Ende macht die Gewalt einer Lynchjustiz dieses humanistische Wunder wieder zunichte, als habe auch ein „Umsturz aller Verhältnisse" (18) das Jeronimo und Josephe vorherbestimmte Fatum nur um vierundzwanzig Stunden aufschieben können. Und in der Tat gibt es Sprachen, in denen das Wort Todesurteil die Nebenbedeutung seines Aufschubs hat. Aber worauf der Totschlag der zwei Liebenden zurückgeht – auf strukturelle oder kontingente Gewalt, auf theologische oder poetische Gerechtigkeit, auf historische Fakten oder literarische Fiktionen –, bleibt offen.

Die gebildeten Stände, wie sie am äußeren Rand des Textes angesprochen werden, lesen also von einer Fatalität, die ihre Deutungen herausfordert, nur um sie abzuweisen. Das Schweigen des Autors und das des Novellenerzählers sind zwei Taktiken innerhalb einer Strategie, die mit grundlegenden Vernetzungsregeln klassisch-romantischer Dichtung ein riskantes Spiel treibt. Statt ein gebildetes Publikum dadurch zu bilden, daß Stimmen am Textrand selber alle beschriebenen Ereignisse mit psychologischer oder philosophischer Bildung ausdeuten, gibt Kleist gerade umgekehrt Rätsel auf.

In den Jahren seiner juristischen Studien hat der Autodidakt Kleist das neue Wissen, das eben den Namen Bildung empfangen hatte, auf einem oft empfohlenen, aber selten beschrittenen Weg erworben: Er lernte, indem er es lehrte. Um seine Verlobte erstens zur Gattin nach Kleists Wünschen und zweitens zur Mutter nach den Wünschen hypothetischer Kinder zu formen, sollte diese Braut (so ein Brief vom 16. Dezember 1800) in ihrer Bildung immer fortschreiten, und das heißt, in Hausaufsätzen moralisch-humanistische Rätselfragen lösen, die ihr selbsternannter Lehrer formuliert und zum Teil auch schon vorbildlich beantwortet hatte. Wie so vieles, was unter Praxis läuft, hat Bildung also den Status eines Trainings.[1] Nur ist die erträumte heilige Familie, in der Vater, Mutter und Kinder sämtlich ihr Bildungstraining absolvieren, nicht zustandegekommen, weil Kleist seine Braut trotz aller Hausaufsätze über Ehelebensglück sitzenließ.

Aber sein einziges Ziel, wie es im Brief vom 22. März 1801 heißt, hat er erreicht: Kleist selber schritt „immer unaufhörlich einem höhern Grad von Bildung entgegen", und die verlassene Philosophieschülerin der Ehe mit einem Philosophieprofessor.[2] Auf der höchsten Stufe von Bildung, die bekanntlich Dichtertum heißt, herrschen andere Sende- und Empfangsbedingungen. Leser erhalten keinen Nachhilfeunterricht.

Wo der verliebte Hauslehrer Kleist zugleich das Rätsel und die Lösung, die Themenstellung und den ausgearbeiteten Aufsatz gegeben hat, präsentiert der Novellenerzähler rätselhafte Fakten ohne Deutung. Auch die Verliebten von Santiago mit ihrem Vierundzwanzigstundenglück vorm Ausbruch der Volkswut stehen unter der Aufsatzfrage, ob es „wünschenswerter" sei, „auf eine kurze Zeit, oder nie glücklich gewesen zu sein". Aber weil Novellen schweigsamer sind als jugendliche Briefschreiber, müssen die gebildeten Stände ihre Hausaufgaben fortan selber machen.

Und was die Novellenfiguren ihnen an Deutungsarbeit abnehmen oder vormachen, sind auch nur halbe Lösungen. Wenn Jeronimo und Josephe von Gnaden des Erdbebens aus einsamen Todesarten errettet werden, setzen zwar zahlreiche Deutungsversuche ein, die aber vor den Wechselfällen und endlich Katastrophen des Geschehens immer wieder zunichte werden. Interpretabilität im Text ist eine Funktion räumlicher und zeitlicher Variablen, und weder am Anfang noch am Ende sind interne Deutungen möglich. Das macht sie ebenso beschränkt wie beschreibbar.

Josephe durchlebt den Gang zum Richtplatz und die Intervention der Natur ohne „Besinnung" (14). Jeronimo, von Nachrichtenkanälen so gut wie abgeschnitten, erfährt auf dem letzten und anonymen Kanal, der auch Eingekerkerten verbleibt, daß Josephe verloren und seine einzige Freiheit der Selbstmord ist: Er hört die Glocken ihre Hinrichtung einläuten. Und wenn dann der Pfeiler, an dem Jeronimo den Strick befestigt hat, im Erdbeben umstürzt, ist es, „als ob" auch „sein ganzes Bewußtsein zerschmettert worden wäre" (12).

So beginnt die Novelle mit zwei Blackouts, die Deutungen unmöglich machen.

Erst jenseits von Stadt und Schreckensaugenblick kehrt Jeronimos Bewußtsein wieder. Auf seiner anfangs vergeblichen Suche nach Josephe kommt ihm der Verdacht, daß das Beben seinen Selbstmord nur vereitelt hat, um ihn in ewiger Trauer zu lassen. Aber so schnell und verzweifelt ist das Rätsel der Theodizee nicht zu lösen. „Schien das Wesen, das über den Wolken waltet" (13), eben noch fürchterlich, so erfinden die Liebenden, kaum daß sie wiedervereint sind, eine ebenso universale wie private Teleologie. Sie „waren sehr gerührt, wenn sie dachten, wie viel Elend über die Welt kommen mußte, damit sie glücklich würden!" (16). Begreifliche Gefühle bei zweien, von denen der eine, vor den Intrigen und Verboten einer reichen Familie, der verliebte Hauslehrer der anderen gewesen ist. Mithin haben die zwei Titelhelden in der Nacht ihres Wiederfindens „Unendliches zu schwatzen" (16).

Das Reden von Liebe ist an sich schon Lust.[3] Jeronimo und Josephe könnten alle die Aufsatzthemen durchgehen, die einst der selbsternannte Hauslehrer Kleist seiner Braut gestellt hat, vor allem die Frage: „Wenn beide, Mann und Frau, füreinander tun, was sie ihrer Natur nach vermögen, wer verliert von beiden am meisten, wenn einer zuerst stirbt?" Unter Bedingungen gegenseitiger Nachrichtensperre und universalen Naturaufruhrs mußten ja Mann und Frau der Novelle einander für tot halten. Sie ist mithin eine Experimentalanordnung, in der ausnahmsweise noch zu Lebzeiten der Betroffenen eine Beantwortung von Kleists Frage möglich wird. Auch der Tod, der und den die Rede sonst ausschließt, kann besprochen werden. Und wie einst der Schreiber, so treffen nun die zwei Novellenfiguren ihre Entscheidung, damit aus dem Irrealis der Vergangenheit eine ewige Liebesgegenwart wird.

Wie jeder Mann – laut Kleist – „verliert" Jeronimo in Josephe „den ganzen Inbegriff seines irdischen Glückes". Folglich wählte er erstens den

Selbstmord als einzigen Akt, der im Unterschied zum Akt der Liebe nie und nimmer in Fehlleistungen verpuffen kann,[4] und zweitens, nachdem das Erdbeben selbst unfehlbare Akte vereitelt hat, die leidenschaftliche Suche nach seiner Geliebten.

Sehr anders Josephe. Bevor auch sie zur Suche nach ihrem Liebhaber schritt, rettete sie erst einmal sein und ihr Kind aus dem zusammenstürzenden Kloster, wo es ihre Hinrichtung hatte überleben sollen. Damit aber beweist „die Frau" einmal mehr, daß ihr nach dem Verlust „des Mannes" ein Ersatz in Kindern und näherhin „Söhnen hinterlassen" bleibt (ganz wie Kleists Musteraufsatz vom 30. Mai 1800 das vorhergesagt hat und sein Prinz von Homburg es auch auf den Begriff bringt). Für Josephe reduziert sich Jeronimo darauf, „nach dem kleinen Philipp, der liebste auf der Welt" zu sein (15).

Kind – Mutter – Gatte: so und nicht anders läuft in spieltheoretischer Exaktheit die Rangfolge der Prioritäten, die den Diskurs deutscher Bildung regelt. Und es heißt diesen Diskurs nur perpetuieren, wenn ein Interpret die „Verschiedenheit" des jeweiligen Suchverhaltens als Einsicht Kleists in die Konventionalität von Männern und die Größe praktischer Frauengestalten preist.[5] Einiges mehr steht schon auf dem Spiel.

Die heilige Familie aus Kind, Mutter, Vater, wie sie – in dieser Reihenfolge – in der Nacht unter Granatapfelbäumen zum erstenmal beisammen ist, braucht ihren Diskurs nur noch von anderen Diskursen ratifizieren zu lassen, um zum Ideal aller Menschengemeinschaft aufzusteigen. Genau das geschieht am Morgen nach dem Beben, wenn reiche Bekannte die eben noch schandbare Josephe in ihrer Mutterrolle brauchen und feiern. „Die ganze Würdigkeit und Anmut ihres Betragens" ist es, die einen gewissen Don Fernando samt seiner Familie dazu bewegt, Josephe „auf das innigste und zärtlichste zu empfangen" (19, 16), und in Josephes Gefolge, etwas weniger innig, auch Jeronimo.

Im Zeichen mütterlicher Anmut und Würde kommt es also zu einem Versöhnungsfest, das alle Blackouts des Novellenanfangs aufnimmt und sozialisiert. Nachdem Don Fernandos Großmut den Unterschied zwischen ehelichen und unehelichen Familienformen weggewischt hat, geraten beide Geretteten in eine Amnesie, die von der Vorzeit, „vom Richtplatze, von dem Gefängnisse, und der Glocke" (16) nur Traumerinnerungen zurückläßt. Solche Vergeßlichkeit ist ansteckend.

„Es war, als ob die Gemüter, seit dem fürchterlichen Schlage, der sie durchdröhnt hatte, alle versöhnt wären. Sie konnten in der Erinnerung gar nicht weiter, als bis auf ihn, zurückgehen." (16 f.)

Und das, weil geteilte Amnesie immer schon Amnestie ist.

Unter den Erdbebenopfern, deren Tod die Überlebenden selber bezeugen können, sind die Äbtissin, in deren Macht Mutter und Kind geraten waren, und der Erzbischof von Santiago, auf dessen Befehl ihr „der geschärfteste Prozeß gemacht" (11) worden war. Unter den vermutlich Toten ist Josephes reicher und adliger Vater, der ihren Liebhaber als Verbrecher angeklagt und ins Gefängnis gebracht hatte. Unter denen schließlich, die Diskurse totsagen, ist der Vizekönig selber; Befehle in seinem Despotennamen werden nur noch mit dem Satz quittiert, „es gäbe keinen Vizekönig von Chili mehr" (17).

Nachdem also eine Naturgewalt, wenn auch unter Assistenz gewisser Diskurse, die Mächte von Imperium und Sacerdotium, Gedächtnis und Strafgewalt gründlich abgeschafft hat, können Amnesie und Amnestie zusammenfallen. Die Mythologien des Erdbebens und der Revolution, wie die Novelle sie als „Umsturz aller Verhältnisse" (18) kontaminiert, sind seit Lissabon und Paris solidarisch. Mit dem Effekt, daß ihre Naturgewalt auch die Leute von jedem Gesetz zu einer Menschennatur befreit, die in allen Diskursen des Bildungssystems den Namen Geist empfängt.

„Und in der Tat schien [...] der menschliche Geist selbst, wie eine schöne Blume, aufzugehn. Auf den Feldern, so weit das Auge reichte, sah man Menschen von allen Ständen durcheinander liegen, Fürsten und Bettler, Matronen und Bäuerinnen, Staatsbeamte und Tagelöhner, Klosterherren und Klosterfrauen: einander bemitleiden, sich wechselseitig Hülfe reichen [...] als ob das allgemeine Unglück alles, was ihm entronnen war, zu *einer* Familie gemacht hätte." (17)

Es muß schön sein, wenn aus einer einsamen und damit verrückten Amnesie, wie sie Jeronimo bei der Flucht aus dem Kerker und Kleist auf der Flucht aus Frankreich durchmachen mußten, eine (mit)geteilte wird. Zwei Jahre nach jener Flucht zählt auch Kleist, zum angehenden Finanzbeamten des preußischen Staats avanciert, unter die aktenmäßig vorgesehenen Empfänger eines „Reskripts, das die völlige Auskaufung der Zunftgerechtsame" „eingeleitet hat". Damit sind zwar nicht gerade Staatsbeamte und Tagelöhner, aber wenigstens Müller und (um in der Novelle zu bleiben) „Flickschuster" von ständischen Hierarchien erlöst. Ein „Befreiungsgeschäft", das der Domänenkammerdiatär Kleist seinem Herrn und Minister gegenüber am 10. Februar 1806, also etwa zur Entstehungszeit der Novelle, „meinen Lieblingsgegenstand" nennt.

Gleichheit, Freiheit, Brüderlichkeit – wolle Gott, daß man über diese drei Wörter zum Leidwesen von Lesern nicht immer dasselbe schreiben müßte. Aber im *Morgenblatt für gebildete Stände* können Jeronimo Rugera, vor dessen Name kein ‚Don' steht, und der adlige Don Fernando nur darum und bis zum Frauentausch Brüder werden, weil einmal mehr eine Frau als wahre Mutter aller Säuglinge paradiert. Also umschreiben die drei Wörter, wenn sie in Deutschland nachgesprochen werden, immer nur die „*eine* Familie" (17) von 1800. Drei Jahre nach Kleists Novelle erscheint aus der Feder einer Bremer Mädchenschullehrerin eine Pädagogik, die technisch exakt zur Herstellung goldener Zeitalter anleitet.

„Alle gute, alle für das Wohl ihrer Brüder begeisterte Menschen", schreibt Betty Gleim, „haben von jeher ein goldenes Zeitalter, ein besseres edleres Menschengeschlecht ersehnt, erhofft, erträumt; sie haben geglaubt, daß es sich müsse realisiren lassen, sie haben dazu mitgewirkt, als könnten sie es herbeiführen. Aber, Ihr Edeln und Guten, Ihr werdet wenig ausrichten; Ihr werdet nur oberflächlich helfen, wenn Ihr nicht da anfangt, wo der einzige Anfangspunct alles Besserwerdens ist, wenn Ihr nicht die Mütter reformiren, wenn Ihr sie nicht mit einem lebendigen Gefühl ihrer hohen Würde, ihrer heiligen Bestimmung, und der Wichtigkeit des ihnen anvertrauten Amtes, erfüllen könnt."[6]

Diesen einzigen Anfangspunkt alles Besserwerdens setzt der Novellentext in Szene. Mag die beschriebene Zeugungsnacht des kleinen Philipp noch das „volle Glück" (11) Jeronimos geheißen und damit Josephes Lust unterschlagen haben – im „Tal Eden" (15), dem goldenen Zeitalter der überlebenden und vereinigten Familien, wird die Phallozentrik von einer Mütterlichkeit abgelöst, die reformiert genug ist, um neben dem eigenen Sohn auch noch den Sohn Don Fernandos und einer Frau zu beglücken, die vor lauter Verletzungen ihrer „heiligen Bestimmung" nicht nachkommen kann.

Diskursive Effekte

Der philosophische Diskurs von 1800 stellt alle Geschichte und ihre Entzweiungen bekanntlich zwischen ein Arkadien und ein Elysium, ein gewesenes und ein versprochenes goldenes Zeitalter.[7] Aber dieses Paradies bliebe ein Deutungsmuster von der Beliebigkeit aller Hermeneutiken, wenn nicht andere Diskurse der Philosophie zu Hilfe kämen. Es ist der literarische Diskurs, der das erträumte Paradies in Szene setzt; es ist der pädagogische Diskurs, der in Kleists Brautbriefen oder in Betty Gleims Erziehungsschrift die wahre Adresse und den gangbaren Weg seiner Herbeiführung findet. So vernetzt sind Diskurse.

Nur eines unterscheidet die literarische Inszenierung vom geschichtsphilosophischen Dreischritt, den sie voraussetzt. Das neue Paradies, philosophisch an dritter Stelle des Weltlaufs plaziert, rückt an die zweite, weil die Novelle ja mit Macht und Entzweiung der Geschichte schon eingesetzt hat. Damit aber gerät der Anfangspunkt alles Besserwerdens selbst in die Gefahr eines Werdens, das Paradies in die Geschichte. Diskurse sind eben nicht nur vernetzt, sondern auch mächtig genug, das Schema der drei Schritte selbst Erfüllungsmomenten gegenüber durchzusetzen. In ihrem „Tal Eden" kommt Kleists Novelle nicht zum Ende.

‚Fatum' heißt Gesagtes, und dieser Wortbedeutung bleibt Kleists narrative Mechanik treu. Erstens hören die im Paradies vereinigten Familien, daß die einzige nicht zusammengestürzte Kirche der Stadt eine feierliche

Messe zur „Verhütung ferneren Unglücks" (18) plant. Zweitens liest Josephe in diesen Gottesdienst eine Möglichkeit hinein, ihre private Teleologie des Erdbebens der „unbegreiflichen und erhabenen Macht" Gottes selber zu bekennen, weshalb sie „mit einiger Begeisterung" (19) zum Aufbruch drängt. Und drittens flüstert eine von Don Fernandos Schwägerinnen ihm Warnungen zu, die (wie bei weiblichen Gefühlen üblich) von der Novelle weder begründet noch aufgeschrieben werden, aber eben darum in Erfüllung gehen. Aus dem Besuch einer Messe zur Verhütung ferneren Unglücks geht das genaue Gegenteil hervor.

Denn auch wenn die alten Mächte Staat und Kirche vom Umsturz aller Verhältnisse betroffen sind, haben sie doch noch das Wort. Eine Predigt über Erdbeben kann nicht umhin, sie theologisch als Strafe Gottes auszulegen, ganz wie Novellen von 1800 nicht umhin können, sie als naturpolitische Vorausbedingung einer befreiten Menschheit auszulegen. Das aber führt zu einer Gleichzeitigkeit des Ungleichzeitigen. Der Priester als Sprachrohr obsoleter Mächte spricht in einem rhetorischen Atemzug von Sodom und Gomorrha, von Jeronimo und Josephe. Daß die Zwei Urteil und Katastrophe wie durch Wunder überlebt haben, daß sie zur Idealfamilie eines neuen und untheologischen Diskurses erkoren sind, daß sie schließlich, während der Priester ihre Namen ausspricht, auch in Fleisch und Blut vor ihm stehen, kann er nicht ahnen. Was Thomas Mann, als er über Kleists „prachtvolle Erzählung" seine üblichen prachtvollen Deutungen ablieferte, „den Fanatismus eines Dominikaner-Predigers" nannte, ist schlicht und einfach eine schulmäßige „Seitenwendung" (20), wie Priester sie im Seminar gelernt haben, um nicht immer und nur vom Abwesenden zu diskurrieren.

Aber die Referenz von Diskursen ist keine Sache der Sprechermeinungen oder Redebedeutungen; um Effekte auf Körper zu haben, reicht ein Zufall hin. Kaum daß der Priester in seiner Ahnungslosigkeit die Namen Jeronimo und Josephe ausgesprochen hat, ist die Zeit des Interpretierens vorbei. In besinnungsloser Beschleunigung stürzt die Novellenhandlung ihrem Ende entgegen. Der theologische Diskurs gerät zur Handgreiflichkeit einer Volksmenge, die mit richtigen und falschen Identifikationen der angeprangerten Sünder dafür sorgt, daß von den sechs Kirchenbesuchern aus dem Tal Eden gerade noch zwei überleben. Neben Jeronimo und Josephe bleiben auch Don Fernandos Schwägerin und sein kleiner Sohn, weil sie mit Josephe und Philipp verwechselt worden sind, auf der Strecke. Don Fernando kann nur sein und Philipps Leben retten, um in den Schlußsätzen der Novelle zusammen mit Frau und Pflegekind selbst eine heilige Familie zu bilden. Einmal mehr also, und wie zum Beweis seiner Macht, steckt der Bildungsdiskurs auch Adlige an. „Wenn Don Fernando Philippen mit Juan", seinem ermordeten leiblichen Sohn, „verglich, und wie er beide erworben hatte, so war es ihm fast, als müßt er sich freuen." (23) Als Kind einer idealen Mutter macht der angenommene Sohn selbst Leichen vergessen.

Ein blutiges Finale, das aber Symbolleser auch ohne die unformulierten und warnenden Ahnungen schon erraten konnten. Die Bäume nämlich, unter denen die zwei Liebenden ihr nächtliches Wiedersehen gefeiert haben, sind Granatapfelbäume. Und mag Punica Granatum im Orient auch zu Orgien und Fruchtbarkeitsritualen der Großen Mutter gehört haben, im überlieferten Wissen Griechenlands steht der Granatapfel für Persephone und ihre Unterwelt. Die zwei Liebenden der Novelle, nicht anders als nachmals Kleist und Henriette Vogel, haben durch den kurzen Aufschub nur erreicht, daß aus einsamem Selbstmord und einsamer Hinrichtung eine Zweisamkeit im Leichenhaus geworden ist. Seit alters ist Arkadien für Hadeseingänge berühmt.

Aber Punica Granatum wächst nicht nur in mythologischen Handbüchern, sondern seit der Kolonialisierung Amerikas auch in Chile. Womöglich handelt der Novellenschluß also von schlichten Fakten, denen Symbole in ihrer Zweideutigkeit gar nicht beikommen. Was am Text zu verstehen ist, mag zwischen den Polen Liebe und Tod spielen; was diesseits aller Gefühle geschieht und auf vier grundlose Totschläge hinausläuft, ist ein Machtwechsel im Realen.

Strategische Maßnahmen

Als Josephe von der Kirchenmacht zum Scheiterhaufen verurteilt und „durch einen Machtspruch des Vizekönigs" (11) zur Hinrichtung begnadigt wurde, vermietete man „in den Straßen, durch welche der Hinrichtungszug gehen sollte, die Fenster, man trug die Dächer der Häuser ab" (11 f.). Vor jenem Umsturz aller Verhältnisse, den die Novelle feiert, waren Exekutionen bekanntlich öffentliche „Schauspiele" (12), von einer fürstlichen Übermacht gegeben, von „frommen Töchtern" (12) (und Giacomo Casanova) gerne besucht – eine historische Tatsache, die Kleist und seine Zeitgenossen nurmehr mit Grausen referieren können.[8]

Ganz anders Josephes faktischer Tod, wie er nach dem arkadischen Intermezzo eintritt. Ein Schuhflicker, der seine ehemalige Kundin auf die Priesterworte hin hat identifizieren können, schlägt sie „mit der Keule nieder" (22). Solche Keulen sind die idealen Waffen einer Lynchjustiz, die gegen das eine und geliehene Schwert in Don Fernandos Händen leichtes Spiel hat. Auch Donna Constanze und der wehrlose Jeronimo werden von Keulen erschlagen, nur dem kleinen Juan zerschmettert jener Schuhflicker die Schädeldecke an einem Kirchenpfeiler. (Eine Kindermordtechnik, die auch die Römer, und d.h. Franzosen, in Kleists *Hermannsschlacht* bevorzugen.)

So klar liegt die Bilanz des eintägigen Aufschubs zutage. An die Stelle der Übermacht, die vormals im Schwert hauste und dem Fürsten ein rituelles Schauspiel, seinen Untertanen aber eines zwischen Abschreckung und Verlockung gab, ist nackte Gewalt getreten. Nach dem revolutionären Umsturz gibt es nur noch Schauspiele ohne Zuschauer: eine Eskalation der Gewalt, ausgelöst vom Leerlauf theologischer Rhetorik, hochgeschaukelt aber von Schreien, die das ganze Kirchenschiff füllen, und Mordszenen, die zum Weiterspielen nachgerade einladen. Als Zuschauer und Zuhörer ihrer Wut werden Kirchgänger zu Totschlägern. Das Wort des Priesters ist längst vergessen und überschrieen, wenn ein Schuhflikker seine „ungesättigte Mordlust" entdeckt und zum „Fürsten der satanischen Rotte" (22) aufrückt. So buchstäblich macht das Finale den Novellensatz wahr, daß es Fürsten oder Vizekönige alten Schlags nicht mehr gibt.

Der Text aber beschreibt diese neue Ordnung der Dinge so technisch, wie sie ist: als einen Rückkopplungseffekt, der Fragen nach Ursachen oder Gründen oder Motiven verabschiedet. Daß unter den Mordknechten auch der alte Rugera auftaucht, um seinen Sohn identifizieren und erschlagen zu können, bleibt eine Tatsache diesseits jeder Deutung. Die drei Schritte der Novelle führen also von einer Anfangskatastrophe, die – etwa beim Zusammenbruch der Kerkermauern – mit ingenieursmäßiger Präzision beschrieben wird, über ein Arkadien, das seinen Kindern eine Zeitlang psychologische Gefühle und philosophische Deutungen gestattet, zu einer Schlußkatastrophe, die mit dem kalten Blick des Kriegstechnikers gesehen ist. Er gehöre zu den wenigen Leuten, die sich in Metaphern und in Formeln gleichermaßen auskennten, hat Kleist einmal gesagt.

Und nur soweit er die Volkswut in Metaphern beschreibt, bleibt Kleist im Diskursraum, dem das *Morgenblatt für gebildete Stände* zuzählt. Mit seinem obsoleten Schwert ficht Don Fernando, jeder Zoll ein preußischer Offizier, gegen die „satanische Rotte" als „göttlicher Held" (22). So erfüllen Metaphern den unmöglichen Wunsch, mit dem Kleist am 19. März 1797 seinen Abschied aus der preußischen Armee begründet hat: zugleich Mensch und Offizier sein zu können. Statt den friderizianischen Exerziermeister seiner Rekruten abgeben zu müssen, darf Don Fernando, so göttlich wie nutzlos, für ein Ideal von Familie und Mütterlichkeit fechten.

Aber die preußische Armee mit ihren Exerzierreglements versagt im Novellenentstehungsjahr 1806 vor einer Rotte, der Kleist satanische Metaphern nie vorenthalten hat (vom Fürsten dieser Rotte ganz zu schweigen). Seit Jena und Auerstedt besteht keine Nachfrage nach göttlichen Helden mehr; was gegenüber einer revolutionären Heeresstruktur wie der französischen zählt, sind einzig Formeln von kriegstechnischer Präzision. Hier ist die Novelle noch einmal, aber im Klartext:

„Jede große und umfassende Gefahr gibt, wenn ihr wohl begegnet wird, dem Staat, für den Augenblick, ein demokratisches Ansehn. Die Flamme, die eine Stadt bedroht, um sich greifen zu lassen, ohne ihr zu wehren, aus Furcht, der Zusammenlauf der Menschen, den eine nachdrückliche Rettung herbeizöge, könnte der Polizei über den Kopf wachsen: dieser Gedanke wäre Wahnsinn, und kann in die Seele eines Despoten kommen, aber keines redlichen und tugendhaften Regenten."

Sätze von 1809, mit denen Kleist seine Propagandaschrift *Über die Rettung Österreichs* vor Napoleon einleitet. Und ein strategisches Programm, das Naturkatastrophen bloß noch bebildern. In Kleists politischen Schriften stehen alle Erdbeben und Feuersbrünste dieser Erde für eine Heeresstruktur, die den Machttheatern Alteuropas abgesagt hat und preußischen Exerzierreglements weit voraus ist. Seit den Revolutionskriegen haben die Franzosen ihre „Artillerie ganz auf den entscheidenden Feuerschlag eingestellt" und ihre „Infanteriekolonnen getrennt in Staffeln und auf sich gestellt in beschleunigter Bewegung zum Einsatz gebracht, ohne eine unauflösliche Front zu bilden".[9] Weshalb die Preußen bei Jena und Auerstedt, weil sie „noch hoch aufgerichtet, Bataillon an Bataillon in die Breite entfaltet", auf dem Schlachtfeld paradieren, nur in einen sicheren „Tod gehen, der ihnen aus dem Artillerie- und Schützenfeuer eines beweglicheren, das Gelände ausnützenden Feindes entgegenschlägt".[10]

Eine Lineartaktik, die auch in der Novelle nur fatale Folgen haben kann. Don Fernando, der göttliche Offizier, bietet Josephe ganz formell den Arm, um in wahrhaft altpreußischer Taktik einen geordneten Rückzug seiner vereinigten Familien aus der Kirche einzuleiten. Aber was man damit gegenüber einem „wütenden Haufen" (21) und perfekter Kirchengeländeausnützung erreicht, sind Verluste von annähernd 70 Prozent.

So dringlich ist es eben im Jahr 1807, exerzierplatzmäßige Lineartaktiken aufzugeben. „Bei Eylau und Friedland bilden die Preußen schon selbst Schützenschwärme und Kolonnen und verbeißen sich im Getümmel, das nun auf beiden Seiten schwerste Opfer fordert."[11] Sie und ihr Dichter gehen also beim Feind in die Lehre. Einem Erdbeben wie den Revolutionsheeren können nur gleiche Waffen und Taktiken entgegentreten, einer *levée en masse* nur die *levée en masse.* „Für den Augenblick" tut auch einem „Staat" von Gottes Gnaden „ein demokratisches Ansehn" not. Deshalb und nur deshalb lädt der Propagandist Kleist, nachgerade treuherzig, Österreichs tugendhaften Regenten dazu ein, gewisse ungeordnete Zusammenläufe zu dulden, die jeder Polizei über den Kopf wachsen und nach dem Zeugnis seiner eigenen Novelle Vizekönige oder Regenten totzuschlagen pflegen. Und mag jene Novelle noch so inständig versucht haben, Demokratie aufs Phantasma *„einer* Familie" und Familiarität auf Mütterlichkeit zu gründen, der Kriegstechniker weiß es besser als alle Bildungsdiskurse. Wahrhaft demokratisch vergehen die Unterschiede zwischen Fürsten und Bettlern, Staatsbeamten und Tagelöhnern in jenem Wahnsinn, den nur „Wahnsinn" nicht wollen könnte – wenn am Novellenende eine bewaffnete Menge alle Standesunterschiede liquidiert.

Man braucht nur gegen den Strich zu lesen. Zunächst tritt, in priesterlicher Verkleidung, ein Propagandaredner auf, der (diesmal mündlich) „über die Rettung Chilis" deliriert. Daraufhin schreit eine zusammengelaufene Menschenmenge nach Mord. Daraufhin erschlägt ein Vater seinen Sohn und ein Schuhflicker die Tochter eines der „reichsten Edelleute der Stadt" (11). Originalton Kleist zum Thema Napoleon:

> „Schlagt ihn tot! Das Weltgericht
> Fragt nach euren Gründen nicht!"

Theologische und geschichtsphilosophische Diskurse, wenn sie zum Mord aufriefen, haben jeder auf seine Weise noch Gründe anführen müssen; der Propagandaschreiber Kleist ist darüber hinaus. Wonach er fragt, sind einzig Techniken und Waffen des Todes. Die Keulen, unter deren Schlägen Jeronimo, Josephe und Constanze fallen, haben auch in der *Hermannsschlacht* die edle Aufgabe, waffenlose Römer, und d.h. Franzosen, niederzumachen. Es sind die Waffen eines totalen Volkskrieges.

In Geister- und Geheimbundromanen der Goethezeit ist die Rede immer wieder von einer unsichtbaren Hand. Im *Erdbeben in Chili* schwingen harmlose Kirchgänger mit einemmal Keulen, deren Herkunft rätselhaft bleibt. Die Unwahrscheinlichkeit, daß Jeronimo auch im Kerker über einen Strick verfügt, motiviert sein Erzähler; daß Schuhflicker und anderes Gesindel über Keulen verfügen, mit keinem Wort. In einer Novelle, die sonst an keiner Stelle über die Relation von Ereignissen hinausragt, sind die Keulen mithin Gaben einer unsichtbaren und jenseitigen Hand – einer Hand am Körper des Schreibers selber. Seine Handgreiflichkeit ist es, die hinterm Schleier unabwendbarer oder gar geschichtsphilosophischer Abläufe triumphiert.

Am 21. April 1813, ein Jahr und fünf Monate nach Kleists Selbstmord, unterzeichnete der König von Preußen eigenhändig ein Edikt, das den Anfang vom Ende aller Fürstenmacht in Mitteleuropa machte. Das Landsturmedikt setzte jegliche Hegung des Krieges (in Völkerrecht und Kabinettspolitik) außer Kraft, weil es zum Krieg gegen Heere rief, die bei Jena und Auerstedt selber wie Partisanen gesiegt hatten. Zum erstenmal in der deutschen Geschichte wurde ein Volk zu den Waffen gerufen und gewaltsamer Ungehorsam selbst feindlichen Polizeianordnungen gegenüber zur Pflicht jedes Preußen ernannt. Mochten reguläre Heere weiterhin mit Schwertern und Gewehren antreten, für Landsturm und Volksmengen empfahl § 43 des Edikts viel naheliegendere Waffen: Beile, Heugabeln und Sensen. Postum haben Kleists Keulen also doch noch Legalität erlangt.

„Man staunt, den Namen des legitimen Königs unter einem solchen Aufruf zum Partisanenkampf zu sehen“,[12] heißt es in Carl Schmitts bewundernswerter *Theorie des Partisanen.* Ganz wie Kleists Proklamation *Über die Rettung Österreichs* es ins Auge gefaßt hat, liquidiert ein legitimer und tugendhafter Regent seinen alteuropäischen Begriff – mit Fernwirkungen, die die *Theorie des Partisanen* auf die Jahre 1917 und 1918 datiert. Schmitt allein gelingt es, die dunklen Texte Kleists in einem Dispositiv von Diskursen zu orten. Als „größte Partisanendichtung aller Zeiten“ (wie die seit 30 Jahren übliche Formel lautet) figurieren sie neben Clausewitz und Lenin, Mao Tse-tung und General Salan.

Ein entlassener preußischer Offizier – in glücklichen Momenten von der österreichischen Propagandamaschine gegen Napoleon finanziert, dann wieder ganz allein, weil sein König erst mit siebzehn Monaten Verspätung begreift – entwickelt unter Bedingungen und Masken des Bildungssystems die Diskurspraxis des Partisanen. Mit der Technik „unwahrscheinlicher Wahrhaftigkeit“ (so ein Anekdotentitel Kleists) beschwört er Naturkatastrophen herauf, nur um seinen Lesern eine Feindschaft beizubringen, die es nie zuvor gegeben hat: die absolute Feindschaft. Ob ihr Ziel der Kaiser der Franzosen oder das eigene Leben ist, spielt keine Rolle. „Der Feind ist“ ja nur „unsere eigene Frage als Gestalt“.[13] Im *Katechismus der Deutschen* fragt ein Vater seinen Sohn, warum wohl (angeblich) Napoleons Einmarsch den Deutschen alle Hütten zerstört und alle Felder verheert hat. Die propagandistisch erwünschte Antwort aus Kindermund: „um ihnen diese Güter völlig verächtlich zu machen“. Im *Erdbeben in Chili* übt die Naturkatastrophe „ungesäumte Wegwerfung des Lebens“ ein, „als ob es, dem nichtswürdigsten Gute gleich, auf dem nächsten Schritte schon wiedergefunden würde“ (18). Nicht nur für Hohenzollernkönige, auch für ihren märkischen Uradel wird Partisanentum suizidal.

Der menschliche Geist, den die Novelle wie eine Blume züchtet, ist also ein Trugbild zur Vernebelung nackter Gewalt. Man erzählt rührende Geschichten von einer Liebe, die wie üblich einer Mutter gilt, die wie üblich ganze Menschenmassen in Familien vereint, nur um zu tarnen, was wahre Demokratie besagt. Die Versöhnung aller Gemüter gelingt einzig durch einen „fürchterlichen Schlag“ (16), gleichgültig ob von Erdbeben oder Keulen. Eine diskursstrategische Maßnahme Kleists, die völlig dysfunktional wäre, wenn es seinen Texten (nach der prachtvollen Lesart Thomas Manns) bloß um Bildung und Menschenglück ginge. Dergleichen ist in der klassisch-romantischen Dichtung einfacher zu haben; weshalb ihr Herr und Meister Goethe dem Nachwuchsautor Kleist gegenüber denn auch alle Reserven hat. Nur wenn es um Volksgewalt und Partisanentum geht, werden die fürchterlichen Schläge notwendig.

Der Wortsinn von ‚Novelle' ist juristisch. In Lagen, wo keiner von den überkommenen Gesetzesparagraphen mehr angemessen scheint, wagen die Mächte Novellierungen. Das tun sie nicht oft und nicht gern, zumal wenn ihre eigene Legitimität sich nur auf das Herkommen gründet. Weshalb es denn vorkommt, daß die notwendigen, aber fürchterlichen Novellierungen einer Diskursstrategie erst einmal von Leuten ohne Auftrag und in Medien ohne Realgewalt propagiert werden. So macht der Einzelkämpfer Kleist Novellen. Was hermeneutischen Interpretationen am *Erdbeben in Chili* ein Rätsel bleiben muß, ist einfach die Gewalt seines Geschriebenseins selber.

Diskursanalysen dagegen brauchen nicht zu deuten. Über die Effekte von Texten haben andere und synchrone Diskurse, die mit ihnen vernetzt gewesen sind, schon längst entschieden. Gewalt ist immer auch aktenkundig.

„Schon drei Monate später, am 17. Juli 1813", hat Friedrich Wilhelm III. sein Landsturmedikt „geändert und von aller Partisanen-Gefährlichkeit, von jeder acherontischen Dynamik gereinigt".[14] Und das kaiserliche Österreich, dessen Rettung von Kleist propagiert wurde, solange sein eigener König im großen Volkskrieg noch abseits stand, hat die Vorschläge zu seiner Rettung mit unbestechlichem Auge durchschaut. Als 1810 der erste Teil von Kleists *Erzählungen* vorlag, beantragte der Zensor Retzer ein unbedingtes Verbot, das von der Wiener Hofzensurstelle auch genehmigt wurde. Begründung: am *Erdbeben in Chili* sei „der Ausgang im höchsten Grade gefährlich".[15]

Hermeneutik

Norbert Altenhofer

Der erschütterte Sinn
Hermeneutische Überlegungen zu Kleists ‚Das Erdbeben in Chili'

Es gehört zu den Grundannahmen des hermeneutischen Umgangs mit Texten, daß die Verfahrensweise der Auslegung ihrem Gegenstand nicht – wie es der klassische naturwissenschaftliche Methodenbegriff voraussetzt – äußerlich bleiben dürfe. Die Prämisse ist nicht unbestritten geblieben. Empirische, kritisch-rationalistische und strukturalistische Schulen der Textanalyse haben sie zum Anlaß genommen, den Vertretern hermeneutischer Positionen zirkuläre Argumentation, Vernachlässigung analytischer Techniken zugunsten unkontrollierter Einfühlung und einen hybriden Kult interpretatorischer (Kon-)Genialität vorzuwerfen.

Daß diese Kritik in zahlreichen Fällen berechtigt ist, bedeutet noch nicht eine grundsätzliche Widerlegung des hermeneutischen Ansatzes; es verweist eher auf die Notwendigkeit, ein den Ursprüngen der modernen Hermeneutik zugrundeliegendes, in der Folge vielfach verschüttetes oder abgeschliffenes Problembewußtsein wiederzugewinnen. Zur Reflexion auf die spezifisch hermeneutische Bestimmung des Verhältnisses von Gegenstand und interpretativem Verfahren nötigt nicht nur die problematische Wirkungsgeschichte der mit Schleiermacher beginnenden literarischen Hermeneutik, sondern auch der aktuelle Kontext eines Sammelbandes, der verschiedene Methoden ‚pluralistisch' um einen poetischen Text versammelt – eine Konstellation, die zu dem Mißverständnis Anlaß geben könnte, es gehe darum, in Form eines Wettbewerbs wechselnde Verfahren auf einen identischen Gegenstand ‚anzuwenden'.

Im Rahmen eines hermeneutischen Konzepts sind vielfältige Fragestellungen denkbar, auch solche, für die andere ‚Methoden' das Recht der ersten Formulierung und spezielle Kompetenzen reklamieren können. Es scheint deshalb sinnvoll, nur *einen,* die Beziehung von Text und Verfahren betreffenden und damit auf das Spezifische eines hermeneutischen Problembewußtseins verweisenden Aspekt zu thematisieren. Wenn hermeneutische Reflexion neben der für alle Methoden verbindlichen *systematischen* auch eine *historische* Bestimmung der Relation von Gegenstand und interpretativem Verfahren einschließt, so legt die Gleichzeitigkeit der Ausbildung hermeneutischer Theorie bei Schleiermacher und poetisch-narrativer Techniken bei Kleist die Frage nahe, ob ein Blick auf den gemeinsamen Problemhorizont Erkenntnisse zutage fördern kann, die einer rein systematisch deduzierten Methode unzugänglich bleiben müssen. Daß das Thema der folgenden Überlegungen in *dieser* Weise – d.h. als Frage nach den gemeinsamen Voraussetzungen poetischer und hermeneutischer Praxis bei Kleist und Schleiermacher – formuliert wird, impliziert bereits, daß es bei verändertem Gegenstand anders spezifiziert werden müßte, ohne dabei die selbstreflexive Grundintention preiszugeben.

Schleiermacher hat die Aufgabe der Hermeneutik als erkenntniskritisch kontrollierte und historisch reflektierte Operationalisierung des Verstehens bestimmt. Von den späteren geisteswissenschaftlichen Adaptationen – insbesondere Diltheys – unterscheidet sich sein Ansatz durch das Insistieren auf dem materialen Charakter auslegender Arbeit und durch die Entwicklung eines differenzierten philologischen Instrumentariums; dies alles bei Bewahrung der transzendentalphilosophischen Orientierung des Auslegens und des Anspruches auf Entwicklung einer umfassenden Hermeneutik von Rede und Schrift.

Den Hermeneutiken der Aufklärung, etwa den Auslegungslehren Johann Martin Chladens oder Georg Friedrich Meiers, galt noch „als Kriterium richtiger Interpretation nicht die Rekonstruktion der Intention des Autors oder seines Textes, sondern die Vernunftgemäßheit der von ihm vorgetragenen Sache, und das heißt: die Übereinstimmung des Diskurses des Interpretanden mit der auf ewige Sätze der allgemeinen ratio gegründeten Einsicht des Interpreten [...]: Vernünftige und nach den Regeln der Seele zusammengesetzte Gedanken bezeichnen [...] immer die Sachen, wie sie an sich, also unabhängig von individueller Deutung, *sind*."[1]

Schleiermachers Hermeneutik räumt dem Individuellen auf der Seite der Produktion wie der Interpretation von Texten einen hohen Stellenwert ein, bemüht sich jedoch zugleich, der Willkür, die nun das Geschäft der Auslegung bedroht, durch die Einführung einander wechselseitig korrigierender Auslegungs*arten* und Kanones der Interpretation zu steuern. Grammatische und psychologische (bzw. psychologisch-technische) Auslegung fassen den Text von verschiedenen Aspekten her ins Auge. Grammatisch wird die Einheit des Werkes auf dem Wege einer möglichst genauen Eingrenzung des „Sprachgebietes" erfaßt (d.h. „konstruiert"), dem es historisch zugehört; die „Grundzüge der Komposition sind dort Konstruktionen der Verknüpfungsweise".[2] Die psychologische Auslegung dagegen betrachtet die das Werk konstituierenden Zeichen nicht als vom vorgegebenen Sprachsystem bestimmt, sondern als individuelle Sprachhandlung („Tat"); die „Einheit des Werkes, das Thema, wird hier angesehen als das den Schreibenden bewegende Prinzip, und die Grundzüge der Komposition als seine in jener Bewegung sich offenbarende eigentümliche Natur".[3] Das Verstehen der individuellen Leistung erfordert dabei nicht nur, als psychologische Auslegungsoperation im engeren Sinne, „jeden gegebenen Gedankencomplexus als Lebensmoment eines bestimmten Menschen aufzufassen";[4] psychologisch-technisch bedarf es darüber hinaus einer detaillierten Kenntnis der formalen und inhaltlichen Voraussetzungen (Gattungen, Denktraditionen), durch die hindurch der Autor seinen individuellen „Stil" seine „eigentümliche Art, den Gegenstand aufzufassen",[5] realisiert:

> „Denn gleich mit dem ersten Entwurf zu einem bestimmten Werk entwickelte sich auch in ihm die leitende Gewalt der schon feststehenden Form, sie wirkt durch ihre großen Maße mit zur Anordnung und Verteilung des Ganzen, und durch ihre einzelnen Gesetze schließt sie dem Dichtenden hier ein Gebiet der Sprache und also auch einer bestimmten Modifikation von Vorstellungen zu und öffnet ihm dort ein anderes, modifiziert also im einzelnen nicht nur den Ausdruck, sondern auch, wie sich denn beides nie ganz voneinander trennen läßt, die Erfindung. [...] Diese Einsicht in das Verhältnis eines Schriftstellers zu den in seiner Literatur schon ausgeprägten Formen ist ein so wesentliches Moment der Auslegung, daß ohne dasselbe weder das Ganze noch das Einzelne richtig verstanden werden kann."[6]

Individuelle Sprachhandlung und generische Bestimmtheit des Inhalts und der Form treten in ein produktives Konfliktverhältnis, dessen Dynamik und Eigenart nur von Fall zu Fall bestimmt und nicht, wie noch in den klassizistisch-aufklärerischen Poetiken und Hermeneutiken, entweder als Erfüllung eines autoritativen Form-Inhalt-Paradigmas oder als Verstoß dagegen verstanden werden kann. Schleiermachers Differenzierung innerhalb der psychologischen Auslegungsart trägt dieser komplexen Sicht Rechnung: Die psychologische Auslegung im engeren Sinn läßt sich von der Einsicht leiten, daß der Interpret den „Gegenstand" des Werkes nie anders zu fassen vermag als vermittelt durch individuelle „Auffassung" und „Sprachbehandlung", die psychologisch-technische von der Erkenntnis, daß der Auslegende dieser Individualität immer nur in einer durch die Macht des literarischen Normensystems bereits verfremdeten Form habhaft werden kann.

Zu dieser aus Kants Erkenntniskritik übernommenen und hermeneutisch reformulierten transzendentalphilosophischen Problematik tritt ein weiteres komplizierendes Moment, das den – in der Optik der theologischen Orthodoxie dogmatisch vorgegebenen, in der des aufklärerischen Rationalismus durch allgemeine Denkgesetze gesicherten – Sinn der Texte ins Gleiten geraten läßt: die Historizität der Sprache und des „mit ihr zugleich entwickelten und an sie gebundenen gemeinsamen Lebens“,[7] durch die auch eine „unaustilgbare Differenz im Denken gesetzt“ ist.[8] Verstehensgrenzen dieser Art bilden sich nach Schleiermachers „Dialektik“ nicht nur zwischen den Sprachen, weil es „in jeder Sprache solche Elemente gibt, welche irrational sind gegen andere Sprachen, so daß sie auch nicht durch eine Verknüpfung mehrerer Elemente dieser Sprache genau wiedergegeben werden können“;[9] es entstehen auch innerhalb einer Sprache durch soziale oder historische Differenzierungen und durch die Ausbildung praxisbezogener oder theoretischer Terminologien unterschiedliche „Sprachkreise“, zwischen denen oft gar nicht ins Bewußtsein tretende Verzerrungen der Kommunikation herrschen:

> „Zwischen [...] verschiedenen Sprachorganisationen [...], mögen sie gleichzeitig sein oder aufeinander folgen, [...] ist allemal das Verständnis gehemmt, wenn auch nur auf untergeordnete Weise. Aber je mehr dies sich verbirgt und je weniger die Verhandelnden bemerken, daß sie vermittelnder Zurückführungen bedürfen, um desto zahlreicher und heftiger entwickeln sich die Mißverständnisse.“[10]

Die Verständigung ist also nicht nur durch subjektive Abweichungen, sondern auch durch objektive Verzerrungen gefährdet. Zwar beruht „das Verständnis der Sprache [...] auf der Identität des menschlichen Bewußtseins“, doch ist die „in der Sprache niedergelegte identische Konstruktion des Denkens [...] keine vollständige Gewähr für die Richtigkeit desselben“; auch ein „unrichtiges Denken kann gemeinsam werden“.[11] Mitteilung und Verstehen entgehen subjektiver Isolierung oder kollektiver Deformation nur durch unablässige hermeneutische Aktivität, durch „beständiges Fortsetzen der Probe, ob alle Menschen ihre Vorstellungen identisch konstruieren“.[12] In Schleiermachers Auffassung von Sprechen und Denken kann diese „Identität der Konstruktion“ weder – von einer Position des radikalen Skeptizismus aus – grundsätzlich negiert, noch – sei es unter dogmatisch-theologischem oder rationalistischem Vorzeichen – als gegeben vorausgesetzt werden. Sie ist nicht der Ausgangspunkt, sondern das Ziel, im Sinne einer immer nur näherungsweise einzulösenden Aufgabe: Als kommunizierende und interpretierende Wesen sind wir „beständig in der Probe begriffen“.[13]

In der Wirkungsgeschichte der Schleiermacherschen Hermeneutik ist das für sie konstitutive und in ihrer Systematik verankerte Problem- und Krisenbewußtsein allerdings weniger wirksam geworden als ihr Identitätsbegriff, dessen hypothetisch-experimenteller Charakter nicht mehr wahrgenommen und zunehmend von positivistischen Verifizierungs- oder psychologisierenden Einfühlungstheoremen überlagert wurde. Das methodische Defizit, das auch von der textfernen philosophischen Hermeneutik Diltheys, Heideggers oder Gadamers mit ihrer nur partiellen oder verzerrenden Schleiermacher-Rezeption nicht abgedeckt werden konnte, findet in den literaturwissenschaftlichen Ad-hoc-Adaptationen linguistischer, sozialwissenschaftlicher und psychoanalytischer Ansätze, die, bis zu Peter Szondis Entwurf einer literarischen Hermeneutik in Anknüpfung an Schleiermacher, die Theoriediskussion beherrschten, seinen vielleicht beredtesten Ausdruck. Wenn heute die Neubegründung einer hermeneutischen Position eher im Rückgriff auf Schleiermacher selbst als auf hermeneutische Positionen des späten 19. oder des 20. Jahrhunderts möglich scheint, dann allerdings nicht in der naiven Hoffnung, sein Instrumentarium könne das von Linguistik, Soziologie und Psychoanalyse ausgebildete ersetzen. Die Aktualität der Schleiermacherschen Hermeneutik liegt vielmehr darin, daß sie als umfassend konzipierte, aber streng sprachbezogene Auslegungslehre in ihrer Stellung zu anderen auf menschliches Denken und Sprechen bezogenen Disziplinen (Dialektik, Rhetorik, Grammatik, Kritik), in ihrer Gegenstandsbestimmung (Rede und Schrift als Individuell-Allgemeines) und in ihrer inneren Verfahrenssystematik (Zusammenspiel von grammatischer und psychologischer bzw. psychologisch-technischer Interpretation) den Ursprung eben jener Problemkonstellation bezeichnet – bezeichnet im doppelten Sinn des Symptoms und des Lösungsentwurfs –, aus der auch die modernen Wissenschaften der menschlichen Psyche, Sprache und Gesellschaft hervorgegangen sind. Schleiermachers Hermeneutik bezieht sich schon im Ansatz nicht mehr auf einen als selbstverständlich vorausgesetzten (allenfalls aus technischen Gründen oder durch mangelnden Vernunftgebrauch verstellten), sondern auf einen aus historischer Verschüttung, kollektiver Verzerrung und subjektiver Verdunkelung durch sprachliche Rekonstruktion und interpretatorischen Entwurf erst zu gewinnenden Sinn.

Das spezifisch hermeneutische Interesse der Textinterpretation läßt sich mit Blick auf diesen Ausgangspunkt der modernen Hermeneutik genauer fassen. Es richtet sich auf die in der sprachlichen Formgebung zutage tretende individuelle Transformation des Überlieferten zwischen den Extremen der reinen Negation bzw. der Repetition traditionellen Sinns. Es findet Nahrung in der Spannung zwischen Sprache als vorgegebenem System auf der einen, als individuellem „poetischem" Akt auf der anderen Seite und erreicht einen „Nullwert" dort, wo entweder die Sprache nur „schon vorhanden Gewesenes wiederholt" und sich in der bloßen „Kontinuität der Wiederholung erhält"[14] oder wo sie sich „im freien Spiele der Vorstellungen" dem Traum als dem „rein Unverständlichen" annähert, das „keinem Gesetz des Zusammenhanges folgt und so nur zufällig erscheint".[15] Im ersten Fall wäre die Sprache kein Gegenstand der psychologischen, im zweiten Fall keiner der grammatischen Interpretation mehr; wo keine Vermittlung von Allgemeinem und Individuellem mehr stattfindet, treten andere Verfahren – linguistisch-deskriptive, ideologiekritische, psychoanalytische etwa – als Ergänzung oder Ersatz des hermeneutischen ein. Der Vorwurf, daß hermeneutische Verfahren kritiklos einem affirmativen Sinnbegriff verpflichtet und im schlechten Sinne zirkulär seien, läßt sich zumindest gegen Schleiermacher nicht aufrechterhalten. Was im Rahmen seiner Theorie als Feld hermeneutischer Arbeit bestimmt wird, verdankt seine Abgrenzung nicht einer freiwilligen oder unfreiwilligen Blindheit für das jenseits Liegende, sondern im Gegenteil der – gegenüber allen früheren Hermeneutiken revolutionären – Entscheidung, bei der Auslegung „Sinn" nicht von einem gesicherten Zentrum, sondern von der Peripherie her, von den Übergängen zum „rein Unverständlichen" oder zum „immer schon vorhanden Gewesenen" aus zu konstruieren. Prämisse dieser hermeneutischen Praxis ist, „daß sich das Mißverstehen von selbst ergibt und das Verstehen auf jedem Punkt muß gewollt und gesucht werden".[16]

Schleiermacher reagiert seismographisch auf die intellektuellen und sozialen Bewegungen an der Wende vom 18. zum 19. Jahrhundert: als Theologe, als klassischer Philologe, als Repräsentant und Theoretiker der geselligen Kultur der Romantik, als Initiierter und sympathetischer Kritiker ihrer poetischen Produktion.[17]

Daß Auslegung als Kunst aufgefaßt wird und diese sich in einer bis dahin nie dagewesenen Weise auf ihren Gegenstand einzulassen, sich ihm kongenial zu machen versucht, ist notwendige Antwort auf die literarische Entwicklung der Epoche. Schleiermachers hermeneutische Konzeption ist einer poetischen Praxis abgewonnen, die den eigenen Umgang mit überlieferter Dichtungssprache, mit tradierten Formen, Motiven und Gehalten nicht mehr im Sinne der Annäherung an eine durch autoritative Muster als allgemeinverbindlich gesetzte Norm, sondern als souveräne Aneignung des Vorgegebenen auffaßt, deren individuelle Formbestimmtheit eine unverwechselbare Fortbildung des Überlieferten produzieren und (beim Leser) provozieren soll. Selbstverständlich waren auch die unter dem dichtungstheoretischen Gebot einer „Nachahmung der Alten" hervorgebrachten Werke Exempla der Aneignung und nicht nur der sklavischen Repetition des Vorbilds; aber erst dort, wo die Dialektik des Allgemeinen und des Individuellen in Sprache und Form der Werke bewußt und thematisch wird, tritt der hermeneutische Aspekt des poetischen Akts als implizite oder explizite kritisch-poetologische Rückwendung des Textes auf sich selbst hervor.

Die von Schleiermacher systematisch begründete Hermeneutik des Individuell-Allgemeinen rechnet mit Werken, deren Sinn nicht mehr – rationalistisch-klassizistischer Produktions- und Verstehenslogik folgend – diskursiv entfaltet und in Form einer präskriptiven Poetik fixiert wird.

Der spezifische Gegenstand einer Hermeneutik der hypothetischen Konstruktion, der „beständig fortgesetzten Probe“ ist der Text als ein kunstvolles Szenario von Frage und Sinnentwurf. Diese Struktur ist keineswegs nur dort gegeben, wo Reflexion und „Poesie der Poesie“ als romantische Ironie unübersehbar hervortreten. Sie ist auch dort vorhanden und einem hermeneutischen Interesse zugänglich, wo sie dem Autor und seinem zeitgenössischen Leser noch nicht bewußt, geschweige denn schon theoretisch formulierbar ist.

Kleists *Erdbeben in Chili* gehört zu diesen die Signatur der Epoche tragenden Texten. Es bietet sich auf den ersten Blick als eine traditionell erzählte, an historisch kolorierten Handlungsdetails reiche Geschichte dar, die mit ihrer lückenlosen Faktizität nichts ‚offen‘ zu lassen scheint. Daß es mit dieser gedrängten Faktizität eine eigene Bewandtnis hat, ist immer wieder bemerkt worden. Die Schilderung der Ereignisse ist von relativierenden oder perspektivierenden Formeln wie „es schien“ oder „es war, als ob“ durchsetzt, die das Objektiv-Eindeutige der Vorgänge aus der Sicht des Erzählers oder der handelnden Personen in Frage stellen. So heißt es etwa von Josephe: „Sie [...] fand ihn hier, diesen Geliebten, im Tale, und Seligkeit, als ob es das Tal von Eden gewesen wäre“ (15); von den Überlebenden des Erdbebens, denen die Liebenden im Tal begegnen: „Es war, als ob die Gemüter, seit dem fürchterlichen Schlage, der sie durchdröhnt hatte, alle versöhnt wären.“ (16) In der Bewertung der Ereignisse durch die Personen schieben sich ambivalente Urteile oder Gefühlsreaktionen so sehr vor das Ereignis selbst, daß dieses innerhalb der Konstruktion der Erzählung – also nicht nur in der Erfahrung der fiktiven Gestalten, sondern auch in der Perspektive des Lesers – Rätselcharakter gewinnt. Für Josephe und Jeronimo, die sich als Verurteilte nach dem Erdbeben plötzlich wieder in die menschliche Gemeinschaft aufgenommen sehen, wird alles zuvor Erlebte zum irrealen Alptraum: „Wenn sie sich mit so vieler Vertraulichkeit und Güte behandelt sahen, so wußten sie nicht, was sie von der Vergangenheit denken sollten, vom Richtplatze, von dem Gefängnisse, und der Glocke; und ob sie bloß davon geträumt hätten?“ (16) Der „fürchterliche Schlag“ der Naturkatastrophe hat ein Trauma zurückgelassen, das Lebenskontinuität und Identität in Frage zu stellen, zugleich aber ein neues Leben zu ermöglichen scheint: „Sie konnten in der Erinnerung gar nicht weiter, als bis auf ihn, zurückgehen.“ (16 f.) Von Jeronimo heißt es schon zuvor: „[...] und gleich, als ob der eine entsetzliche Eindruck, der sich seinem Gemüt eingeprägt hatte, alle früheren daraus verdrängt hätte, weinte er vor Lust, daß er sich des lieblichen Lebens, voll bunter Erscheinungen, noch erfreue“ (13). Am Ende der Erzählung wird der bestialischen Abschlachtung des Kindes Juan im nachhinein ein irritierend positiver Aspekt abgewonnen: „Don Fernando und Donna Elvire nahmen [...] den kleinen Fremdling zum

Pflegesohn an; und wenn Don Fernando Philippen mit Juan verglich, und wie er beide erworben hatte, so war es ihm fast, als müßt er sich freuen." (23)

Die Ambivalenzen des Fühlens und der Sinngebung, deren Zuordnung zu einem Subjekt durch die fließenden Übergänge zwischen Erzählerkommentar und erlebter Rede oft zusätzlich erschwert wird, reichen bis ins szenische und körpersprachliche Detail hinein, so etwa wenn die rituelle Geste des Händeaufhebens einmal als Ausdruck stummer Verzweiflung erscheint („[...] hier stand ein anderer, bleich wie der Tod, und streckte sprachlos zitternde Hände zum Himmel", [13]), ein anderes Mal als gestisches Vorspiel zur fanatischen Haßrede des Chorherrn, die das Massaker vor der Kirche auslöst: „Er begann gleich mit Lob, Preis und Dank, seine zitternden, vom Chorhemde weit umflossenen Hände hoch gen Himmel erhebend [...]." (20) Kleist verfolgt eine Erzählstrategie, die gerade das faktisch gesichert oder traditionell verbürgt Scheinende ins Zwielicht rückt: „All diese Regungen und Gesten heben sich gegenseitig auf, nicht was ihre menschliche Füllung, aber was ihren gemeinsamen Bezugspunkt angeht."[18]

Das Erdbeben hat, über den Charakter der Naturkatastrophe hinaus, die Qualität eines unausdenkbaren Ereignisses, das die natürliche, gesellschaftliche und metaphysische Ordnung so radikal in Frage stellt, wie dies keine vorausgegangene Erfahrung von individuellem Handeln entsprungener oder zum Gesetz erhobener Grausamkeit vermochte.[19] Der „Umsturz aller Verhältnisse" (18) erzeugt einen Zustand der Anarchie, dessen äußere Zeichen – in einer Art hermeneutischen Vexierspiels – als solche des „Elends" (17) und der „Wohltat" (17), als apokalyptische und als paradiesische gedeutet werden können:

> „Und in der Tat schien, mitten in diesen gräßlichen Augenblicken, in welchen alle irdischen Güter der Menschen zu Grunde gingen, und die ganze Natur verschüttet zu werden drohte, der menschliche Geist selbst, wie eine schöne Blume, aufzugehn. Auf den Feldern, so weit das Auge reichte, sah man Menschen von allen Ständen durcheinander liegen, Fürsten und Bettler, Matronen und Bäuerinnen, Staatsbeamte und Tagelöhner, Klosterherren und Klosterfrauen: einander bemitleiden, sich wechselseitig Hülfe reichen, von dem was sie zur Erhaltung ihres Lebens gerettet haben mochten, freudig mitteilen, als ob das allgemeine Unglück alles, was ihm entronnen war, zu *einer* Familie gemacht hätte." (17)

Man kann diese stets mit dem Vorbehalt des Scheinhaften, des „Als ob" versehene Form „gleitender" Sinngebung auf verschiedenen Ebenen verfolgen. Sie bestimmt die Darstellung der privaten Lebensschicksale in gleicher Weise wie den Blick auf die nach europäischem Vorbild organisierte Kolonialgesellschaft Santiagos und auf die metaphysisch-heilsgeschichtliche Ordnung der Welt.

Auf der Ebene der privaten Beziehungen fungiert das Erdbeben zwar zunächst als rettendes Ereignis. Die Liebenden werden aus der Gewalt kirchlicher und staatlicher Strafinstanzen befreit und wieder zusammengeführt, doch lassen sich die disparaten und undurchschaubaren Ereignisse für ihr eigenes Bewußtsein nur in der paradoxen Finalkonstruktion zusammenzwingen, daß „viel Elend über die Welt kommen mußte, damit sie glücklich würden" (16). In dieser Interpretation klaffen allgemeine und individuelle Erfahrung so weit auseinander, daß Josephe und Jeronimo „in ein dichteres Gebüsch" schleichen müssen, „um durch das heimliche Gejauchz ihrer Seelen niemand zu betrüben" (15). Diese Gemeinsamkeit der Liebenden gegen die Welt löst sich jedoch in dem Augenblick auf, da sie beschließen, „in Chili zurückzubleiben" und, statt nach Spanien zu fliehen, „das Versöhnungsgeschäft mit dem Vizekönig zu betreiben" (18). Als sie mit Don Fernandos Gesellschaft aufbrechen, um „ihr Antlitz vor dem Schöpfer in den Staub zu legen" (19), vollzieht sich in der Konfiguration der Personen ein merkwürdiges Substitutionsritual: Don Fernando nimmt Jeronimos, Josephe Elvirens Stelle ein, der kleine Juan ersetzt Philipp an Josephes Brust. Nicht nur, daß Jeronimo Don Fernando gegenüber ganz in den Hintergrund tritt, vergegenwärtigt erneut das soziale Gefälle zwischen Josephe und Jeronimo, dem alles Unheil entsprungen war und das mit dem Einsturz der alten Ordnung endgültig eingeebnet schien. Wie wenig das vor dem „fürchterlichen Schlage" Liegende wirklich ausgelöscht ist, kann auch an anderen Zeichen abgelesen werden: Donna Elisabeths böse Ahnungen nähren sich aus der Erinnerung an das von den anderen nur Verdrängte, das prozessionshafte Ritual des Aufbruchs zur Kirche gemahnt an Josephens vom Erdbeben unterbrochenen Gang zum Richtplatz („[...] und in dieser Ordnung ging der Zug nach der Stadt" [19]). Erst das gewaltsame Ende im Selbstopfer führt Josephe und Jeronimo wieder zusammen.

Die Macht des Bestehenden tritt den Liebenden nicht nur in der äußerlichen Form institutionalisierter Gewalt und gesellschaftlicher Konvention gegenüber; sie ist in ihnen selbst wirksam. Wenn sie am Abend und in der Nacht nach dem Erdbeben ihren Dank an Gott noch im seligen Zwiegespräch und im Genuß der „schönsten Nacht [...] voll wundermilden Duftes" abstatten (15), wenn ihr Wunsch nach Wiederaufnahme in die Gemeinschaft zunächst noch im Gefühl einer neuen Brüderlichkeit, die alle „zu *einer* Familie" macht (17), Genüge findet, so bestehen sie schon am nächsten Tag darauf, „daß man die Messe hören" und sich in den Bannkreis der verbliebenen Reste kirchlicher und staatlicher Autorität zurückbegeben sollte. Donna Elvire erklärt sich „mit Lebhaftigkeit für Josephens Meinung" und stützt damit ihr Bedürfnis nach institutioneller Legitimation eines inneren „Drangs" (19). Der Weg der kleinen Gesellschaft führt „mit dem allgemeinen Zuge" von der paradiesischen Natur des Tales in die Stadt mit ihren Trümmern und – wie sich zeigt, überlebensfähigen – Relikten der alten Ordnung zurück (18).

Eine Reihe von Formulierungen deutet unmißverständlich auf die revolutionäre Qualität der Naturkatastrophe. Der Erzähler spricht nicht nur in generalisierenden Wendungen vom „Umsturz aller Verhältnisse" (18), er gibt auch Beispiele kollektiver Gehorsamsverweigerung – „wie man einer Wache, die auf Befehl des Vizekönigs verlangte, eine Kirche zu räumen, geantwortet hätte: es gäbe keinen Vizekönig von Chili mehr!" (17) – und hebt unter den von der Vernichtung betroffenen Einrichtungen namentlich Gefängnis, Kloster, Kathedrale, Königspalast, Gerichtshof und väterliches Haus, also die staatliche, kirchliche und familiale Autorität repräsentierenden Gebäude hervor. Die Umwälzung trägt dabei ein Doppelgesicht. Sie setzt ein ungeahntes Maß an Menschlichkeit frei, die den plötzlich entstandenen herrschaftsfreien Raum zunächst auszufüllen scheint, mobilisiert aber auch latente Grausamkeit und Destruktivität. Was sich unter geordneten gesellschaftlichen Verhältnissen nur in offiziell sanktionierten Tötungsritualen ausleben konnte,[20] entlädt sich nun chaotisch, in einer Form, die das blinde Naturgeschehen im menschlichen Bereich zu wiederholen scheint, über „Schuldigen" (Josephe, Jeronimo) wie Nichtschuldigen (Juan, Donna Constanze).

Es ist auffällig, daß der Sinn der Ereignisse vom Berichterstatter weder auf der Ebene der dargestellten Fakten noch auf der ihrer narrativen Präsentation zum Problem gemacht wird. Der Erzähler beruft sich an keiner Stelle auf Lücken der Überlieferung, die das Verständnis einzelner Vorgänge erschweren könnten; er scheint vom Vorgefallenen so detailliert unterrichtet, daß kein Datum erschlossen, kein Gedanke oder Gefühl der Akteure des Geschehens unter dem Vorbehalt einer bloßen Vermutung des Erzählers referiert werden muß. Auch die grammatische und argumentative Kohärenz des narrativen Diskurses ist an keiner Stelle gefährdet; gelegentlich auftretende ironische oder emotionale Tönungen des Berichts und die häufige Verwendung des distanzierenden „Als ob" verstärken eher den Eindruck eines rhetorisch durchgebildeten Vortrags. Alle Souveränität erzählerischer Strategie wird aufgeboten, um zu demonstrieren, daß inmitten scheinbar gesicherten Wissens und konventioneller Verständigung über das, „was ist", das Rätsel beginnt.

Rätselhaft ist Kleists Erdbeben nicht als faktisches, sondern als hermeneutisches Ereignis, nicht in seiner die sichtbaren Dinge verrückenden oder zerstörenden, sondern in seiner die Zeichen verschiebenden oder verkehrenden Qualität. Max Kommerell hat im „Charakter als Rätsel" den Ursprung des kleistischen Dramas, im „rätselhaften Faktum" den Ursprung seiner Novelle gesehen.[21] Die Faszination durch das Sensationelle, Absurde oder Pathologische deutet dabei nicht auf Kapitulation, sondern auf extreme Anspannung des Denkens. Ausgangspunkt ist immer ein unerhörtes, die Vertrautheit mit der Welt und mit sich selbst sprengendes Ereignis, vorausgesetzt immer das Nicht- (oder Nichtmehr-) Verstehen. Die Intention auf ‚Sinn' konstituiert sich an der Grenze, nicht im Zentrum von Identitätserfahrung und sprachlicher Vermittelbarkeit.

Kleist erstarrt nicht resignativ vor dem Rätsel; er läßt sich, wie auch seine Gestalten, von ihm in Bewegung setzen. Diese Bewegung wird zwar als schicksalhaft – nicht nur als theoretische Neugier – empfunden und dargestellt, doch nimmt sie nie die Form dumpfer Fatalität an. Sie ist „Schicksal als Deuten, Gedeutet werden und Selbstdeutung",[22] hermeneutische Aktivität, häufig in der Form des bis zum Sadismus (oder Masochismus) gesteigerten Verhörs, der Wahrheitsprobe, des psychischen Terrors. Das inquisitorische Moment kann auch verborgen bleiben. Es ist dann nur objektiviert, tritt nicht in einem Subjekt des Dramas oder der Erzählung auf, sondern wird dem Bewußtsein des Lesers induziert.

Dies ist auch bei dem im *Erdbeben in Chili* eingesetzten narrativen Verfahren der Fall. Das Interesse des Erzählers ist nicht auf das unerhörte Ereignis als solches und auf seine unmittelbaren physischen Folgen gerichtet. Im Blickpunkt stehen Situationen oder Konstellationen, die – den Akteuren meist unbewußt – das Ereignis perspektivisch gebrochen in mehrfacher Gestalt erscheinen lassen, und Handlungen, die unterschiedlichen Interpretationen des Ereignisses entspringen. Dieses selbst wird zwar auch in seiner massiven physischen Realität dargestellt, zugleich aber von Anbeginn als Moment objektiver Zusammenhänge und als Gegenstand subjektiver Interpretationen in einer Weise facettiert, die den Gegensatz von faktischer Eindeutigkeit und hermeneutischer Vieldeutigkeit beunruhigend hervortreibt. So ist die Ausgangssituation der Erzählung nicht nur von der paradoxen Gleichung ‚allgemeine Vernichtung = Rettung der Liebenden' bestimmt, sie wird im Hinblick auf die Bedeutung des Ereignisses für Jeronimo und Josephe noch weiter differenziert und paradox zugespitzt: Bei Josephe wird durch die Naturkatastrophe die Vollstreckung eines vom Gericht verhängten Todesurteils verhindert, bei Jeronimo der bereits in Gang gesetzte Selbstmordversuch unterbrochen. Jeronimos plötzliche Rückbesinnung auf das Leben ist dabei von keinerlei Hoffnung auf Wiedervereinigung mit Josephe motiviert, sondern als spontan, fast instinkthaft gekennzeichnet. Der scheinbare Widerspruch, daß der freiwillig den Tod Suchende die physische Vernichtung durch ein anonymes Schicksal flieht, nimmt thematisch auf die Vorgeschichte – Jeronimos und Josephes Entscheidung für ihre individuelle, von der Gesellschaft mit schweren Sanktionen belegte Liebe – Bezug und präfiguriert zugleich das Ende: Jeronimos Heraustreten aus der schützenden Anonymität, das ihn im freiwilligen Opfertod wieder mit Josephe verbindet. Das äußere Ereignis behält zwar innerhalb des narrativen Ablaufs – der syntagmatischen Dimension des Textes – seine eindeutige Funktion, tritt jedoch in unterschiedliche paradigmatische Relationen wie Ende – Neubeginn, Tod – Leben, Gewalt – Liebe, Geschehen – Handlung, Allgemeinheit – Individuum, Konvention – Spontaneität ein, deren Interferenzen eindeutige Zuordnungen unmöglich machen und eine Explikation der durch sie erzeugten gleitenden Sinnstrukturen erfordern.

Aus der Sicht dieser paradigmatischen Relationen enthält die Erzählung mehrere einander überlagernde Geschichten: eine physikalische von den zerstörerischen Folgen der Spannungen im Erdinnern, eine anekdotisch-private vom Glück und Unglück zweier Liebender, eine politische von der Erschütterung gesellschaftlicher Ordnungen, eine metaphysische von göttlicher Gnade und Vergeltung. Der erste, physikalische Aspekt spielt eine verschwindend geringe Rolle. Im Weltbild der handelnden Personen haben naturwissenschaftliche Modelle kausaler Erklärung noch keine Bedeutung; ihre Stelle wird von der Vorstellung eines rettenden oder strafenden, jedenfalls eingreifenden Gottes eingenommen. Der Erzähler scheint diese Sicht nicht zu teilen; das legt zumindest seine distanzierte Haltung gegenüber der Indienstnahme Gottes durch den eifernden Chorherren nahe; wenn dieser seiner Sicht der Ereignisse das Erzählmodell des Exemplum mit unmißverständlicher ‚Applikation' zugrundelegt, so trägt die Version des von Kleist eingesetzten Berichterstatters bereits Züge der säkularisierten ‚moralischen Erzählung', die auf der Seite des Lesers Reflexion in Gang setzen soll.

Das heilsgeschichtliche Konstruktionsmodell ist jedoch keineswegs verschwunden. Es ist nur von der Ebene einer formbestimmenden narrativen Logik auf die thematisch-motivische verschoben. Es wird nicht mehr dogmatisch vorausgesetzt, sondern unter dem steten Vorbehalt des „Als ob" zitiert. Wie sehr diese Denk- und Erzählform innerlich zerfallen ist, kann man daran ablesen, daß zwar kein Element des heilsgeschichtlichen Ablaufs fehlt, die Reihenfolge der Elemente jedoch keinem kirchlicher Lehre entsprechenden Bauplan mehr gehorcht.

Der erste Teil der Erzählung ist von apokalyptischen Szenen beherrscht. Das unvorstellbare Ausmaß der Naturkatastrophe ruft den Gedanken an ein Ende der Welt herauf: Es war, „als ob das Firmament einstürzte" (12). Auf diese Sequenz von Bildern des Grauens, die aus Jeronimos und Josephes Sicht entworfen werden, folgen das Wiederfinden und die Szenerie einer brüderlich versöhnten Menschheit vor den Toren der zerstörten Stadt, in einer Naturlandschaft von so unirdischer Schönheit und Friedlichkeit, „als ob es das Tal von Eden gewesen wäre" (15), als wandele man „unter den Seligen" (17). Schon zu Beginn der Erzählung war das Motiv des Paradiesgartens angeklungen: Nach der Wiederentdeckung seiner ins Kloster verbannten Geliebten macht Jeronimo „in einer verschwiegenen Nacht den Klostergarten zum Schauplatze seines vollen Glückes“ (11). Die Darstellung der im „Tal von Eden“ wiedervereinigten Liebenden ist zugleich typologisch auf eine Szene des Neuen Testaments bezogen, die der rastenden heiligen Familie. Das Tableau ist vorbereitet in Jeronimos Ausruf beim Anblick der jungen Mutter, die ihr Kind badet und in der er dann Josephe erkennt: „O Mutter Gottes, du Heilige!“ (14) Es wird dann mit ikonographischer Treue in der Manier alter Meister ausgeführt:

„Sie fanden einen prachtvollen Granatapfelbaum, der seine Zweige, voll duftender Früchte, weit ausbreitete; und die Nachtigall flötete im Wipfel ihr wollüstiges Lied. Hier ließ sich Jeronimo am Stamme nieder, und Josephe in seinem, Philipp in Josephens Schoß, saßen sie, von seinem Mantel bedeckt, und ruhten.“ (15)

In die Schilderung dieser idyllisch-utopischen Szenerie sind Berichte über Vorfälle während des Erdbebens eingelagert, die den Charakter von Endzeitvisionen tragen; man erzählt, „wie die Stadt gleich nach der ersten Haupterschütterung von Weibern ganz voll gewesen, die vor den Augen aller Männer niedergekommen seien; wie die Mönche darin, mit dem Kruzifix in der Hand, umhergelaufen wären, und geschrieen hätten: das Ende der Welt sei da!“ (17). Der Chorherr wird seine Dank- und Strafpredigt nach dem Erdbeben auf der typologischen Korrelation Sodom und Gomorrha – Santiago – Weltgericht aufbauen.

Das typologische Konstruktionsmodell liegt nicht nur den Interpretationen der Vertreter des orthodoxen Glaubens zugrunde; es ist als Folie auch noch in der Darstellung des Massakers vor der Kirche erkennbar, wenn der Blutrausch der aufgehetzten Masse mit apokalyptischen Prädikaten versehen, der Anführer des „rasenden Haufens“ als „Fürst der satanischen Rotte“ bezeichnet wird (22). Nur ist es nicht mehr möglich, den Ablauf der hier vorgetragenen Geschichte mit ihren fragmentierten Sequenzen als Ganzes auf das zitathaft immer wieder vergegenwärtigte Muster der christlichen Heilsgeschichte zu projizieren. Die Kleistsche Erzählung folgt einem neuen Muster individualisierter und perspektivierter Erfahrung, die nicht mehr nur *eine* Geschichte, sondern viele interferierende oder einander widerstreitende Geschichten zu erzählen weiß. Paradies, Erlösung, Apokalypse, Seligkeit sind koexistierende Gehalte dieses modernen Bewußtseins, nicht mehr Stationen eines alle Individuen und ihre Geschichten in sich aufhebenden göttlichen Plans. Als Zitate, die vom Urtext in einen anderen Kontext verpflanzt wurden und denen damit das geglaubte Dogma als hermeneutischer Bezugspunkt genommen ist, verwandeln sie sich in zutiefst ambivalente Zeichen, die nicht mehr auf eine ewige Wahrheit verweisen, sondern – als bloße Reminiszenz einstigen Gottvertrauens – die Erfahrung des Trügerischen, des Scheins, des ‚Als ob‘ chiffrieren.

Obwohl auf den ersten Blick konventionell erzählt und von zahllosen Traditionsbezügen gestützt, prätendiert der Text auch in seiner Form nicht mehr, narrative Vermittlung eines überindividuell verbürgten Sinns zu sein. Er wird zur Mimesis der Rätselhaftigkeit des Lebens, der Undurchschaubarkeit der Welt, der Unbegreiflichkeit des göttlichen Willens, und kann es werden, weil diese selbst die Form eines unverständlichen Textes angenommen haben:

„– o wie unbegreiflich ist der Wille, der über uns waltet! – Dieses rätselhafte Ding, das wir besitzen, wir wissen nicht von wem, das uns fortführt, wir wissen nicht wohin, das unser Eigentum ist, wir wissen nicht, ob wir darüber schalten dürfen, eine Habe, die nichts wert ist, wenn sie uns etwas wert ist, ein Ding, wie ein Widerspruch, flach und tief, öde und reich, würdig und verächtlich, vieldeutig und unergründlich, ein Ding, das jeder wegwerfen möchte, wie ein unverständliches Buch, sind wir nicht durch ein Naturgesetz gezwungen es zu lieben? Wir müssen vor der Vernichtung beben, die doch nicht so qualvoll sein kann, als oft das Dasein, und indessen mancher das traurige Geschenk des Lebens beweint, muß er es durch Essen und Trinken ernähren und die Flamme vor dem Erlöschen hüten, die ihn weder erleuchtet, noch erwärmt."[23]

Kleists existentielle Hermeneutik oszilliert zwischen solcher erkenntniskritischer Skepsis und einer – hypothetisch formulierten – Position der Hoffnung, die aber auch den *deus absconditus* zum Fluchtpunkt wählt: „Es kann kein böser Geist sein, der an der Spitze der Welt steht: es ist bloß ein unbegriffener! Lächeln wir nicht auch, wenn die Kinder weinen?"[24] Vor diesem Hintergrund erweisen sich alle Antworten auf das Rätsel des Lebens als neues Rätsel. Kleists *Amphitryon* kann im Gegensatz zu seinen Vorbildern nicht als Komödie enden, weil die Frage nach der Verläßlichkeit des „innersten Gefühls" zu radikal gestellt ist, um noch eine konventionell gesellschaftliche Lösung zuzulassen. Aber auch die tragische Lösung kommt, wie Kommerell bemerkt hat,[25] nicht in Frage, weil sie das Vieldeutige im Sinne des Genus Tragödie eindeutig machen würde. Kleist wählt einen dritten Weg, indem er die von der Gattungstradition angebotenen Möglichkeiten nur noch zitiert, als Möglichkeiten in der Schwebe hält, ohne sich für die eine oder die andere zu entscheiden. Alkmenes „Ach!" bewahrt in seiner vorsprachlichen Vieldeutigkeit das Rätsel, auf das selbst ein Gott die Antwort schuldig bleiben muß.

Das erzählerische Verfahren im *Erdbeben in Chili* korrespondiert dieser dramatischen Technik bis in seine den Schwindel des Bewußtseins nachbildende Schlußwendung hinein: „. . . so war es ihm fast, als müßt er sich freuen" (23). Der von Kleist geschaffene Erzähler fungiert hier als – seinerseits unkritische – Vermittlungsinstanz eines Krisenbewußtseins, das sich nur noch insofern auf universale Sinnentwürfe bezieht, als es sie im Zustand des Unverbindlichwerdens beschwört. Für ihn sind die überlieferten christlichen Gehalte noch als Wissen verfügbar, nicht mehr jedoch als Glaubensüberzeugung bestimmend. Andererseits wird sorgfältig vermieden, dem Erzähler systematisch begründete Zweifel an der Gerechtigkeit Gottes oder an einer sinnvollen Weltordnung in den Mund zu legen. Sein Bericht enthält zwar eine größere Anzahl emotionaler und moralisierender Reaktionen auf die geschilderten Vorfälle, doch bleiben diese Kommentare ähnlich kasuistisch wie die Zitate christlichen Gedankenguts.

Das Aussparen jeder Reflexion auf den Sinn der unerhörten Ereignisse ist schon von den Zeitgenossen als narratives Verfahren, zumindest als irritierende Eigenart des Textes, erkannt worden. Während Wilhelm Grimm dem Autor in einer Besprechung der *Erzählungen* bescheinigt, seine Darstellung bedürfe „der kümmerlichen Aushülfe von Betrachtungen und Zurechtweisungen nicht, womit die gemeinen Erzähler ihrer leblosen Produkten aufzuhelfen suchen", allerdings auch moniert, dieses Streben nach Objektivität sei „im einzelnen öfters noch zu sichtbar [...], als daß man nicht eine gewisse Künstlichkeit verspüren sollte",[26] bemerkt der Rezensent des *Morgenblatts* – der am „Sonderbaren der Situation" in der *Marquise von O ...* keinen Anstoß nimmt, vielmehr Kleists „Kunst lebhafter und schöner Darstellung" rühmt! –, das *Erdbeben in Chili* sei „zu skizzenhaft behandelt" und habe „etwas Empörendes".[27]

Der empörte Zeitgenosse hat von Kleist möglicherweise mehr begriffen als die Leser und Kritiker, die in der Erzählung nichts als eine traditionell erzählte spannende Geschichte wahrnahmen. Das poetische Skandalon liegt in einer „Skizzenhaftigkeit", die das Genre der moralischen Erzählung so weit radikalisiert, daß dem Leser kein Ereignis, kein Gedanke, kein Gefühl verschwiegen und ihm dennoch alle Arbeit moralischer Urteilsbildung und metaphysischer Sinnkonstruktion zugemutet wird. Die moralische Erzählung beansprucht selbst keine Autorität mehr; sie zitiert nur noch Autoritäten (darunter die des Genres, dem sie sich zuordnet, ohne es zu erfüllen) und autorisiert den Leser zur Auslegung eines Sinns, der im Text nur in der Form des Rätsels erscheint.

Der Text als Rätsel, das Leben als unverständliches Buch, die Auslegung als unendliche Aufgabe: In diesem Problembewußtsein treffen sich der Schriftsteller Kleist und der Hermeneut Schleiermacher. Hinter dem poetischen Skandalon steht das Skandalon einer Hermeneutik, die Wahrheit nicht mehr durch Offenbarung gesichert sieht, Mißverstehen als das selbstverständlich Gegebene betrachtet und ,Verstehen' zu einer die Momente historischer Rekonstruktion und divinatorischer Konstruktion integrierenden, nie abzuschließenden Tätigkeit erklärt, die in der Bemühung um den Sinn des Werkes zugleich ihren eigenen Sinn produziert.

Kommunikationstheorie / Pragmatik

Karlheinz Stierle

Das Beben des Bewußtseins
Die narrative Struktur von Kleists ‚Das Erdbeben in Chili'

I

Literaturtheorie gibt keine Antwort auf die Frage, was Literatur sei. Sie dient auch nicht dazu, zeitlos gültige Kategorien zu entwerfen, mit deren Hilfe die einzelnen Werke sich ein für alle Mal in ein System einordnen ließen. Noch weniger taugt sie dazu, wahre Sätze über literarische Gegenstände von unwahren zu scheiden oder Kriterien für eine solche Scheidung aufzustellen. Sie erlaubt es vielmehr, die Voraussetzungszusammenhänge der Fragen zu klären, die die Literatur aufwirft und die sich dem Umgang mit Literatur stellen. Die Literaturtheorie hilft, die Fragen an die Literatur in ihrer systematischen Reichweite aufzuhellen. Fragen sind von anderer geschichtlicher Natur als Antworten. Sie greifen über die Antworten hinaus und benennen Spielräume des Möglichen. Antworten gibt das einzelne Werk in seiner besonderen, konkreten Geschichtlichkeit. Im Wechselspiel von theoretisch aufgehellter Frage und historisch-konkreter Antwort, die ihrerseits wieder neue Fragen entbindet, gewinnt die Erkenntnis ihren eigenen Spielraum als Durchdringung des Konkreten mit der Kraft der systematischen Ordnung des Fragens und als Sättigung der ausgreifenden Bewegung der Frage in der Konkretheit und Bestimmtheit der Antwort.

So will auch die Erzähltheorie nicht dem einzelnen Werk vorgreifen, sondern es in einer Folge systematisch verknüpfter Schritte des Fragens zum Sprechen bringen. Was das Werk antwortet, ist ihm eigen; dennoch kommt seine Besonderheit nie unvermittelt zur Geltung, sondern immer bezogen auf den besonderen Blick, die besondere Aufmerksamkeit und Sensibilität dessen, der das Werk konkretisiert und diese Konkretisation befragt. Indem aber vermittels der Theorie die unmittelbare Rezeption zur Antwort auf eine systematisch orientierte Frage wird, wird sie erst zur Einsicht, die der Reflexion, der Vertiefung, Verfeinerung und Revision offensteht.

Im folgenden soll Kleists Novelle *Das Erdbeben in Chili* auf den Zusammenhang ihrer Erzählstrukturen befragt werden[1]. Aber nicht als Objekt für eine das Werk vergegenständlichende ‚wissenschaftliche‘ Methode, sondern, in der zweifachen Gestalt, die dem sprachlichen Werk eigen ist, als Vollzug einer sprachlichen Handlung im Spielraum vorgängiger Formen des sprachlichen Handelns und als Resultat des sprachlichen Handelns, d. h. als Objektivation des Texts im Werk. Der Text ist Vollzug und Struktur in einem.[2] Der Vollzug ist die Bedingung der Struktur, die Struktur ist die Bedingung des Vollzugs. Es gilt demgemäß, das eine nicht auf Kosten des anderen zu verabsolutieren, sondern beide Momente wahrzunehmen. Dafür ist das wahrnehmende Bewußtsein freilich im Horizont der ersten Lektüre überfordert. Doch in wiederholten Lektüren können Vollzug und Struktur in wechselnden Verhältnissen von Thema und Horizont der Wahrnehmung ergriffen und so immer prägnanter in ihrem inneren Zusammenhang erfaßt werden.[3]

II

Fragt man nach der konzeptuellen Grundfigur, aus der Kleists Novelle hervorgeht[4] und durch die sich ihre Erzählachse zwischen Anfang und Ende bestimmt, so gibt nicht nur die Geschichte selbst sich als eine prägnante Entfaltung der elementaren Entgegensetzung von Glück und Unglück zu erkennen, auch in der sprachlichen Artikulation des Textes sind ‚Glück‘ und ‚Unglück‘ die sich durchhaltenden Bezeichnungen, die dieses Grundverhältnis ausdrücklich machen. Aus einer elementaren, vornarrativen konzeptuellen Entgegensetzung lassen sich vielfältige narrative Figuren ableiten. Es gibt zunächst zwei Möglichkeiten, einer elementaren Entgegensetzung einen zeitlichen Richtungssinn zu geben und so den Übergang vom einen zum anderen Konzept thematisch zu machen. Dann aber gibt es auf der Achse der Nachzeitigkeit vielfältige Möglichkeiten, aus einer elementaren konzeptuellen Entgegensetzung komplexe Figuren zu gewinnen und diese durch Figuren auf der Achse der Gleichzeitigkeit noch zu steigern. Aus Glück kann also Unglück, aus Unglück kann Glück werden, Glück kann aber auch in Unglück und Unglück wieder in Glück umschlagen, und andererseits können gleichzeitig verschiedene Gestalten, die die Geschichte miteinander verknüpft, die konzeptuelle Entgegensetzung zum Ausdruck bringen, und nicht zuletzt kann diese als spannungsreiche Erfahrung einer einzigen Person zur Darstellung kommen. Mit der strukturgebundenen Vervielfältigung der leitenden Konzepte werden diese selbst in ihrem Erfahrungsgehalt immer weiter vertieft. So macht die narrative Konkretisation Konzepte zu anschaulich erfahrbaren Inbegriffen.

Die elementare vornarrative Grundfigur ‚Glück – Unglück‘ ist die

Voraussetzung von Kleists Geschichte. Wie aber ist diese im Hinblick auf ihre Grundfigur konkretisiert? Mit dieser Frage tun wir den ersten Schritt in einer Folge von Schritten, mit denen wir den komplexen Aufbau von Kleists Novelle zu erschließen suchen, um am Ende zumindest prinzipiell jener Dichte des Erzählens inne sein zu können, deren Erfahrung den Leser erst nötigt, einen solchen Weg einzuschlagen.

Die Geschichte – nicht ihre Erzählung, die mit einem dramatisch isolierten Augenblick der Geschichte einsetzt – beginnt mit dem Glück des Jeronimo, der „durch einen glücklichen Zufall" (11) die Verbindung mit Josephe aufnehmen kann, nachdem diese von ihrem Vater, der die Verbindung der jungen Liebenden mißbilligt, ins Kloster gebracht worden war. Der Klostergarten wird „zum Schauplatze seines vollen Glückes" (11). Da dies Glück aber erkauft ist mit einem Verstoß nicht nur gegen die sittliche, sondern auch die religiöse Ordnung, die in dem spanisch-katholischen Chile des 17. Jahrhunderts unerbittlich herrscht, ist es zugleich der Ursprung des Unglücks. Die „unglückliche" Josephe wird auf den Stufen der Kathedrale von Geburtswehen erfaßt. Ihr Vergehen gegen „das klösterliche Gesetz" soll mit ihrer öffentlichen Hinrichtung bestraft werden. Die „ungeheure Wendung der Dinge" (12) aber stürzt Jeronimo in Verzweiflung, und während die Glocken schon zur Hinrichtung läuten, ist er selbst, der im Gefängnis festgehalten wird, bereit, sich den Tod zu geben. Mit diesem dramatischen Augenblick setzt die Erzählung ein, ehe sie zur Vorgeschichte zurückführt und sich dann wieder dem gegenwärtigen Augenblick zuwendet. In den Gang der Dinge greift das Erdbeben als eine neue „ungeheure Wendung" mit elementarer, alle kulturelle Ordnung zerstörender Gewalt ein. Und Jeronimo, „besinnungslos", stürzt aus den Trümmern des Gefängnisses ins Freie. Erst vor der Stadt wird er sich des plötzlichen Wechsels aller Verhältnisse bewußt, und ein von allem losgelöstes, gedächtnisloses und fast bewußtloses „Wonnegefühl" ergreift ihn. Dieser „ungeheure" Wechsel ist ein neues Glied in der Kette narrativer Folgeverhältnisse von Glück und Unglück, aber aus ihm geht auch ein erster Kontrast von privatem Glück und öffentlichem Unglück hervor. Der kurze Augenblick des „Wonnegefühls" wird sogleich von der Erinnerung an Josephe und dem Bewußtsein der eigenen unglücklichen Situation abgelöst. Als Jeronimo sich aber schließlich auf die Suche nach Josephe macht, erblickt er diese plötzlich in einem idyllischen Tal, wo sie mit ihrem Söhnchen Zuflucht gefunden hat. Die Wiedervereinigten genießen im Augenblick der völligen Zerrüttung aller Verhältnisse ein absolutes, allen geschichtlichen Bindungen enthobenes Glück. Sie „waren sehr gerührt, wenn sie dachten, wieviel Elend über die Welt kommen mußte, damit sie glücklich würden" (16). Sie denken daran, nach Spanien zu fliehen und „daselbst ihr glückliches Leben zu beschließen" (16). Es scheint, als habe das Erdbeben einen „Umsturz aller

Verhältnisse" (18) herbeigeführt. Am nächsten Morgen kommt es den Liebenden vor, als sei eine neue Welt der Versöhnung angebrochen. Josephe wird von Don Fernando, dem Sohn des Stadtkommandanten, der ihr flüchtig bekannt ist, gebeten, sein Kind zu stillen, da seine Frau sich verletzt habe. Die Mutter des Kindes, Donna Elvira, und Fernandos Schwägerinnen, Donna Elisabeth und Donna Constanze, nehmen Josephe freundlich auf. Und als Donna Elvira der unglücklichen jungen Mutter ihr Mitgefühl zu erkennen gibt, heißt es von dieser: „Josephe dünkte sich unter den Seligen" (17).

Am Nachmittag spricht es sich herum, daß zur „Verhütung fernern Unglücks" (18) in der Dominikanerkirche eine Messe stattfinden solle. Die kleine Gesellschaft bricht auf, trotz einer schlimmen Vorahnung Donna Elisabeths, die zurückbleibt. Während aber Jeronimo und Josephe glauben, in der Kirche werde sich das Werk der Versöhnung vollenden, werden sie selbst zu ihrem Schrecken vom Priester als Beispiel für den Zorn Gottes genannt, der mit der Stimme des Erdbebens gesprochen habe. So wendet ihr Glück sich zu ihrem eigenen Unglück wie zu dem der Familie des Don Fernando. Das von dem fanatischen Priester angestachelte Volk tötet die beiden Liebenden und ebenso Donna Constanze und Juan, Don Fernandos Sohn. Einzig Philipp, der kleine Sohn Jeronimos, und Don Fernando selbst bleiben von dem „Unglück" verschont. Das Ende der Novelle aber deutet in einer überraschenden Wendung die Möglichkeit eines neuen Glücks an: „[...] und wenn Don Fernando Philippen mit Juan verglich, und wie er beide erworben hatte, so war es ihm fast, als müßt er sich freuen" (23). Diesem rätselhaften, ja abgründigen Satz wird nachzugehen sein. Er verweist auf einen Sinn, der im Erzählzusammenhang nicht offen zutage liegt. Zuvor aber soll der Zusammenhang der Geschichte noch näher betrachtet werden. Wir fragen nach der Natur der im Erzählprozeß auseinander hervorgehenden Konzeptionen von Glück und Unglück und nach der Weise ihres Übergangs.

Glück ist in Kleists Novelle eine vorgesellschaftliche oder außergesellschaftliche Erfahrung. Das Glück Jeronimos und Josephes ist zuerst ein Glück außerhalb und gegen die gesellschaftliche Ordnung, es ist dann eine Erfahrung ursprünglicher Harmonie im Ausnahmezustand der Verwirrung aller gesellschaftlichen Verhältnisse. Und am Ende der Novelle erscheint die Möglichkeit eines Glücks, das der Abglanz einer außerordentlichen vergangenen Erfahrung ist. Die Erfahrung des Glücks ist aber zugleich der trügerische Schein der Versöhnung von Kultur und Natur, die unversöhnlich auseinandergerissen sind. Die Erfahrung des Unglücks hat gleichfalls mehrfache Wurzeln: Es entspringt einer gesellschaftlichen Ordnung, die gegen den, der sich gegen sie vergeht, Unglück als Strafe verhängt, es ist die Folge einer Naturkatastrophe von anarchischer Gewalt und schließlich das Ergebnis einer gesellschaftlichen Entfesselung der Leidenschaften, die sich mit naturhafter Gewalt Bahn bricht. Unglück steht im Zeichen der Unversöhntheit. Auch das Erdbeben wird als ein solches Zeichen interpretiert und dadurch Anstoß eines neuen Unglücks. So entspringt der alle Ordnung zerbrechenden Gewalt des Erdbebens sowohl die Erfahrung eines extremen Glückszustandes wie die des zerstörenden, unerhörten Unglücks.

Glück und Unglück folgen in Kleists Novelle aufeinander als jähe Umschwünge von der Gewalt erdbebenhafter Erschütterungen. Der plötzliche Wechsel bestimmt die Natur von Kleists Novelle ebenso wie die Festlegung der narrativen Achse auf die grundlegende Entgegensetzung von Glück und Unglück. Wesentlich für die handlungstragenden Umschwünge ist das Moment unvorhersehbarer Gewalt. Doch auch die vorhersehbare Gewalt des Rechts wird in der Perspektive Jeronimos zur unvorhersehbaren: Er „wollte die Besinnung verlieren, als er diese ungeheure Wendung der Dinge erfuhr" (12). Die Dynamis dieser Wendungen ist in wesentlichen Momenten der Geschichte der Zufall.[5] „Durch einen glücklichen Zufall" (11) finden die beiden Liebenden sich wieder, so daß das Unheil beginnen kann. Auch Josephes Verurteilung scheint Jeronimo ein Zufall, eine „ungeheure Wendung". Doch ist diese nur das Vorspiel der wahrhaft ungeheuren Wendung, die darauf folgt, des Erdbebens, das nicht nur die Stadt in Trümmer sinken läßt, sondern zugleich die Liebenden im Augenblick ihres bevorstehenden Todes befreit. Nur durch eine „zufällige Wölbung" des entgegenstürzenden Hauses wird das Gefängnis vor der gänzlichen Zertrümmerung bewahrt. Von da ab scheint ein sinnreicher Zufall mit tödlicher Logik und traumhafter Sicherheit die Schritte der Liebenden zu lenken. Daß sie sich mit dem gemeinsamen Sohn wiederfinden, macht erst den ungeheuren, eingreifenden zu einem „glücklichen Zufall". Daß die Familie Don Fernandos Josephe um eine Gefälligkeit bittet, der eine Zuneigung entspringt, ist ein Zufall, der den ungeheuren neuen Zufall Schritt für Schritt herbeiführt, daß jene, die sich gefunden haben, schon einen Tag später von einem aufgepeitschten Menschenhaufen vernichtet werden, in dem eine elementare anarchische Leidenschaft sich gewaltsam entlädt.

Der Zufall als Prinzip, das die Prägnanz der Geschichte, ihre genaue Bezüglichkeit stiftet, ohne daß doch diese Prägnanz schon eine Prägnanz des Sinns sein könnte, verweist über die konkrete Struktur von Kleists Geschichte hinaus auf ein gattungsbestimmendes Darstellungsprinzip, das der Novelle als einer eigenen Form erzählerischer Gestaltung. Seit Boccaccio die Novelle zur Kunstform steigerte, ist für diese Erzählform das Verhältnis von Zufall und Prägnanz der Erzählfiguration und die Ambiguität dieses Zufalls zwischen Sinn und Kontingenz wesentlich. In den Erzählfiguren der Novelle erscheint die Welt des Alltags in plötzlicher Dichte als Ort eines Spielraums zwischen Kontingenz und höherem

Sinn. Prägnanz und Ambiguität sind die beiden Momente, die die Formideé der Novelle wesentlich bestimmen und mit ihr die prinzipiell zweigipflige Struktur der Novelle, deren beide Hauptmomente sich als ein durch Zufall vermitteltes prägnantes Verhältnis darstellen. Mit Hinblick auf diese Momente hat die Novelle immer neu die Tendenz, zur ‚exemplarischen' Novelle zu werden, die Formidee der Novelle selbst zur Darstellung zu bringen. Dies gilt für Kleists *Das Erdbeben in Chili* in besonderem Maße. Durch den ungeheuren Zufall des Erdbebens werden die Liebenden dem Gericht entrissen, für einen traumhaften Zeitraum der Wirklichkeit zurückgegeben und dann doch Opfer einer Rache, bei der offenbleibt, ob sie göttliche Rache, teuflische Rache oder der bloß faktische Ausbruch einer Massenhysterie ist. Der christlich-katholische Sinnhorizont ist in der Geschichte allgegenwärtig und dennoch so, daß ungewiß bleibt, ob er wirklich noch ein abschließender Sinnhorizont sein kann. Eher wird er als zitierter, historisch vergangener Sinnhorizont präsent. Die Geschichte selbst steht quer zu allen religiösen Sinngebungen wie ein rätselvoller, beunruhigender Findling in der unendlichen Vielfalt der Lebensschicksale.[6]

Kleists Novelle erfüllt das Formgesetz der Novelle, wie es in Boccaccios großen Novellen erstmals eindeutig greifbar ist, aber sie geht in der Struktur der Boccaccioschen Novelle nicht auf. Diese ist wesentlich bestimmt durch die lineare Prägnanz einer Ereignisfolge und die Ambivalenz von Prägnanz und Sinn. Kleists Novelle baut auf dieser Struktur auf, ihr eigenes, neues Thema aber ist das Bewußtsein, das dieser Struktur entspringt. Die Rätselhaftigkeit des Sinns der Geschichte wird zur Rätselhaftigkeit des Bewußtseins, das in die Geschichte verstrickt ist. Die Erfahrung des Bewußtseins unter extremen Bedingungen ist ein Thema, das in Kleists Werk allgegenwärtig ist. So ist auch hier nicht mehr die Erzählung selbst das Telos der Darstellung, sondern die im Fortgang der Erzählung sich entbindenden Formen des in extremen Situationen stehenden, mit einem Maximum psychischer Energie besetzten Bewußtseins. Für diese Dimension von Kleists Novelle ist der letzte Satz ein verborgener Fingerzeig:

> „Don Fernando und Donna Elvira nahmen hierauf den kleinen Fremdling zum Pflegesohn an; und wenn Don Fernando Philippen mit Juan verglich, und wie er beide erworben hatte, so war ihm fast, als müßte er sich freuen." (23)

Dieser wahrhaft rätselvolle Satz faßt die Geschichte eines Bewußtseins zusammen, sie ist der Zielpunkt dieser Geschichte. Zugleich verweist sie auf den Text zurück als Vorzeichen, unter dem eine zweite Lektüre notwendig wird. Erst wenn die Rätselhaftigkeit dieses Satzes erfaßt und zur Frage an den Text geworden ist, welche Erfahrung des Bewußtseins sich hier vollendet, kann eine Perspektive für jene Lektüre gefunden werden, die über die narrative Bewegung hinaus Kleists Novelle als Bewegung des erschütterten Bewußtseins begreift. Wir müssen die rätselhafte Freude darüber, wie Don Fernando Philipp ‚gewann', im Auge behalten als den Zielpunkt der Novelle, wenn wir im folgenden die Novelle als Geschichte des erschütterten Bewußtseins begreifen wollen. Das Erdbeben als Metapher für das ‚Beben des Bewußtseins', aber zugleich als sein realer Grund, bestimmt sowohl die metaphorische wie die metonymische Struktur der Geschichte.

Dreifach wird das Beben des Bewußtseins als Erfahrung Jeronimos dargestellt. Jeronimo „wollte die Besinnung verlieren", als er die Nachricht von der bevorstehenden Hinrichtung Josephes empfängt. Er selbst will sich in dem Augenblick den Tod geben, als das Erdbeben die Stadt zum Einsturz bringt. Im Augenblick dieser physischen Erschütterung, der die psychische gleichsam materialisiert, regen sich nur noch die unbewußten Lebenstriebe, die die Abwehr des Todes organisieren. „Jeronimo Rugera war starr vor Entsetzen; und gleich als ob sein ganzes Bewußtsein zerschmettert worden wäre, hielt er sich jetzt an dem Pfeiler [...]" (12). „Besinnungslos" kann er sich vor dem herandrängenden Verderben retten, ja gerade daß er „besinnungslos" ist, d.h. in einem psychischen Zustand, in dem unmittelbares, ursprüngliches Erfassen der Wirklichkeit an die Stelle des Bewußtseins tritt, ist seine Rettung. Jeronimo pariert die Gefahren der in sich zusammenstürzenden Stadt mit der Sicherheit einer gleichsam bewußtlosen Bewußtheit, die der Sicherheit des Bären in Kleists Aufsatz *Über das Marionettentheater* vergleichbar ist. Jeronimos Geschichte ist die Geschichte beständig sich verändernder extremer Formen des Bewußtseins, aus denen jeweils mit dem Untergang eines Bewußtseins ein neues Bewußtsein geboren wird. Endlich, als er sich aus der untergehenden Stadt gerettet hat, versinkt er in der „tiefsten Bewußtlosigkeit". Er erwacht nicht nur zu neuem Bewußtsein, sondern gleichsam zu einer neuen Existenz, nachdem der Tod, den er sich selbst zufügen wollte, und der Tod, der ihn in der Stadt immer neu bedrohte, an ihm vorübergegangen sind. Dies neue Bewußtsein aber ist der Wirklichkeit des ihn umgebenden Elends der aus der Stadt Geflohenen seltsam entrückt.

„Er befühlte sich Stirn und Brust, unwissend, was er aus seinem Zustande machen sollte, und ein unsägliches Wonnegefühl ergriff ihn, als ein Westwind, vom Meere her, sein wiederkehrendes Leben anwehte, und sein Auge sich nach allen Richtungen über die blühende Gegend von St. Jago hinwandte." (13)

Zwischen der Gegenwart des neuen Zustands und der Vergangenheit klafft eine Lücke der Erinnerung. Erst als sein Blick auf den Ring an seinem Finger fällt, erinnert er sich wieder an Josephe, nicht aber an sein Kind, das ihm seltsam ungegenwärtig bleibt. Jetzt, wo er sich wieder an das Geschehene erinnert, wird Gott, dem er eben noch seine wunderbare Errettung verdanken wollte, ihm zu einem „fürchterlichen Wesen". Als aber Jeronimo Josephe in einem abgelegenen Tal wiederfindet, beginnt für die beiden eine Erfahrung, deren außerordentliche, beseligende Intensität die Erfahrung des Paradieses ist.

Auch für Josephe, deren Geschichte vom Erzähler nach der Wiederbegegnung nachgeholt wird, ist die Erfahrung bis zu diesem Augenblick eine Erfahrung der Grenzen des Bewußtseins, wenngleich in anderer Weise. Zwar ist auch Josephe im Augenblick des Erdbebens bewußtlos in ihrer Flucht, „doch die Besinnung kehrte ihr bald wieder, und sie wandte sich, nach dem Kloster zu eilen, wo ihr kleiner, hülfloser Knabe zurückgeblieben war" (14). Ihr erster Gedanke ist nicht, sich selbst, sondern das Kind zu retten. Da ihre Flucht eine Rettung des Kindes ist, ist sie auch ein Akt der Besonnenheit und des Bewußtseins. Doch noch ehe sie mit dem Kind ins Offene flieht, vergißt sie nicht, in einem Akt liebevoller Pietät der Äbtissin die Augen zu schließen, die von den einstürzenden Mauern des Klosters erschlagen worden war. Erst als sie das Gefängnis Jeronimos sieht, droht sie das Bewußtsein zu verlieren, und einzig die Gefahr, in der sie ihr Kind weiß, gibt ihr neue Entschlußkraft. Das Glück des Wiederfindens ist auch für sie das Glück eines wiedergefundenen Paradieses:

> „Sie ging, weil niemand kam, und das Gewühl der Menschen anwuchs, weiter, und kehrte sich wieder um, und harrte wieder; und schlich, viel Tränen vergießend, in ein dunkles, von Pinien beschattetes Tal, um seiner Seele, die sie entflohen glaubte, nachzubeten; und fand ihn hier, diesen Geliebten, im Tale, und Seligkeit, als ob es das Tal von Eden gewesen wäre." (15)

Alles liegt daran, dieses nicht als einen banalen Vergleich, sondern als den Ausdruck einer unergründlichen Erfahrung zu begreifen. Die darauf folgende Passage, eine der innigsten in deutscher Sprache, macht das Bild Edens in einer reichen Fülle von Konnotationen noch gegenwärtiger. Wenn hier die Landschaft im Bild des Gartens Eden erscheint, so nicht nur wegen ihrer idyllischen Schönheit, sondern weil sie zur Projektion eines Bewußtseins geworden ist, das durch einen Choc tiefgreifend verändert wurde. Die Erfahrung Edens ist eine traumatische Erfahrung.[7] Die Wahrheit des Mythos erscheint als traumatische Wahrheit der Erfahrung des Bewußtseins von sich selbst. Das Bewußtsein findet durch die Erschütterung, die zugleich eine physische Erschütterung wie eine Erschütterung des Bewußtseins selbst ist, zu der Ahnung einer verschlossenen, verlorenen, ursprünglichen Seligkeit zurück. Es scheint, als würden ihm die Pforten des Paradieses geöffnet. In diesem Zustand leben die Liebenden abgetrennt von der Vergangenheit in einer Außerzeitlichkeit, die zugleich Vorvergangenheit ist. So wie das Erdbeben alles umstürzt und das Unterste zuoberst kehrt, so ist auch im Bewußtsein das Unterste zuoberst gekehrt, kann die Vorzeit zur Erfahrung werden.

Die Intensität dieses traumatisch gesteigerten Zustands findet am darauffolgenden Tag eine weitere Steigerung. Waren es zunächst nur die Liebenden mit ihrem besonderen, außerordentlichen Schicksal, denen die Erfahrung einer paradiesischen Vorzeit zuteil wurde, so scheint nun die ganze Gesellschaft der aus der Stadt Geflüchteten im Zeichen einer neuen Wirklichkeit zu stehen, die etwas Uranfängliches hat, als hätte die Chocerfahrung eine verschüttete mythische Wirklichkeit freigelegt. Hier beginnt jene Geschichte der Verbindung beider Familien, die zum tragischen Verhängnis wird, aus dem dennoch so etwas wie der Abglanz eines paradiesischen Glücks entspringt. Als Don Fernando Josephe bittet, anstelle der verletzten Mutter deren Söhnchen Juan zu stillen, ist diese von der Freundlichkeit der Gruppe tief gerührt. Es scheint, als sei die Vergangenheit, auch das vergangene Vergehen, vergessen, als seien die Menschen zu einem der Vorzeit zugehörigen Ursprung der Gesellschaft zurückgekehrt. Der Zusammenhang von Erdbeben, Choc, Versöhnung und paradiesischer Außerzeitlichkeit wird vom Erzähler selbst ausdrücklich gemacht:

> „In Jeronimos und Josephens Brust regten sich Gedanken von seltsamer Art. Wenn sie sich mit so vieler Vertraulichkeit und Güte behandelt sahen, so wußten sie nicht, was sie von der Vergangenheit denken sollten, vom Richtplatze, von dem Gefängnisse, und der Glocke; und ob sie bloß davon geträumt hätten? Es war, als ob die Gemüter, seit dem fürchterlichen Schlage, der sie durchdröhnt hatte, alle versöhnt wären. Sie konnten in ihrer Erinnerung nicht weiter, als bis auf ihn, zurückgehen." (16)

Die christliche Paradiesesvorstellung wird hier überlagert durch die Vorstellung von der Wiederkehr eines goldenen Zeitalters ohne Klassen und ohne Gesetz. Auf den Fluren liegen die Geflohenen beisammen, ohne Standesgrenzen und ohne Unterschiede des Rangs. So scheint das Bild jenes goldenen Zeitalters Wirklichkeit geworden zu sein, das Ovid in seinen *Metamorphosen* entworfen hat:

> „Aurea prima sata est aetas, quae vindice nullo,
> Sponte sua, sine lege fidem rectumque colebat.
> Poena metusque aberant, nec verba minantia fixo
> Aere ligabantur, nec supplex turba timebat
> Iudicis ora sui, sed erant sine vindice tuti."[8]

In dieser träumerischen Zeit des wiedergefundenen Ursprungs scheint das Gesetz keine Gewalt mehr zu haben, scheinen die Menschen aus der Unmittelbarkeit freundlicher Hinwendung zu leben. So macht Jeronimo jetzt, nachdem seine eigene innere Empfindung sich am Zustand der Gesellschaft selbst zu bestätigen scheint, sich Hoffnungen darauf, daß bei dem „Umsturz aller Verhältnisse“ sogar die Versöhnung des Königs zu erwarten sei. Vorsichtiger, hofft Josephe auf die Versöhnung mit ihrem Vater und rät, das „Versöhnungsgeschäft“ mit dem Vizekönig schriftlich zu betreiben.

Die Freundlichkeit, mit der die Familie Don Fernandos sich den Liebenden und ihrem Kind zuwendet, ist gleichsam schon die Wirklichkeit der Versöhnung. Ihr Zeichen ist die Verbindung, die darin sich knüpft, daß Josephe dem kleinen Juan ihre Brust gibt. Der folgende, tragische Fortgang der Geschichte steht im Zeichen dieser Versöhnung, deren mythischer und tragischer Gehalt gleichsam in einer Choreographie des bewußtlosen Gangs ins Verhängnis zur Darstellung kommt. Als am Nachmittag die Nachricht sich verbreitet, in der Dominikanerkirche werde eine Messe gelesen, und ein Strom von Menschen dorthin aufbricht, wollen auch die jetzt vereinigten Familien Don Fernandos und des jungen, noch unverheirateten Paars an der Feierlichkeit teilnehmen. Einzig Donna Elisabeth, die Schwägerin Fernandos, hat eine träumerische Erfahrung von der Kontinuität der geschichtlichen Welt, der Unwiederholbarkeit jener paradiesischen Vorwelt, die im Bewußtsein als Chocerfahrung Wirklichkeit geworden ist. Für Donna Elisabeth ist der Vorhang, der Gegenwart und Vergangenheit kategorial zu trennen scheint, durchlässig. Schon bei der ersten Begegnung mit Josephe ist sie die einzige, die sich wie von fern des Zusammenhangs mit der im Schlag des Erdbebens versunkenen Welt zu entsinnen scheint:

> „Nur Donna Elisabeth [...] ruhte zuweilen mit träumerischem Blicke auf Josephen; doch der Bericht, der über irgend ein neues gräßliches Unglück erstattet ward, riß ihre, der Gegenwart kaum entflohene Seele schon wieder in dieselbe zurück.“ (17)

So ist sie es auch, die die Gefahr erkennt, die den im zauberischen Zustand der Glückseligkeit Befangenen nicht erkennbar ist. Der Zug bricht schließlich auf, trotz eines letzten Versuchs von Donna Elisabeth, das Unheil abzuwenden, dem der Zug der beiden Familien sich nun bewußtlos, gleichsam mit der Grazie von Marionetten nähert. Daß der kleine Juan so sehr nach Josephe verlangt, daß er mitgenommen wird, ist ein Anzeichen, wie tief die „paradiesische“ Verbindung der beiden „Familien“ sich schon verwirklicht hat. Josephe trägt den kleinen Juan, Don Fernando reicht Josephe den Arm, Jeronimo, der seinen Sohn trägt, führt Donna Constanze, Fernandos zweite Schwägerin. Jeronimo und Josephe sind, wie die Menschenmenge, von der Gewalt der Orgel ergriffen[9] und bereit, dem versöhnenden Gott mit der Inbrunst ihrer Herzen zu danken. Der Gott aber, den der Chorherr, der die Predigt hält, beschwört, ist kein Gott der Versöhnung, sondern ein Gott der Strafe und der Rache. Das Erdbeben wird zum Zeichen seines Weltgerichts. Und so erscheint jenes Gericht wieder, das die beiden Liebenden in der Chocerfahrung paradiesischer Versöhnung für außer Kraft gesetzt, ja aufgehoben hielten. Es ereilt sie nun die Gewalt eben jenes Gesetzes, dem sie unwillentlich-willentlich entflohen waren. Das aufgestachelte, fanatisierte, im Rausch der Leidenschaften befangene Volk wird zum Werkzeug der Rache, als die beiden entdeckt sind, die die Predigt des Domherrn als Beispiel für die Verderbtheit der Stadt eigens genannt hatte. Doch in diesem Augenblick der Gefahr stehen die beiden Familien unbedingt füreinander ein und werden so eine Familie. Von einem der wutentflammten Gläubigen angegriffen, droht Josephe, die Don Fernandos Sohn auf dem Arm hält, zu Boden zu stürzen und wird von Don Fernando gehalten. Die Menge glaubt, in diesem Jeronimo zu erkennen, Josephe aber, die die Gefahr für Don Fernando wie seinen Sohn erkennt, sucht das Mißverständnis aufzuklären: „[. . .] dies ist nicht mein Kind, Meister Pedrillo, wie Er glaubt" (21). Als im gleichen Augenblick der kleine Juan erschreckt die Arme nach seinem Vater ausstreckt, scheint der blindwütigen Menge dies der Beweis, daß er doch Jeronimo sein müsse. Da gibt Jeronimo selbst sich zu erkennen und auch die Identität Don Fernandos, daß er nämlich der Sohn des Stadtkommandanten ist, wird durch einen herbeieilenden Marineoffizier bestätigt. So scheinen nun die Verhältnisse geklärt und getrennt. Die Dynamis der paradiesisch-tragischen Verstrickung und Verwicklung aber treibt über diesen Augenblick hinaus. Denn Don Fernando sucht „mit wahrer heldenmütiger Besonnenheit" (21) die gefährdeten Freunde zu retten, indem er sie der Obhut des Marineoffiziers anvertraut. Die List aber wird erkannt und die Wut des Pöbels nur noch mehr angestachelt. Der Offizier ist unfähig, die wilde Leidenschaft zu bändigen. In diesem Augenblick vollzieht sich der nächste Schritt der Vertauschung. Josephe nimmt den eigenen Sohn aus den Armen Jeronimos und setzt beide Kinder auf den Arm Don Fernandos, beide dem Schutz dieses Namens anvertrauend: „[. . .] gehn Sie, Don Fernando, retten Sie Ihre beiden Kinder, und überlassen Sie uns unserem Schicksale!" (21). Wie im Augenblick der überspringenden Freundlichkeit beide Kinder Josephes Kinder waren, denen sie ihre Brust gab, so sind es jetzt Don Fernandos Kinder. So ist, was Josephe sagt, nicht nur Schein, um die Wütenden von ihrem eigenen Kind abzulenken, sondern die Wahrheit des paradiesischen Zustands, der sich erhält, indem er untergeht. Zugleich ist dieser Satz zum Verständnis des abgründigen letzten Satzes der Novelle ein Schlüssel. Fernando bietet, wie zuvor schon, Josephe den Arm und geht aus der Kirche hinaus. Schon glauben alle sich gerettet, als auf dem Vorplatz Jeronimo von seinem Vater erkannt wird. Damit beginnt der letzte Akt der gewalttätigen Raserei. Er selbst erschlägt seinen Sohn. Nun kennt die Gewalttätigkeit keine Grenzen mehr. Donna Constanze wird erschlagen, dann Josephe. Deren letzter Gedanke gilt – nicht dem eigenen Mann, nicht dem eigenen Kind –, sondern, *in extremis,* der Besiegelung des paradiesischen Paktes: „Leben Sie wohl, Don Fernando mit den Kindern!" (22) Während Don Fernando mit dem Degen des Offiziers sich verzweifelt wehrt, wird ihm, nachdem er schon mehrere Angreifer getötet hat, schließlich eines der beiden Kinder – sein eigenes – entrissen, das der Anführer in besinnungsloser Wut erschlägt. Damit ist der Bann der Raserei gebrochen: „Hierauf ward es still, und alles entfernte sich." (22)

Mit dieser Stille hat zugleich der paradiesische Ausnahmezustand sein schreckliches Ende gefunden. In der gewalttätigen Raserei vollzieht sich der Rückgang in die Kontinuität der Geschichte. So wie an der Pforte zum wiedergewonnenen Paradies die physische Erschütterung und Vernichtung des Erdbebens steht, so steht an seinem Ausgang die gewaltige psychische Entladung in der Gestalt des religiösen Fanatismus. Anders als in Voltaires beredten Zeugnissen des Fanatismus in seinem *Dictionnaire philosophique* [10] ist er hier Ausdruck einer Erschütterung des Bewußtseins. Nur der Choc des Erdbebens vermag es, jene Gewaltsamkeit der Leidenschaft zu entbinden, Versöhnung in blutgierige Rache zu verkehren. So verweisen beide, Versöhnung und Rache, auf einen Ursprung. Die Dynamis des ‚anderen Zustands' verbraucht sich gewaltsam, wird gewaltsam verschlungen durch die explosionshafte Rückkehr in die Kontinuität der Zeit. Vor diesem Hintergrund aber steht der Schluß der Geschichte als Abglanz der Erfahrung der Außerzeitlichkeit in der wiedergefundenen Zeit. Die Versöhnung zwischen Don Fernando und seiner Frau hat teil an diesem Zusammenhang. Das Unterpfand aber für die Dauer des paradiesischen Paktes in der geschichtlichen Zeit ist das Kind Philipp. So bekommt der Satz des Erzählers, mit dem er die Geschichte beschließt, sein volles abgründiges Gewicht:

> „[. . .] und wenn Don Fernando Philippen mit Juan verglich, und wie er beide erworben hatte, so war es ihm fast, als müßt er sich freuen." (23)

Die Geschichte im Spielraum von konzeptueller Struktur und Gattungsstruktur kommt zu ihrer Konkretheit erst im sprachlichen Vollzug der Sätze und Satzübergänge. Daß die Sprache ihres Gegenstands mächtig ist, erweist erst den literarischen Rang. Durch die Bestimmtheit der syntaktischen und semantischen Ordnung, durch die Verhältnisse von Vordergrund und Hintergrund, Konkretheit und Abstraktheit, durch das Zusammenspiel von Syntax und Semantik, aber auch von Rhythmus und Klang, wird der Gegenstand nicht nur vermittels des Mediums zur Darstellung gebracht, sondern gesteigert und in einer spezifischen, die Gegebenheit des Gegenstands überschreitenden Weise erfahrbar gemacht. In Kleists Novelle ist die Steigerung der Geschichte durch ihre sprachliche Konkretisation im Vollzug der Rede und in der gestalthaften Ordnung des Werks exemplarisch verwirklicht. Die Werkhaftigkeit dieser Novelle ragt gleichsam in die Dimension des Imaginären hinein, die sie freisetzt, und gibt ihr die bestimmende Kontur. Geschichte und Diskurs stehen in Kleists Novelle im Verhältnis der Steigerung, zugleich aber auch in einer Spannung, die sich mit Hölderlin als ‚Gegenrhythmus' bezeichnen ließe. So eindeutig, ja kategorial die Geschichte selbst in ihren Phasen artikuliert ist, so wenig folgt der Diskurs dieser Artikulation. So bindet er zusammen, was von der Sache her geschieden zu sein scheint.[11] Daher das Drängende, die atemlose Bewegung, die der Geschichte ihre Dramatik gibt, angefangen mit der narrativen Inversion zu Beginn der Novelle. Im Gegenspiel von Geschichte und Artikulation des Diskurses wird das Geschiedene und gegeneinander Abgesetzte in eine Bewegung hineingerissen. So stehen Geschichte des Verhängnisses, Vorgeschichte, das Erdbeben, die Suche, das Wiederfinden, die zweite, nachgeholte Geschichte, die Erfahrung des wiedergefundenen Glücks, in einer einzigen narrativen Sequenz. Der erste Einschnitt liegt zwischen Einschlafen und Erwachen des Paares, der zweite Einschnitt da, wo nach der vollkommenen Glückserfahrung der Versöhnung der verhängnisvolle Entschluß gefaßt wird, gemeinsam am Gottesdienst teilzunehmen. Von da ab vollzieht alles sich in atemloser Konsequenz. Der Diskurs überspringt auch noch jene tiefe Zäsur, die der Sinn nach dem Ende der Raserei setzt, und führt hinüber in einem narrativen Spannungsbogen bis zu dem letzten Satz, der den Leser, der der Verwunderung fähig ist, zurückverweist auf das Gelesene.

Dieser makrostrukturellen Ordnung entspricht auf der Ebene der textuellen Mikrostruktur eine Stilfigur, die eigene Beachtung verlangt. Die Zeiterfahrung, die in Kleists Dramen und Novellen immer neu zur Darstellung kommt, ist die der Plötzlichkeit. Kleists imaginäre Zeit ist eine Zeit der Diskontinuität, des Wechsels zwischen Momenten von radikaler Andersheit. Jeder Augenblick in der imaginären Folge der Kleistschen Erzählfigur ist unvordenklich, läßt im Wechsel die alltägliche Erwartung ‚einbrechen'. Die Rätselhaftigkeit des Spontanen im Kontext eines Fortgangs ist von Kleist selbst am Beispiel der ‚allmählichen Verfertigung der Gedanken beim Reden' am tiefsinnigsten bedacht worden. Der Sprechende spricht im Fortgang sprachlicher Kontinuität, während in dieser selbst das Rätsel des reinen Jetzt, die abgründige Sicherheit des hervorbrechenden Gegenwärtigen zur Erscheinung kommt.

In *Das Erdbeben in Chili* ist die temporale Konjunktion ‚als' das Medium, in dem die spezifische Zeiterfahrung dieser Novelle zum Ausdruck kommt. Das ‚als' ist immer neu ein Anzeichen, daß der Boden des Sinns und der Verläßlichkeit schwankt. Die Rekurrenz von Sätzen, in denen zwei Zeitmomente durch das ‚als' miteinander verknüpft werden, die unverknüpfbar eigenen Wirklichkeitsbereichen angehören, bestimmt die narrative ‚Körnung' der Zeit.

„Es war am Fronleichnamsfeste, und die feierliche Prozession der Nonnen, welchen die Novizen folgten, nahm eben ihren Anfang, als die unglückliche Josephe, bei dem Anklange der Glocken, in Mutterwehen auf den Stufen der Kathedrale niedersank." (11)

In das Alltägliche, Gewohnte, bricht vermittelt durch die Konjunktion ‚als' das Ungewohnte herein. „Jeronimo [. . .] wollte die Besinnung verlieren, als er diese ungeheure Wendung der Dinge erfuhr." (12) Das ‚als' ist der Ausdruck, der immer neu die ungeheure Wendung der Dinge signalisiert.

„Eben stand er, wie schon gesagt, an einem Wandpfeiler, und befestigte den Strick, der ihn dieser jammervollen Welt entreißen sollte, an einer Eisenklammer, die an dem Gesimse derselben eingefugt war; als plötzlich der größte Teil der Stadt, mit einem Gekrache, als ob das Firmament einstürzte, versank, und alles, was Leben atmete, unter seinen Trümmern begrub." (12)

Gegen die umständlich mit Häufung der Details entwickelte dramatische Augenblickssituation setzt sich der folgende Augenblick in seiner radikalen Unvorhersehbarkeit ab. Auch im folgenden wird die subjektive Erfahrung des unvordenklich Neuen immer wieder mit der Leitfigur des ‚als' verbunden.

Mit ‚als' wird die Sequenz eingeleitet, die zur Kirche führt und ebenso die Ankunft in der Kirche, wie schließlich die verhängnisvolle Wendung in der Predigt des Chorherren.

„Aber wie dem Dolche gleich fuhr es durch die von dieser Predigt schon ganz zerrissenen Herzen unserer beiden Unglücklichen, als der Chorherr bei dieser Gelegenheit umständlich des Frevels erwähnte, der in dem Klostergarten der Karmeliterinnen verübt worden war [. . .]" (20).

Erst im letzten Satz ist das drängende, verhängnisvolle, weitertreibende ‚als' ersetzt durch die beruhigte, in der ruhigen Zeit nach dem Ereignis stehende Temporalkonjunktion ‚wenn':

„Und wenn Don Fernando Philippen mit Juan verglich und wie er beide erworben hatte, so war es ihm fast, als müßte er sich freuen."

Die Konjunktion ‚als' verknüpft zwei temporale Momente zu einer syntaktischen Figur, der auf der Ebene der Geschichte der Hiat diskontinuierlicher Wirklichkeiten entgegensteht, die dennoch sich zum Zusammenhang einer sich steigernden Folge ungeheurer Wendungen zusammenschließen. Die Trennung der narrativen Einheiten vollzieht sich innerhalb des blockhaft zusammengeschlossenen Diskurses und dort innerhalb des Satzes, nicht zwischen den Sätzen. Gerade so aber entsteht jene narrative Spannung zwischen Kontinuität und Diskontinuität, die Kleists Novelle ihre erzählerische Gewalt gibt.

III

Absicht dieser Überlegungen war es, die Schichten von Kleists Novelle abzuheben und ihren Aufbau zu betrachten, um so den Blick zu schärfen für das Zusammenspiel der Schichten zu der einen Erfahrung der narrativen Dichte, die dieses Werk auszeichnet. Man könnte hier an Baudelaire erinnern, der vom Gemälde sagt:

> „Un bon tableau, fidèle et égal au rêve qui l'a enfanté, doit être produit comme un monde. De même que la création, telle que nous la voyons, est le résultat de plusieurs créations dont les précédentes sont toujours complétées par la suivante; ainsi un tableau conduit harmoniquement consiste en une série de tableaux superposés, chaque nouvelle couche donnant au rêve plus de réalité et le faisant monter d'un degré vers la perfection."[12]

Einer solchen Verfahrensweise entspricht eine Methode, die man in Absetzung gegen den gleichsam auf einer Ebene operierenden hermeneutischen Zirkel struktural-hermeneutischen Zirkel nennen könnte. Die Lektüre wird des Werkaufbaus inne, indem sie von der Komplexität des konkreten Leseakts zurückgeht zu den aufeinander aufbauenden Schichten bis hin zur allgemeinsten und abstraktesten Fundierungsebene der Konzepte. Doch ist damit nur die eine Hälfte des Wegs der Auslegung beschrieben. Vom Allgemeinsten muß die Lektüre Schritt für Schritt zur Komplexität des Werks in seiner konkreten Bestimmtheit oder besser in seinem bestimmten Verhältnis von Bestimmtheit und Unbestimmtheit zurückkehren. Diese zweite Bewegung galt es in der vorliegenden Betrachtung zur Darstellung zu bringen.

Literatursemiotik

David E. Wellbery

Semiotische Anmerkungen zu Kleists ‚Das Erdbeben in Chili'

> Es gibt eine Seite des empirischen Begehrungsvermögens, die Analogie dessen, was Natur heißt, die am auffallendsten ist, wo das Notwendige mit der Freiheit, das Bedingte mit dem Unbedingten, das Sinnliche mit dem Heiligen sich zu verbrüdern scheint, eine natürliche Unschuld, man möchte sagen eine Moralität des Instinkts, und die ihm gleichgestimmte Phantasie ist himmlisch. [...]
>
> Das Gesetz der Freiheit aber *gebietet,* ohne alle Rücksicht auf die Hülfe der Natur. Die Natur mag zur Ausübung desselben förderlich sein, oder nicht, es gebietet. Vielmehr setzt es einen Widerstand in der Natur voraus, sonst würde es nicht *gebieten.* Das erstemal, daß das Gesetz der Freiheit sich an uns äußert, erscheint es als strafend. Der Anfang all unsrer Tugend geschieht vom Bösen.
>
> *Hölderlin*

1. Textmodell. Die Literatursemiotik[1] treibt einen Keil zwischen den normalen Umgang mit Literatur einerseits und die Analyse von Literatur andererseits. Das unterscheidet sie von der herkömmlichen Literaturwissenschaft. Dieser Sprung aus dem sogenannten „Sinngeschehen"[2] – aus den ineinander übergehenden Formen von *text processing* wie Lesen, Nacherzählen, Interpretieren – hat den lebensphilosophisch anmutenden Einwurf provoziert, die Literatursemiotik töte die Literatur ab, sie sei (so das Signalwort) ‚szientistisch'. Der Einwurf setzt voraus, daß literarische Phänomene nur aus der Perspektive der aktuellen Erfahrung zu beschreiben sind. Doch wie die Textsorten ‚Traum' und ‚Mythos'[3] sehr deutlich illustrieren, ist dieser Standpunkt bei der Analyse keineswegs zu privilegieren. Im Gegenteil: der Mensch ist überall in semiotische Prozesse verstrickt, deren Regelmäßigkeiten dem bewußten Erleben nicht zugänglich sind. Solche Prozesse will, wo sie als ‚Literatur' institutionalisiert werden, die Literatursemiotik erfassen.

Um den Text seiner verführerischen Unschuld (seiner scheinbaren Natur) zu entkleiden und ihn als Produkt kultureller Arbeit zu erkennen, stellt ihn die Literatursemiotik wie in einer Röntgenaufnahme dar: als ein geschichtetes Gefüge von Strukturen. Das können wir am dritten Satz der Novelle veranschaulichen:

> „Eine geheime Bestellung, die dem alten Don, nachdem er die Tochter nachdrücklich gewarnt hatte, durch die hämische Aufmerksamkeit seines stolzen Sohnes verraten worden war, entrüstete ihn dergestalt, daß er sie in dem Karmeliterkloster unsrer lieben Frauen vom Berge daselbst unterbrachte." (11)

Hier lassen sich drei Ebenen unterscheiden, die, obzwar in sich vielfach geschichtet und gegliedert, eine deutliche innere Konsistenz aufweisen. Die tiefste Schicht (oder auch die ‚höchste') – die Modellhaftigkeit der Begriffe und Terme ist immer im Auge zu behalten – können wir die *semio-narrative* Schicht nennen.[4] Ihr ist es zuzuschreiben, daß der Text eine Handlungsstruktur abbildet, d.h. daß er überhaupt ein narrativer Text ist. Über die Frage, wie die logisch-semantische Organisation der Handlung darzustellen ist, gibt es in der Forschung bis jetzt noch keinen Konsens. In diesem Kontext können wir uns mit der Feststellung einiger Aspekte begnügen, die eine adäquate Beschreibung der semio-narrativen Struktur unseres Satzes berücksichtigen müßte:

1. Das Schema: ‚Verbot' – ‚Übertretung' – ‚Strafe', das nicht nur hier für die Handlungsstruktur konstitutiv ist, sondern auch für die Vorgeschichte als ganze.
2. Die Organisation der Handlungsrollen (Aktanten) in zwei Parteien, die mit konfligierenden narrativen Programmen ausgerüstet sind.
3. Die semantischen Werte, deren oppositionelle Struktur sowohl dem Handlungsschema als auch dem Aktantenschema zugrundeliegt. Hier scheinen mir besonders zwei Oppositionen von Belang zu sein: die zwischen ‚Gesetz' und ‚natürlicher Liebe'; und die zwischen den Werten ‚geheim' und ‚offenbar'.

Die semio-narrative Struktur artikuliert also semantische Werte über Handlungsschemata und Aktantenrepertoires. Das geschieht sowohl in den kleinen Handlungseinheiten, von denen unser Beispielsatz eine abbildet, als auch in den übergreifenden narrativen Zusammenhängen.

Konkretheit gewinnt die Handlungsstruktur erst auf der Ebene des *narrativen Diskurses*, auf der die aktantiellen Rollen unter Figuren verteilt werden, die in einer raum-zeitlich definierten Umgebung handeln. Zu betonen ist, daß auch hier mit kodifizierten Schemata gearbeitet wird, daß Individualisierung im narrativen Text nur nach Wahl und nur streckenweise geschieht. In unserem Text zum Beispiel sind die Konturen der Figuren durch allgemein erkennbare thematische Rollen (‚Vater', ‚der stolze Sohn') bestimmt. Selbst die Handlungssituation, die den Ausgangspunkt der Novelle bildet und die wir einfach als ‚Liebe eines Hofmeisters zu einer reichen Tochter' bezeichnen können, ist nichts anderes als ein klischeehaftes Schema, dessen sich der Autor in denkbarer Kürze bedienen kann. Von primärer Wichtigkeit sind hier Rollen und Positionen, nicht Individuen: bedeutsam ist der „alte Don" unseres Beispielsatzes, weil er ‚Vater' (d.h. ‚Familienautorität') ist und damit in eine Reihe mit den anderen ‚Autoritäten' des Textes („Erzbischof" und „Vizekönig") gehört, deren Schicksal er auch teilt. Ähnliches läßt sich für die Gestaltung des Raumes konstatieren. Wenn unser Satz als einzigen konkreten Schauplatz der Handlung das Kloster nennt, dann deswegen, weil es zu den bedeutsamen Räumen der Novelle gehört; alles andere kann ausgeblendet werden.[5] Das In-Diskurs-Setzen der semio-narrativen Struktur, zu dem wir all die der traditionellen Literaturwissenschaft bekannten Erzählpraktiken wie Perspektivierung und Selektion von Diskurstypen (Narration, Beschreibung) rechnen, ist nicht Darstellung einer vorgegebenen (reellen oder imaginären) Welt, sondern Artikulation von Sinn.

Die Ebene der *semiotischen Manifestation,* die die anderen Strukturschichten materiell zum Ausdruck bringt, umfaßt alle linguistischen und typographischen Aspekte des Textes. Diese Ebene kann natürlich mannigfaltig bearbeitet werden, wobei vor allem stilistische und rhetorische Kodifizierungen eine Rolle spielen. Bei Kleist können aber auch bestimmte Morpheme und selbst Phonemgruppen eine zusätzliche Bedeutung gewinnen: die „hämische *Auf*merksamkeit" des Sohnes ist dem „*Auf*sehn" (11), das Josephes Schwangerschaft erregt, nah verwandt; und beim „*Anklange* der Glocken" entsinnt sich der Leser des „auf ein Verbrechen *angeklagte(n)* Spanier(s)" (11) Jeronimo Rugera. Ein gutes Beispiel für die Streuung eines Signifikanten über die Textoberfläche bildet das Morphem *Fall:* „Vorfall", „Zufall", „Fußfall", „Fall".

2\. *Segmentierung.* Durch Segmentierung unterbricht der Forscher den Strom der Rede, der die Lektüre zu tragen scheint, um hinter dieser illusionären Kontinuität die Organisation des Sinnes aufzudecken. Für das *Erdbeben in Chili* bietet sich sofort eine Einteilung in drei Segmente (A – B – C) an, die inhaltlich durch einen zeitlichen Bruch voneinander abgegrenzt sind. Teil B fängt mit den Worten an: „Als sie erwachten, stand die Sonne schon hoch am Himmel ..." (16); den Beginn von Abschnitt C markiert eine ähnliche Wendung: „Inzwischen war der Nachmittag herangekommen ..." (18). Was das Hauptgeschehen betrifft, ist Teil A durch das ‚Erdbeben' geprägt, Teil C durch den ‚Mord'. Abschnitt B ist schwieriger zu charakterisieren. Ich schlage, aus später zu erläuternden Gründen, die Bezeichnung ‚Täuschung' vor.

Schon diese ersten Feststellungen lassen auch eine gewisse Symmetrie in der semio-narrativen Organisation des Textes erkennen, da die zentralen Ereignisse der Teile A und C offenbar durch ‚Gewaltsamkeit' gekennzeichnet sind, während Abschnitt B durch ‚Frieden' charakterisiert ist. In anderen Hinsichten aber sind A und C einander entgegengesetzt. In beiden wird zum Beispiel von ‚räumlichen Bewegungen' berichtet, die aber in entgegengesetzte Richtungen verlaufen. Das können wir mit Hilfe eines Schemas veranschaulichen:

A	B	C
‚Erdbeben'	‚Täuschung'	‚Mord'
‚Gewalt'	‚Frieden'	‚Gewalt'
‚Stadt→Land'	‚Land'	‚Land→Stadt'

Das ‚Erdbeben' und der ‚Mord', die zwei bei jeder Lektüre (sei sie auch noch so naiv) auffallendsten Ereignisse, erweisen sich damit als äquivalent und in Opposition zueinander stehend. Beide bewirken den Übergang von einem semantischen Bereich in einen anderen, entgegengesetzten.[6] Beim ‚Erdbeben' handelt es sich jedoch der Richtung nach um eine ‚Vertreibung' aus der ‚Stadt', beim ‚Mord' hingegen um eine ‚Integration' in die ‚Stadt'. Der gleiche Sachverhalt zeigt sich auch im Kleinen: die Geschichte beginnt damit, daß Jeronimo aus dem Hause Asteron gewiesen wird, und endet mit der Aufnahme von dessen Sohn in die Familie von Don Fernando Ormez.

3. Das ‚Erdbeben': syntagmatisch. Jedes Element eines Textes ist zweifach bestimmt. Es steht in Bezug einerseits zu einer Gruppe von Elementen, aus der es ausgewählt wird, andererseits zu den Elementen, mit denen es kombiniert wird. In der Semiotik spricht man diesbezüglich von zwei ‚Achsen': einer der Selektion (paradigmatische Achse) und einer der Kombination (syntagmatische Achse). Hinsichtlich seiner syntagmatischen Funktion innerhalb der Ereigniskette ist nun das ‚Erdbeben' vor allem Operator narrativer Transformationen; sein Einsatz führt einen grundlegenden Wandel in der erzählten Handlung herbei. Das haben wir schon oben erläutert: das ‚Erdbeben' vertreibt Jeronimo und Josephe zusammen mit den anderen Überlebenden aus dem ‚städtischen' Raum aufs ‚Land' und bewirkt damit eine der zwei fundamentalen topographisch-semantischen Grenzüberschreitungen der Novelle. Wie aus einer Untersuchung der Vorgeschichte hervorgeht, ist diese globale Transformation funktional zu bestimmen als ‚Aufhebung des Gesetzes'. Das können wir am besten erläutern, indem wir uns zunächst die narrative Situation vergegenwärtigen, die dem ‚Erdbeben' vorausgeht. Der ‚Tod', in den die Laufbahn der beiden Figuren unausweichlich zu führen scheint, ist der

Kulminationspunkt eines narrativen Prozesses, der sich im Verlauf der Vorgeschichte entfaltet. Wie schon oben angedeutet, beruht dieser Prozeß auf der Opposition von ‚Gesetz' und ‚natürlicher Liebe'. Zur narrativen Ausgestaltung dieser semantischen Tiefenstruktur kommt es dadurch, daß die entgegengesetzten Werte von verschiedenen Handlungsträgern übernommen werden. Damit artikuliert sich die Geschichte als Konflikt zwischen den Vertretern des ‚Gesetzes' einerseits und den ‚Liebenden' andererseits. Dreimal wiederholt sich dieser Konflikt im Laufe der Vorgeschichte, und zwar jedesmal nach dem Handlungsschema: ‚Verbot' – ‚Übertretung' – ‚Strafe'. Indem also das ‚Erdbeben' den Strafvollzug verhindert, unterbricht es eine Handlungssequenz, die die Wiederherstellung des Gesetzes zum Ziel hat. Der Einbruch des ‚Erdbebens' hebt – und damit ist seine Funktion in der narrativen Verkettung genannt – die Geltung des ‚Gesetzes' auf.

Diese Beschreibung der syntagmatischen Funktion des ‚Erdbebens' bedarf jedoch der Präzisierung. Eine sorgfältige Analyse der Vorgeschichte zeigt nämlich, daß es dort keine schlichte Entsprechung zwischen dem allgemeinen Wert ‚Gesetz' und irgendeiner menschlichen Figur auf der Ebene des narrativen Diskurses gibt. Kein ‚Mensch' fungiert als Quelle derjenigen Normen, die wir unter dem Begriff des Gesetzes subsumieren; der Text kennt sozusagen keinen ‚König', keine Verkörperung des Gesetzes. Statt dessen werden hier die gesellschaftlichen Normen auf drei Größen verteilt, die Kleist mit bemerkenswerter Genauigkeit voneinander abhebt. Ich nenne diese drei Instanzen erstens das Gesetz als *Institution,* zweitens das Gesetz als *Autorität,* und drittens das *Begehren nach dem Gesetz.* Die erste Form erkennen wir in der Instanz des autonomen, zur selbständigen Macht gewordenen „klösterlichen Gesetzes" (11). Die Reihe der ‚Autoritäten' habe ich schon einmal erwähnt: „Vater", „Erzbischof", „Vizekönig" – jeweils singuläre Figuren aus den Bereichen ‚Familie', ‚Kirche' und ‚Staat'. Schließlich ist das, was ich ‚das Begehren nach dem Gesetz' genannt habe, in den vage definierten Gruppen verkörpert, die im Text folgendermaßen bezeichnet werden: „Man", „die Zungen", „Matronen und Jungfrauen", „die frommen Töchter der Stadt" (11 f.) (wahrscheinlich auch schon „der stolze Sohn" mit seiner „hämischen Aufmerksamkeit"). Das Verhältnis beider ‚menschlichen' Gruppen zur ‚Institution' des Gesetzes ist durch eine verbale Tätigkeit gekennzeichnet. Die ‚Autoritäten' *gebieten* (vgl. „Befehl", „Machtspruch", 11). Unter den anderen wird dagegen über etwas Drittes geredet (vgl. die Metonymie „die Zungen fielen so scharf . . .", 11). Solches Gerede ist sowohl die Konzentration des Augenmerks auf ein Verbrechen (vgl. „Aufsehn") als auch Stimulator einer affektiven Unruhe, die nur durch das Spektakel einer Strafe gestillt werden kann. Mit anderen Worten: es zeitigt in der Menge das Verlangen nach einer rituellen Handlung, die den Triumph des Gesetzes über die Verbrecher inszenieren soll. Die Todesstrafe, auf die die Handlungslogik der Vorgeschichte hinzuzielen scheint, ist also als narratives Programm eine synkretische Einheit, eine Kompromißlösung, die die Interessen der Institution, der Autorität, und des gesellschaftlichen Faktors eines Begehrens nach dem Gesetz verbindet.

Diese Ausführungen zur figuralen Aufspaltung des Werts ‚Gesetz' ermöglichen nun eine genauere Erfassung des syntagmatischen Stellenwerts, der im System des Textes dem ‚Erdbeben' zuzuweisen ist. Das ‚Erdbeben' funktioniert nämlich als ‚Aufhebung des Gesetzes' sowohl im Sinne von ‚Institution' wie im Sinne von ‚Autorität'. Das ‚Begehren nach dem Gesetz' jedoch bleibt unangetastet. Der Text zeigt das gleichsam im Vorbeigehen:

> „Sie hatte noch wenig Schritte getan, als ihr auch schon die Leiche des Erzbischofs begegnete, die man soeben zerschmettert aus dem Schutt der Kathedrale hervorgezogen hatte. Der Palast des Vizekönigs war versunken, der Gerichtshof, in welchem ihr das Urteil gesprochen worden war, stand in Flammen, und an die Stelle, wo sich ihr väterliches Haus befunden hatte, war ein See getreten und kochte rötliche Dämpfe aus." (14 f.)

Der Lakonik der Beschreibung entspricht die Fragilität der Instanzen, deren Zerstörung hier notiert wird: mit zwei Sätzen werden die ‚Institution' des Gesetzes („Gerichtshof") sowie die Figuren der gesetzlichen ‚Autorität' liquidiert. Daß das ‚Begehren nach dem Gesetz' dagegen weiterlebt, verrät der Text an anderer Stelle: Elisabeth, die Schwägerin Don Fernandos, hat Beziehungen zu jenen „frommen Töchter(n)", die die Exekution als „Schauspiel" genießen wollten. An dieser Figur wird der Leser dann später die charakteristische verbale Tätigkeit der ‚Begehrenden' wiedererkennen: „Donna Elisabeth fuhr fort, ihm mit verstörtem Gesicht ins Ohr zu zischeln." (19) Das narrative Programm dieser Gruppe, das Verlangen nach dem Spektakel einer Strafe, wird durch das ‚Erdbeben' zwar suspendiert, aber nicht eliminiert. Durch die mäandernde Predigt des Chorherrn wird das Unheil aufs neue in Gang gesetzt werden.

Das ‚Erdbeben' hat also eine eindeutig beschreibbare Funktion gegenüber den ihm vorausgehenden Ereignissen und damit innerhalb der syntagmatischen Struktur des Textes. Aber die globale Episode ‚Erdbeben' besteht auch aus kleineren narrativen Sequenzen, die ihrerseits einer Analyse zu unterziehen sind. In diesem Rahmen kann ich nur eine partielle Beschreibung dieser ‚inneren' Syntagmatik liefern und wähle dafür die zwei Anekdoten aus, die jeweils am Anfang von Jeronimos und Josephes Schilderungen des Erdbebens (die auch sonst ähnlich strukturiert sind) stehen. Was bei diesen Anekdoten besonders auffällt, ist der Umstand, daß beide das gleiche Schema verwirklichen: ‚Rettung durch eine

Öffnung und sofort darauf Zusammensturz eines Gebäudes'. Durch den wiederholten Gebrauch dieses Schemas erhält das übergreifende Ereignis des ‚Erdbebens' eine bestimmte innere Struktur: die „Ereignisbedeutung"[7] der Anekdoten, aus denen das ‚Erdbeben' (zum Teil) besteht, ist in beiden Fällen die gleiche, nämlich ‚Zufall'. Die innere syntagmatische Struktur der Episode modelliert also das ‚Erdbeben' narrativ als *Zustand des generalisierten Zufalls.*

Welche sind die Bedingungen dafür, daß der Leser die beiden Rettungen als ‚Zufälle' erkennt? Als ‚Zufall' gilt zunächst ein Ereignis, bei dem die raum-zeitliche Kontingenz *entscheidend* ist; d.h. die Stellung einer Figur in Raum und Zeit ist dafür ausschlaggebend, welche von zwei Möglichkeiten für diese Figur aktualisiert wird. Um diese Vorbedingung für die Darstellung eines Zufalls zu erfüllen, muß der Text explizit einen Zeitpunkt markieren, weshalb Zeitangaben, wie zum Beispiel die im berühmten ersten Satz der Novelle gemachte, in Kleists Prosa so häufig vorkommen. Eine zweite Vorbedingung für die Narration eines Zufalls ist, daß die Figur, die der Zufall trifft, nicht wissen darf, daß dieser Ort des Geschehens zu diesem Zeitpunkt der entscheidende Faktor sein wird. Wo es Zufälle in einer Narration gibt, ist der Ausgang der Geschichte nicht im voraus durch die Teleologie eines narrativen Programms bestimmt.

Damit wird ersichtlich, daß der Text von einer Phase, in der das ‚Gesetz' herrscht, zu einer anderen hinführt, in der der ‚Zufall' alles entscheidet. Narrativ gesehen ist es also der ‚Zufall', der die Dominanz des Gesetzes aufhebt und den topographisch-semantischen Übergang von der ‚Stadt' aufs ‚Land' bewirkt. Hinzuzufügen ist, daß nicht nur das ‚Gesetz' durch den ‚Zufall' aufgehoben wird, sondern überhaupt die narrative Kontinuität. Wo der Zufall herrscht, ist kein zweckmäßiges, zielgerichtetes Handeln möglich. Grundsätzlich unvoraussehbar, stellen Zufälle den Einbruch einer Macht in die Geschichte dar, der seinerseits keine Geschichte hat. Ihr Kennzeichen ist die Diskontinuität: sie können nicht dazu dienen, das Vorhaben einer Figur (das narrative Programm) zu verwirklichen, sondern heben solche Pläne nur auf. Man könnte sagen: obwohl sie narrative Transformationen bewirken, fehlt es den Zufällen selber an narrativem Sinn.[8]

Dieser Befund wird sich später als besonders wichtig für die Analyse der ‚Predigt' und des darauffolgenden ‚Mordes' erweisen. An dieser Stelle nur noch ein Hinweis: Vom Standpunkt der Literatursemiotik ist Kleists Handhabung des ‚Zufalls' nicht weltanschaulich, als Ausdruck metaphysischer Ansichten, zu deuten, sondern vielmehr kulturell. Das Interessante an ihr ist, daß Kleist, in der Blütezeit der teleologischen Textorganisation, mit nicht-teleologischen Strukturen experimentiert. Er arbeitet mit einer narrativen Syntagmatik, die sich, weil in ihr Zufälle oft strukturändernd wirken, immer wieder *wenden* kann.[9] Diese narrativen Wendungen werden um so spürbarer, je stärker in ihnen die Alternativen, zwischen denen der Zufall entscheidet, als Gegensätze markiert sind: ‚Leben' – ‚Tod'; ‚Gefängnis' – ‚Freiheit'; ‚Verzweiflung' – ‚Hoffnung' usw. Solche Umschläge dementieren das narrative Modell der ‚steten, sinnvollen Entwicklung'.

4. Das ‚Erdbeben': paradigmatisch. Alle Elemente, die die gleiche syntagmatische Funktion erfüllen können, gehören bekanntlich dem gleichen Paradigma an. Paradigmatische Relationen sind somit solche der Äquivalenz (im Hinblick auf die gegenseitige Ersetzbarkeit) und der Variation (im Hinblick auf die Bedeutungsunterschiede unter den Elementen einer gegebenen paradigmatischen Klasse). Paradigmatisierung – die Hervorkehrung vortextlich gegebener Paradigmen sowie die Einführung neuer Paradigmen – gehört zu den wichtigsten Operationen der Textproduktion, und zwar auf allen Ebenen. Das möchte ich kurz am Beispiel der sehr komplexen Einheit ‚Erdbeben' illustrieren.

Beginnen wir mit einem einfachen Beispiel, mit der Erzählung von Jeronimos Flucht aus der Stadt:

„Hier stürzte noch ein Haus zusammen, und jagte ihn, die Trümmer weit umherschleudernd, in eine Nebenstraße; hier leckte die Flamme schon, in Dampfwolken blitzend, aus allen Giebeln, und trieb ihn schreckenvoll in eine andere; hier wälzte sich, aus seinem Gestade gehoben, der Mapochofluß auf ihn heran, und riß ihn brüllend in eine dritte." (12 f.)

Dreimal wiederholt sich – durch die dreimalige Verwendung des gleichen syntaktischen Musters auf der Ebene der Manifestation markiert – das gleiche Ereignis. Dreimal artikuliert sich – jeweils unterschiedlich – derselbe narrative Satz: ‚etwas treibt Jeronimo aus einer Straße in eine andere'. Nur wird jedesmal die syntagmatische Stelle dieses ‚etwas' durch einen anderen Term besetzt: „Haus", „Flamme", „Mapochofluß". Der Text schafft also *ad hoc* eine paradigmatische Klasse und lenkt damit die Aufmerksamkeit des Lesers auf die Äquivalenzen und Unterschiede, die die Elemente dieser Klasse in ihrem Verhältnis zueinander definieren. Dabei fällt sofort auf, daß sich der Text eines geläufigen semantischen Paradigmas bedient, nämlich desjenigen der ‚natürlichen Elemente': ‚Erde' (aus der das „Haus" besteht), ‚Feuer', ‚Wasser'.[10] Die Paradigmatisierung operiert also hier mit einem bekannten kulturellen Schema. Und dieses wird nicht nur in dem zitierten Satz verwendet; auch in dem darauffolgenden Satz sowie in der oben zitierten Beschreibung der zerstörten Autoritäten und Institutionen des Gesetzes begegnen wir den drei Elementen. Durch die wiederholte Verwendung des gleichen Paradigmas gewinnt also die Einheit ‚Erdbeben' eine neue Teilbedeutung: das ‚Erdbeben' ist nicht nur ‚Herrschaft des Zufalls', sondern auch ‚Herrschaft des Elementaren'.[11]

Ein etwas komplexeres Beispiel von Paradigmatisierung finden wir in den retrospektiven Erzählungen vom ‚Erdbeben' im Abschnitt B:

> „Man erzählte, wie die Stadt gleich nach der ersten Haupterschütterung von Weibern ganz voll gewesen, die vor den Augen aller Männer niedergekommen seien; wie die Mönche darin, mit dem Kruzifix in der Hand, umhergelaufen wären, und geschrieen hätten: das Ende der Welt sei da! wie man einer Wache, die auf Befehl des Vizekönigs verlangte, eine Kirche zu räumen, geantwortet hätte: es gäbe keinen Vizekönig von Chili mehr! wie der Vizekönig in den schrecklichsten Augenblicken hätte müssen Galgen aufrichten lassen, um der Dieberei Einhalt zu tun; und wie ein Unschuldiger, der sich von hinten durch ein brennendes Haus gerettet, von dem Besitzer aus Übereilung ergriffen, und sogleich aufgeknüpft worden wäre." (17)

Wegen ihres kognitiven Status als Interpretationen werden die hier geschilderten Ereignisse zu Modellen, die uns das Gesamtphänomen ‚Erdbeben' denken lassen: a. als ‚Geburt'; b. als ‚Ende der Welt'; c. als ‚Anarchie'; d. als ‚totale Willkürherrschaft'. Diese Ereignisbedeutungen funktionieren als Metaphern, die zur gleichen paradigmatischen Klasse gehören wie das ‚Erdbeben' selbst. Hier dient also die Paradigmatisierung der Aufstellung von semantischen Kontexten, in denen sich das ‚Erdbeben' interpretieren läßt. Dadurch erhält der Text semantische Dichte: familial-sexuale, religiöse und politische Lesarten werden evoziert, die dann für die gesamte Novelle Relevanz gewinnen. Es hat also seinen guten Grund, daß der Mord am Ende der Novelle eine Reaktion auf das Erdbeben sowie auf die skandalöse Geburt ist, denn ‚Erdbeben' und ‚Geburt' stellen das gleiche Krisenphänomen in verschiedenen Bereichen dar. Und es hat auch seinen guten Grund, daß sich eine ganze Reihe apokalyptischer Bilder durch die Novelle zieht, worauf später zurückzukommen ist. Schließlich dürften unsere Ausführungen zur Problematik des Gesetzes gezeigt haben, daß das ‚Erdbeben' auch politische Resonanzen hat. Der Text greift in der Weise in die ihn umgebende Kultur (d.h. den historischen Kontext seiner Produktion) ein, daß er die Codes, die in verschiedenen kommunikativen Räumen ihre Verwendung haben, aufeinander projiziert, sie korreliert und damit unter ihnen Homologien schafft (oder entdeckt). Das System dieser Homologien nennen wir die Symbolik des Textes.[12] Sie läßt sich nicht in eine referenzielle Aussage übersetzen, als ob der Text dieses oder jenes meinte. Vielmehr setzt er bestimmte Kategorien aus disparaten Bereichen zueinander in Bezug, und zwar so, daß die Elemente dieser Kategorisierungen einander gegenseitig als Interpretanten dienen können. Der Text meint nicht etwa ‚Geburt', indem er ‚Erdbeben' sagt, sondern läßt die zwei Elemente einander gegenseitig erhellen.

5. *Familien.* Ist es wahr, daß zur Einheit einer erzählten Handlung die „Referenzidentität des Subjekts, an dem oder durch das sich der Wandel vollzieht",[13] erforderlich ist, dann erhebt sich die Frage, inwiefern dem *Erdbeben in Chili* Einheit der Handlung zuzuschreiben ist. Der mit dem ersten Satz als Held eingeführte Jeronimo Rugera wird nämlich im Laufe der Abschnitte B und C von Don Fernando Ormez als Fokus des narrativen Interesses so sehr verdrängt, daß sein Tod bloß mit einem (recht abrupten) Satz berichtet zu werden braucht. Das gleiche gilt, obzwar weniger auffallend, für Josephe. Die zwei Liebenden, die in der Erstveröffentlichung der Erzählung sogar den Titel gaben, werden vom Text vergessen; nur ihr Kind, in dem ihre Liebe als Name weiterlebt, erhält eine Stelle im Epilog. Es handelt sich also in diesem Text nicht um die Geschichte Jeronimos und Josephes, wie es zuerst den Anschein hat. Die übergreifende narrative Einheit ist vielmehr als die Geschichte eines Übergangs von einer Familie zu einer zweiten zu denken. Es ist der kleine Philipp, an dem sich dieser Wandel vollzieht.

Die zwei Familien, um die es hier geht, sind symmetrisch konstruiert. Auf dem Hintergrund ihrer Gemeinsamkeiten heben sich dann bedeutsame Unterschiede ab, an denen sich der narrative Sinn der ganzen Handlung – wenigstens im Hinblick auf die familiale Lesart – ablesen läßt. Die Novelle erzählt die Geschichte einer Adoption: das Kind geht von einer ‚natürlichen Familie' zu einer ‚gesetzlich anerkannten' über, wobei die Stadien dieser Bewegung den drei Abschnitten der Novelle zugeordnet sind. In Teil A entsteht, zunächst außerhalb des Gesetzes (die ‚Erzeugung' des Kindes ist ein ‚Verbrechen') und durch Aufhebung desselben (‚Erdbeben' als ‚Geburt') eine ‚natürliche Familie'. (Daß Jeronimo den möglicherweise auf Josephe bezogenen Ausruf „O Mutter Gottes, du Heilige!" (14) macht, als er sie das Kind in den „Fluten" einer Quelle „reinigen" sieht, läßt auch die Möglichkeit zu, das Erdbeben als Christi Geburt zu deuten.) In Abschnitt B wird – herbeigeführt durch einen ‚Tausch' – eine Einheit zwischen ‚natürlicher' und ‚gesetzlich anerkannter' Familie etabliert. Und schließlich werden in Teil C die zwei Familien gewaltsam getrennt, indem die ‚natürliche' Familie vernichtet und das Kind in die ‚gesetzlich anerkannte' aufgenommen wird. Aus dem „Bastard" (22) wird, so der Text, ein „Pflegesohn" (23).

Hier sieht man genauer, wie der Text semantische Werte, die einem bestimmten kulturellen Raum entstammen, neu organisiert. ‚Natürliches' und ‚Gesellschaftlich-Gesetzliches' innerhalb der Institution der Kernfamilie – in der Familienmitglieder gleichzeitig in physisch-affektiven und gesetzlich geregelten Beziehungen zueinander stehen – treten in Kleists Werk in eine grundlegende Opposition zueinander, die die narrativen Prozesse steuert. Im *Erdbeben in Chili* geschieht das dadurch, daß die zwei Funktionsbereiche, die in unserer Kultur jede Familie als solche bestimmen, zwei verschiedenen Familien zugeschrieben werden. Deshalb kommt auf der diskursiven Ebene dem ‚Stillen‘ eine solch zentrale Rolle zu. Durch diese Handlung aktualisiert sich die Konnotation ‚Natur‘ in Verbindung mit der ersten Familie: Josephe (denn sie vertritt am entschiedensten das Prinzip ‚Natur‘) wird auf geradezu archetypische Weise zur ‚natürlichen Mutter‘ stilisiert. Daß sie den Sohn Don Fernandos an ihre Brust legt, heißt also, daß sie ‚Mutter‘ auch von diesem Kind wird und daß damit die gesellschaftlich-gesetzliche Trennung der Familien nach Namen und Herkunft, die der ‚natürlichen Liebe‘ Jeronimos und Josephes von Anfang an entgegengesetzt war, im geschichtslosen Raum des Tals nicht mehr gilt. Da, wo „alles ... zu *einer* Familie“ (17) vereinigt ist, sind Naturform und Gesellschaftsform identisch;[14] in diesem „Eden“ lebt man nach dem Prinzip der Nicht-Unterscheidbarkeit der Familien. Im Hinblick auf eine familiale Lesart ist also der narrative Prozeß dieser Novelle als Verarbeitung latenter Widersprüche in der allgemeinen kulturellen Modellierung der Familie beschreibbar. Im zweiten Teil des Textes verschwinden diese Widersprüche im Wunschbild einer universalen Familie.

6. *Die kognitive Dimension.* Im Teil B von *Das Erdbeben in Chili* sind kognitive Strukturen so sehr miteinander verschränkt, daß der Text hier als Auslöser eines komplexen kognitiven Effekts betrachtet werden kann. Noch vor dem Beginn des Abschnitts formulieren die Liebenden, unter einem „Granatapfelbaum“ sitzend, ein narratives Programm, das sie am Ende des Abschnitts, unter „den schattigen Lauben des Granatwaldes“ wandelnd, zugunsten eines anderen aufgeben. Zwischen diesen Polen erstreckt sich die Erzählung eines *interpretativen Tuns,* das zur Änderung der Pläne und damit auch zur darauffolgenden Katastrophe führt. Das *übergreifende Ereignis* des zweiten Teils ist also ein *kognitives.*[15] Es artikuliert sich über fünf Phasen: a. Aufnahme in die Familie Don Fernandos; b. Schwierigkeiten in der Interpretation dieses Geschehens; c. weitere Integration der Familien, die in der verzeihenden Geste Donna Elvires gegenüber Josephe kulminiert; d. endgültige Reinterpretation der Lage; e. Reformulierung des Programms: statt zu fliehen, werden die beiden nun um Vergebung bitten. Das neue Programm hat also den Zweck, den Zustand auf dem Lande, die Vereinigung von ‚Natürlichem‘ und ‚Gesellschaftlich-Gesetzlichem‘, zu perpetuieren. Das, was Jeronimo und Josephe um sich zu sehen glauben, halten sie für generalisierbar. Daß sie sich darin täuschen, beweisen die Konsequenzen ihrer Entscheidung.

Die Frage, die hier wirklich fesselt, ist aber, ob die Täuschung nicht schon in der Interpretation der Lage steckt, d.h. ob nicht die Einheit von ‚Natur‘ und ‚Gesetz‘ in der universalen menschlichen Familie als illusionäre Vorstellung zu beurteilen ist. Diese Frage halte ich, wegen der in Teil B hervortretenden Ambiguitäten in der narrativen Kommunikation, für nicht entscheidbar. Durch die Anziehungskraft seiner Bilder sowie durch verschiedene erzähltechnische Mittel vermittelt der Text den Eindruck von Glaubhaftigkeit des Wunschbilds, suggeriert aber gleichzeitig, daß es als illusionär zu bewerten ist. Darin liegt keine Defizienz des Textes; die Nicht-Entscheidbarkeit des kognitiven Status trägt genauso zur Gesamtbedeutung bei wie ein gefärbtes Filter in einem Film. Die vierte der oben genannten fünf Erzählphasen illustriert das am deutlichsten. Sie beginnt mit Josephes subjektiver Deutung des ganzen bisherigen Geschehens als einer „Wohltat". Darauf folgt, scheinbar diese Deutung bestätigend,[16] der Satz: „Und in der Tat schien, mitten in diesen gräßlichen Augenblicken, [...] der menschliche Geist selbst, wie eine schöne Blume, aufzugehen." (17) Die authentifizierende Erzählgeste setzt sich dann im folgenden Satz fort, der das Nicht-Mehr-Gelten der gesellschaftlich-gesetzlichen Unterschiede thematisiert:

> „Auf den Feldern, soweit das Auge reichte, sah man Menschen von allen Ständen durcheinander liegen, Fürsten und Bettler, Matronen und Bäuerinnen, Staatsbeamte und Tagelöhner, Klosterherren und Klosterfrauen: einander bemitleiden, sich wechselseitig Hülfe reichen, von dem, was sie zur Erhaltung ihres Lebens gerettet haben mochten, freudig mitteilen, als ob das allgemeine Unglück alles, was ihm entronnen war, zu *einer* Familie gemacht hätte". (17)

Freilich enthalten diese Sätze Signale, daß es sich hier um eine subjektive, wenn auch kollektive Perspektive handelt; doch vor allem wegen der einführenden Wendung „in der Tat" bleibt der Eindruck des Objektiven vorherrschend. Erst der darauffolgende Satz kehrt mit der Qualifikation „sie meinte" eindeutig zur Perspektive Josephes zurück. Die Zweideutigkeit der narrativen Kommunikation wird dann schließlich durch die Formulierung: „nachdem sich beide [gemeint sind Jeronimo und Josephe] in diesen Betrachtungen stillschweigend erschöpft hatten" vollends auf die Spitze getrieben. Sie legt nämlich die Deutung nahe, daß das Vorhergehende, einschließlich der Wendung „in der Tat", der subjektiven Perspektive der zwei Liebenden zuzuschreiben ist. Gerade da also, wo die Nicht-Unterscheidbarkeit von ‚Natürlichem' und ‚Gesellschaftlich-Gesetzlichem' offenkundig scheint, verwischt sich die Grenze zwischen ‚Wirklichkeit' und ‚Einbildung'. Der ‚Täuschung', der die Figuren möglicherweise unterliegen, entspricht auf der Ebene der narrativen Kommunikation ein Verzicht auf Eindeutigkeit. Damit gerät aber auch der Leser in eine Situation, in der er sich täuschen kann. Der Text nimmt selber den Charakter des Imaginären an (man bemerke diesbezüglich das Schillernde von Gleichnis und *als-ob*-Satz), indem er die Erfahrung des Imaginären schildert.

7. *Eine Predigt.* Ehe der ‚Mord' selbst geschieht, wird die Katastrophe narrativ vorbereitet. Die räumliche Stellung der Figuren – wer neben wem geht – wird ausführlich motiviert und semantisiert. Don Fernando rückt, gemäß seiner emergenten Rolle als ‚Held', ins Zentrum des erzählerischen Interesses. Durch Elisabeths Unterbrechung der Prozession und vor allem durch ihre „zischelnde" Zunge wird das narrative Programm, das mit denjenigen verknüpft ist, die das ‚Begehren nach dem Gesetz' vertreten, wieder aktualisiert. Die ‚Menge', der eine wichtige Rolle im Verlauf der Handlung zukommt, wird eingeführt und mit einer Reihe von Konnotationen ausgestattet. Aber die interessanteste von all diesen narrativen Vorbereitungen – vielleicht, weil sie durch die Interferenz zweier Diskurse wirkt – scheint mir die ‚Predigt' zu sein. In der Verkettung der Ereignisse hat diese Einheit natürlich die Funktion, die Menge zum kurz darauffolgenden ‚Mord' anzustacheln. Aber diese Funktion hätte auch durch andere Mittel als die ausführliche Wiedergabe der Predigt selbst erfüllt werden können. Wozu dann diese bestimmte Form von Vertextung?

Ein Grund für deren Verwendung – der einzige, auf den ich hier eingehen kann – ist wohl, daß sie eine detaillierte Darstellung des Predigtinhaltes ermöglicht und damit *in nuce* den Vorgang der gesellschaftlichen Sinngebung dramatisiert. Man muß nämlich bedenken, daß zu diesem Zeitpunkt in der Geschichte das ‚Gesetz' – und damit überhaupt der gesellschaftliche Sinnzusammenhang, wie er durch ‚Institution' und ‚Autorität' verbürgt ist – in seiner Geltung aufgehoben ist. Deshalb muß das Volk, das „in Strömen" zur Stadt kommt, als etwas Elementares erscheinen („eine unermeßliche Menschenmenge wogte darin" [19]); das ‚Erdbeben' wirkt sozusagen in ihm nach. Erst durch die sinngebende Leistung der Predigt beginnt sich die Gemeinschaft neu zu konstituieren.

Das geschieht schrittweise. Zunächst postuliert der Chorherr durch „Lob, Preis und Dank" (20) eine Kommunikationssituation, deren zwei Pole einerseits die Menschen von St. Jago und andererseits Gott sind. Innerhalb dieses Rahmens läßt sich dann in einem zweiten Schritt das Erdbeben als „Vorbote" des Weltgerichts und damit als Warnung an die Menschen interpretieren. Auf diese Weise konstruiert der Chorherr für das Erdbeben, welches wir oben als Aufhebung jeglicher narrativen Kontinuität beschrieben haben, einen narrativen Sinn als intentionale Handlung eines Subjekts. Das schlechthin Zufällige, das die gesetzliche Basis der Gemeinschaft erschütterte, wird in einen Sinnzusammenhang eingeholt, der die Kontingenz des Geschehenen neutralisiert. Die Predigt wäre also diesbezüglich als *Verdrängung des Zufalls durch die Narration* zu kennzeichnen. In einem dritten Schritt schließlich verleiht der Chorherr der „Menschenmenge" ein Programm für zukünftiges Handeln: wenn nämlich die göttliche Mahnung durch die allgemeine „Sittenverderbnis" der Stadt motiviert war und wenn diese sich am eklatantesten in der „Schonung“ des im Klostergarten verübten „Frevels“ zeigt, dann bedarf es eines Zeichens, an dem der Adressat (Gott) erkennen kann, daß sich die Menschen wieder auf dem rechten Weg befinden. Indem der Redner „die Seelen der Täter . . . allen Fürsten der Hölle“ übergibt, deutet er an, wie sich ein solches Zeichen setzen läßt: jemand wird als „gottlos“ markiert und dann aus der Gemeinschaft – sogar aus der Gemeinschaft der Lebenden – ausgeschlossen.

An diesen im Novellentext präzise dargestellten rhetorischen Operationen läßt sich also Methode und Strategie des Chorherrn erkennen: durch seine Rede – die er im „Flusse priesterlicher Beredsamkeit“ (20) vorträgt – kanalisiert und steuert er das ‚Begehren nach dem Gesetz‘, das am Anfang der Erzählung mit den unbestimmten Menschengruppen („man“, „die Zungen“ usw.) verbunden wurde (vgl. S. 73). Von nun an weiß die Menge, als deren Organ der Chorherr fungiert, was sie sucht: ein Opfer. Auf die Erschütterung des gesetzlichen Sinnzusammenhangs durch das ‚Erdbeben‘ – man beachte den Hinweis des Chorherrn auf den „Riß“ in der Wand des Domes – reagieren die Menschen durch eine rituelle Handlung, die das ‚Gesetz‘ von der sündigen, gottlosen ‚Natur‘ *trennt*. Der ‚Mord‘, mit dem die Novelle endet, vereinigt in sich Theologie und Logik des Opfers.

8. Der ‚Mord‘ und das Problem des radikalen Bruches. Wir beenden diese Reihe von Anmerkungen mit einer kurzen Betrachtung des ‚Mordes‘, in dem die Novellenhandlung gipfelt. Auf Grund des bisher Gesagten läßt sich der Stellenwert dieser narrativen Einheit im System des Textes mit ziemlicher Sicherheit feststellen. Wir haben nämlich gesehen, daß *Das Erdbeben in Chili* über zwei semantische Teilräume verfügt: eine erste Welt (W_1), in der ‚Gesetz‘ und ‚Natur‘ getrennt und möglicherweise auch in Konflikt sind und wo das ‚Gesetz‘ dominiert; und eine zweite Welt (W_2), in der ‚Gesetz‘ und ‚Natur‘ vereinigt sind und in einem Verhältnis der Harmonie miteinander stehen und in der die ‚Natur‘ der dominante Wert ist. Die zwei einschneidenden Ereignisse, von denen die Novelle erzählt – das ‚Erdbeben‘ und der ‚Mord‘ – lassen sich somit als Übergänge zwischen diesen Welten vorstellen, was folgendes Schema wiedergibt:

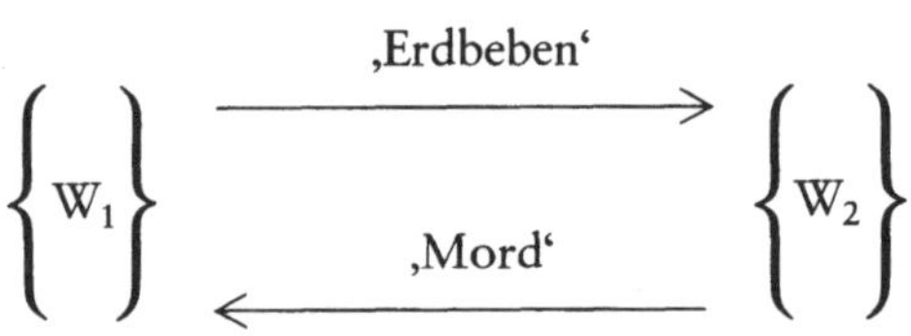

Der ‚Mord‘ ist nach dieser Hypothese die Umkehrung des ‚Erdbebens‘: dieses hebt die Dominanz des ‚Gesetzes‘ auf und führt zur Dominanz der ‚Natur‘, jener negiert die Dominanz der ‚Natur‘ und verschafft dem ‚Gesetz‘ wieder seine ursprüngliche Geltung. Fügen wir noch hinzu, daß diese Auffassung vom Stellenwert des ‚Mordes‘ durch das komplexe Spiel von Entsprechungen, das sich auf den höheren Schichten des Textes etabliert, bestätigt wird. Auf der Ebene der Manifestation zum Beispiel findet sich in der Beschreibung des ‚Erdbebens‘ wie in der des ‚Mordes‘ die gleiche Lexik der Destruktion („Zubodenstreckung“, „stürzen“, „zerschmettern“). Auch szenische Äquivalenzen setzen die zwei Ereignisse zueinander in Beziehung: beide werden vom ‚Glockenklang‘ eingeleitet und in beiden spielt ein ‚Pfeiler‘ eine entscheidende – einmal eine rettende und einmal eine tödliche – Rolle. Und schließlich reagiert man auf beide Ereignisse mit der gleichen sprachlosen Geste der Verzweiflung:

„[...] hier stand ein anderer, bleich wie der Tod, und streckte sprachlos zitternde Hände zum Himmel.“ (13)

„Don Fernando, als er seinen kleinen Juan vor sich liegen sah mit aus dem Hirne vorquellendem Mark, hob voll namenlosen Schmerzes seine Augen gen Himmel.“ (22)[17]

Diese Hypothese zur strukturalen Position des ‚Mordes‘ in der narrativen Syntagmatik wirft auch Licht auf die Symbolik des Textes. Darunter verstehe ich, wie oben ausgeführt wurde, das System von kulturellen Werten, das der Text entlang seiner narrativen Achse organisiert. Durch die Einführung dieser Werte erhält der ‚Mord‘ verschiedene Lesarten:

a. Eine religiöse Lesart: Der Kampf des „göttlichen Helden“ Don Fernando mit dem „Fürst der satanischen Rotte“ (22) inszeniert ein ‚Weltgericht‘ und verwirklicht damit das narrative Programm, das die Predigt des Chorherrn aufgestellt hatte. Damit endet die Reihe religiöser Anspielungen, die bis zum Anfang des Textes zurückreicht: ‚Fronleichnamsfest‘/‚Jungfrauengeburt‘; ‚Eden‘/‚Sündenfall‘; ‚Passion‘/‚Kreuzigung‘. Im einzelnen entspricht sie etwa den drei Teilen, wobei die erste und die letzte Phase auch apokalyptische Konnotationen tragen. (Den ‚Sündenfall‘ kann man auch in den Klostergarten zurückverlegen.) Diese Reihe bildet m. E. keine kohärente religiöse Allegorie, und die Novelle läßt sich gewiß nicht restlos in eine kanonische religiöse Geschichte übersetzen. Es werden vielmehr nur die *bedeutendsten Übergangsstellen* des heilsgeschichtlichen Schemas zitiert, und zwar immer an entscheidenden Wendepunkten der narrativen Entwicklung. Der Text verwendet den religiösen Code als Material zur Konstruktion seines eigenen symbolischen Systems.

b. Eine gesellschaftlich-politische Lesart: Das Ereignis vor der Kirche erscheint aus dieser Perspektive als ritueller Opfermord, der das der

Menge innewohnende, elementare ‚Begehren nach dem Gesetz' stillt und damit eine gesetzliche Ordnung begründet. Schon die Indifferenz der Prädikate ‚Willkürherrschaft' und ‚Anarchie' in der Beschreibung des Erdbebens legt eine Deutung jener narrativen Einheit als ‚Revolution' nahe, und die Beschreibung der ländlichen Idylle (Aufhebung aller ständisch-konventionellen Unterschiede, Ökonomie der reinen Bedürfnisbefriedigung, natürliche Ethik der Menschenliebe) vereinigt in sich – freilich ohne daß sich der kognitive Status dieser Vorstellungen bestimmen läßt – alle utopischen Hoffnungen der bürgerlichen Emanzipationsbewegung. Der ‚Mord' ermöglicht also die Rückkehr zur gesetzlichen Ordnung nach deren Aufhebung durch das ‚Erdbeben'; er ist die gesetzlose Tat, die das Gesetz begründet. Daß der ‚Mord' von der wilden, Keulen tragenden Menge begangen wird, läßt ihn gleichzeitig als Wiederholung eines primitiven Opfers erkennen, das den Übergang von einer natürlichen zu einer konventionellen Gesellschaftsform bewirkt. Hinsichtlich der gesellschaftlich-politischen Lesart ist also eine merkwürdige Zusammenfügung von Archaischem und Modernem (französische Revolution) zu konstatieren.

c. Eine familiale Lesart: Der ‚Mord' funktioniert hier als Ablösung vom Prinzip ‚Mutterschaft' (= ‚natürliche Definition der Familie') und Übergang zum Prinzip ‚Vaterschaft' (= ‚gesellschaftlich-gesetzliche Definition der Familie'). Hierzu liefert eine Briefstelle den Kommentar: „Durch Euch (Weiber) will die Natur nur ihre Zwecke erreichen, durch uns Männer auch der Staat noch die seinigen, und daraus entwickeln sich oft die unseligsten Widersprüche".[18]

Die Gegenüberstellung dieser Lesarten läßt nun das Prinzip ihrer Koordinierung in der Symbolik des Textes erkennen: in allen handelt es sich um Übergänge zwischen heterogenen Bereichen; alle stellen das Problem eines radikalen Bruches in den Brennpunkt. Das, was diesen Bruch hervorruft und was umgekehrt auch dessen Überbrückung ermöglicht, ist – und hier stimmen alle Lesarten überein – schiere Gewalt. Die Symbolik des Textes kreist also um die doppelte Funktion der Gewalt, die sowohl Aufhebung als auch Etablierung des Gesetzes ist. Deshalb erzählt die Novelle von einem ‚Erdbeben' und einem ‚Mord'.

Wir erörtern diese Hypothese kurz im Hinblick auf den familialen Bedeutungsraum. Daß es sich in der Mordszene um eine familiale Problematik handelt, zeigt sich zunächst daran, daß Jeronimo von seinem eigenen Vater totgeschlagen wird. Da der Vater an dieser Textstelle zum ersten Mal erwähnt wird, läßt sich diese Tat nicht als Folge irgendwelcher vorhergehenden Ereignisse interpretieren. Ihre Bedeutung beruht gänzlich auf dem Verhältnis Vater-Sohn, das zwischen den beiden Figuren besteht. Der besondere Charakter dieses Verhältnisses geht aus einem Vergleich zwischen Jeronimos Vater und dem Vater Don Fernandos hervor: dieser ist „Kommandant der Stadt" (20), und auf ihn beruft sich Don Fernando als auf einen Garanten der Ordnung. Der Text operiert also mit folgender Opposition: ‚Vaterschaft als anonyme, gewaltsame, mörderische Macht' versus ‚Vaterschaft als öffentlich anerkannte (betitelte), Ordnung haltende, legale Macht'. Letztere fehlt natürlich in der Szene vor der Kirche gegen Ende der Novelle, wo Vaterschaft nur als blinde, brutale Gewalt herrscht. Ähnliches gilt für den anderen Mörder. Meister Pedrillo, der Anstifter des Mobs, hat zu Josephe, die er ja zusammen mit ihrem vermeintlichen Sohn umbringt, eine Beziehung, die sich als ‚väterliche' interpretieren läßt. Ihr ‚Vater' ist er natürlich nicht – dieser ist vermutlich im Erdbeben umgekommen –, aber er trägt den gleichen Namen (in der Diminutivform) wie Donna Elvires Vater; und mit Elvire ist Josephe – wie Jeronimo mit Don Fernando – eine austauschbare Figur. Nicht nur das. An einer Stelle deutet der Text durch ein verräterisches Zuviel an Information an, daß Pedrillo zu Josephe in einem besonderen Verhältnis steht: er wird identifiziert als „... ein Schuhflicker, der für Josephe gearbeitet hatte, und diese wenigstens so genau kannte, als ihre kleinen Füße" (21). Das stumme Detail wird sprechend, wenn man bedenkt, daß Elvire, untauglich zum ‚natürlichen' Muttertum, „schwer an den Füßen verwundet" (16) ist. Damit wird aus dem Vergleich: „so genau kannte (!), als ihre kleinen Füße" eine sexuelle Anspielung: Pedrillos Wut ist – interpretiert man sie im Rahmen der familialen Lesart – die eines Vaters, der die brutalste sexuelle Herrschaft über seine Tochter ausübt.[19]

Die zwei Figuren also, die in der Mordszene die „Keulen" (Konnotation: ‚primitive Gewalt') schwingen, realisieren das Prinzip ‚Vaterschaft' ganz anders als die ‚Autoritäten' es tun: nämlich als wilde, gesetzlose Macht. Es ist diese Macht, an der Don Fernandos Versuch, sich an die ‚Mutter' zu halten (man vergleiche die ausführlich motivierte Stellung der Figuren, gegen die schon Elisabeth Einspruch erhoben hatte), scheitert. Der primitiven väterlichen Gewalt werden die natürliche Mutter, der leiblich-natürliche Sohn, Don Fernandos krimineller Doppelgänger Jeronimo und interessanterweise auch die ‚Treue' (Donna Constanze) geopfert. Durch diesen Prozeß, auf den er später – „fast, als müßt er sich freuen" (23) – verstehend zurückblicken wird, erhält Don Fernando einen Sohn, der seine Existenz dem Vater allein verdankt. Der ‚Mord' ist eine zweite, gesellschaftlich-gesetzliche ‚Geburt', wie das ‚Erdbeben' eine natürliche war. Durch diese äußerst gewaltsame Tat kommt die Geschichte der ‚Adoption' zu ihrem Ende.

Werfen wir abschließend einen Blick auf den Gang unserer Untersuchung zurück. Die semiotische Textanalyse – denn nur von diesem Teil der Literatursemiotik ist hier die Rede gewesen – kann im Hinblick auf zwei verschiedene Zielsetzungen durchgeführt werden. Einerseits betrachtet man den Text als Beispiel des Erzählens überhaupt (oder eines bestimmten Erzähltypus). In diesem Fall dient die Untersuchung des Einzeltextes der Gewinnung von Erkenntnissen, die die allgemeine Theorie des Erzählens erweitern und präzisieren. Andererseits läßt sich die semiotische Textanalyse in interpretatorischer Absicht betreiben; hier gilt es, das Spezifische des Textes, seine soziokulturelle Bestimmtheit, zu erfassen. Mit unseren Anmerkungen zu *Das Erdbeben in Chili* haben wir auf dem zweiten der genannten Forschungswege ein paar Schritte zu machen versucht. Dabei sind wir von einem Modell des Erzähltextes ausgegangen, das verschiedene analytische Operationen ermöglicht: die Segmentierung des Textes, die Bestimmung des syntagmatischen und paradigmatischen Stellenwerts einzelner Elemente, die Beschreibung von Erzählstrategien und deren Wirkung usw. Durch dieses Verfahren haben wir Einsicht in die Verarbeitung kultureller Sinnzusammenhänge gewonnen, die durch den Text geleistet wird. Zwei Ergebnisse der Analyse sind besonders hervorzuheben:

a. Die Symbolik des Textes wird durch die Zusammenfügung von drei semantischen Kohärenzfiguren – wir haben sie ‚Lesarten' genannt – konstituiert, die ihrerseits disparaten kulturellen Bereichen entstammen. Diese auseinanderliegenden Erfahrungsräume mitsamt ihren jeweiligen Wertsystemen werden durch den Text miteinander vermittelt, und zwar so, daß ein ihnen gemeinsames Grundproblem zum Vorschein kommt: das Problem der Gewalt in ihrer doppelten Funktion als Aufhebung und als Grundlage gesetzmäßiger Ordnungen.

b. Der Text zeugt von einer Problematisierung des Narrativen, die den kulturellen Vorgang des Erzählens in Frage stellt. Dies wird vor allem an der Handhabung des Zufalls sichtbar, die die narrative Kontinuität aufhebt und innerhalb der Narration selbst die Wirksamkeit einer ihr fremden Macht erkennen läßt. Die Predigt des Chorherrn, die wir als Verdrängung des Zufalls durch die Narration bezeichnet haben, stellt gleichfalls eine kritische Selbstreflexion innerhalb der Erzählung dar.

Daß diese zwei Aspekte von Kleists Text eng miteinander verbunden sind, dürfte auf der Hand liegen. Das Problem des radikalen Bruches, das die Institutionen von Kirche, Staat und Familie beunruhigt, läßt sich nur durch eine Erzählweise erfassen, die ihr eigenes Prinzip kritisch zu reflektieren vermag. Die Lösung dieser doppelten Aufgabe – ja, überhaupt auf diese Aufgabe als eine der ästhetischen Konstruktion aufmerksam gemacht zu haben – scheint mir nun das Spezifische am Kleistschen Text zu sein. Mit anderen Worten: das kulturell Bedeutsame an Kleists Schreiben ist die ihm eigene Konstellation ‚Gewalt'/‚Zufall' – wobei natürlich jeder Term ein ganzes Problemgebiet umfaßt. Dieses Ergebnis der Untersuchung hat jedoch den Status einer Hypothese, die durch den Vergleich mit anderen Texten – und zwar nicht nur literarischen – zu prüfen wäre. Die semiotische Textanalyse ist grundsätzlich auf die vergleichende Analyse anderer Texte angewiesen. Darauf muß allerdings im Rahmen der vorliegenden Arbeit verzichtet werden.

Institutionssoziologie

Christa Bürger

Statt einer Interpretation
Anmerkungen zu Kleists Erzählen

Vorbemerkung

„Der natürliche und vernünftige Ausgangspunkt beim literaturwissenschaftlichen Arbeiten ist die Interpretation und Analyse der literarischen Werke selber.“[1] Dieser offenbar unverwüstlichen Behauptung widerspricht eine institutionssoziologisch verfahrende Literaturwissenschaft.[2] Ihr geht es um Status und Funktion bzw. Funktionswandel der Literatur, wobei sie die Annahme macht, daß Produktion und Rezeption literarischer Werke durch jeweils epochale Rahmenbedingungen bestimmt sind. Der institutionelle Rahmen wiederum regiert die einzelnen Praxen des Umgangs mit literarischen Werken, wie Literaturgeschichte, Literaturkritik oder -didaktik und Interpretation. So gesehen, wäre in institutionssoziologischer Sicht auch die Interpretation als Verfahren mit zum Gegenstand der Untersuchung zu machen. Es wird daher im folgenden auch nicht darum gehen, Kleists *Erdbeben in Chili* zu interpretieren, sondern darum, in einer Problemskizze den Funktionswandel des Erzählens am Anfang des 19. Jahrhunderts zu erfassen. Die leitende Fragestellung könnte dabei sein: Lassen sich im Bereich der erzählenden Literatur Veränderungen ausmachen, die im Zusammenhang mit dem allgemeinen Funktionswandel der Literatur an der Wende vom 18. zum 19. Jahrhundert interpretiert werden können?

Der Funktionswandel der Literatur am Ende des 18. Jahrhunderts läßt sich am ehesten am Begriff der Nützlichkeit demonstrieren. Im Fortschrittsgedanken der Aufklärung gehen Moralerziehung, auf die Beherrschung der Natur gerichtete Vernunft und ästhetische Erfahrung eine enge Verbindung ein. Gerade der irrationale Charakter der Kunst, der für die Aufklärer eine potentielle Gefährdung eines auf Rationalität gegründeten gesellschaftlichen Zusammenlebens darstellt, wird zum Ansatzpunkt für eine Instrumentalisierung der Kunst zum Mittel der ‚Erziehung des Menschengeschlechts‘. Innerhalb der aufklärerischen Institution Literatur hat diese bürgerliches Norm- und Selbstverständnis zum zentralen Gegenstand. Die bürgerlich-autonome Institution Kunst/Literatur grenzt dagegen das Nützliche aus dem Bereich der Kunst aus. Das Schöne wird zum Gegenprinzip der „herrschenden Idee des Nützlichen“ (Karl Philipp Moritz), Zweckfreiheit zum entscheidenden Merkmal des Kunstwerks.[3] Eine institutionssoziologische Literaturwissenschaft unterscheidet sich von traditioneller u.a. dadurch, daß sie den autonomen Kunstbegriff nicht als Wesen der Kunst auffaßt, sondern als historisch gegebenen Rahmen. Sie kann dies deshalb, weil seit den historischen Avantgardebewegungen dieser Rahmen in Frage gestellt ist.

Problemstellung

Ich möchte von einem zeitgenössischen Rezeptionsdokument ausgehen. *Das Erdbeben in Chili* ist bekanntlich eine der frühesten Erzählungen von Kleist, bezeichnenderweise zuerst in einer der beliebten Unterhaltungszeitschriften erschienen, in Cottas *Morgenblatt für gebildete Stände,* vom Autor bald danach in einen Band *Erzählungen* aufgenommen. Diese *Erzählungen* rezensiert Wilhelm Grimm in der *Zeitung für die elegante Welt:*

> „Die Erzählungen nun, welche Herr von Kleist dem Publikum übergibt, sind keineswegs französischer, sondern durchaus deutscher Art, und nur um so vortrefflicher. [...] Für die Menge sind sie freilich nicht geschrieben, die sich nichts lieber wünscht, als empfindungsselige Liebesgeschichten oder triviale Szenen aus dem häuslichen Leben, mit breiten Reflexionen und moralischen Nutzanwendungen ausstaffiert, oder tolle Abenteuerlichkeiten, von einer fieberkranken Phantasie ausgeboren. Hier ist alles außerordentlich, in Sinnes- und Handlungsart wie in den Begebenheiten; aber diese Außerordentlichkeit ist immer natürlich, und sie ist nicht um ihrer selbst willen da [...] [und so ein schönes Mittel, daß] jedes nicht unkräftige Gemüt sich daran erlabe und stärke, und der durch die einförmigen Gewöhnlichkeiten des Tages beschränkte Blick sich höher hebe und erweitere. Die Darstellung bedarf der kümmerlichen Aushülfe von Betrachtungen und Zurechtweisungen nicht, womit die gemeinen Erzähler ihren leblosen Produkten aufzuhelfen versuchen.“[4]

Auf den ersten Blick bietet das zitierte Rezeptionsdokument keine besonderen Interpretationsschwierigkeiten. Wilhelm Grimm argumentiert vom Standpunkt der Autonomieästhetik aus und mit deren Kriterien der Unterscheidung von ‚hoher‘ und ‚niederer‘ Literatur in der Absicht, Kleist aus dem Heer der Unterhaltungsschriftsteller herauszusondern und den Kunstwerkcharakter seiner Erzählungen nachzuweisen. Auf der Ebene der Publikumszuordnung ist das eindeutig: Im Unterschied zum „gemeinen Erzähler“ schreibt Kleist (d.h. wenn man den ausgelassenen Gegenbegriff ergänzt: der „echte“ Künstler) nicht für „die Menge“ (die schlechten Gemüter), sondern für „die gebildeten Stände“ („nicht unkräftige Gemüter"). Als außerordentlich widersprüchlich erweist die Rezension sich jedoch auf anderen Ebenen der Argumentation: des Gehalts und der Rezeptionshaltung. Es zeigt sich nämlich, daß Grimms Wertungen sich ändern mit dem System, auf das er sich bezieht: Moral und Abenteuerlichkeit erscheinen mit negativen Vorzeichen im Bereich der Trivialität, aber mit positiven im Bereich der Kunst. Um Kleist gegenüber trivialen Erzählern abzugrenzen, setzt Grimm ‚außerordentliche Begebenheit' als Wert gegen „triviale Szenen aus dem häuslichen Leben", gerät aber sogleich in Schwierigkeiten, weil ja Abenteuerlichkeit gerade das Grundprinzip der Unterhaltungsliteratur ist. Er nimmt daher eine Abenteuerlichkeit höherer Art an und bestimmt diese als „natürlich" und zweckbestimmt („nicht um ihrer selbst willen da"). Damit verzichtet Grimm jedoch auf eine zentrale Kategorie der Autonomieästhetik, für die Zweckfreiheit *das* Merkmal des Kunstwerks ist. Die Einführung der Kategorie des Natürlichen an dieser Stelle weist nicht nur auf die verdeckte Normativität des Grimmschen Kunstbegriffs, sondern macht uns auf den zweiten Widerspruch des Textes aufmerksam. „Moralische Nutzanwendungen", d. h. der Bezug auf Moral insgesamt, erscheinen als Merkmal der Trivialität. Gleichzeitig wird aber den Erzählungen Kleists durchaus eine moralische Wirkung zugesprochen, nur ist auch diese erklärt zu einer Moral von höherer Art. Die für die Autonomieästhetik, besonders in den sogenannten Populärästhetiken, charakteristische Forderung des Idealisierens (Überhöhungspostulat) ist erkennbar in Begriffen wie: erlaben, stärken, sich höher heben, erweitern. Vollends bei der Bestimmung der Rezeptionshaltung bzw. der Wirkung werden die Grenzen zwischen Trivialität und Kunst fließend.

Diese Widersprüchlichkeit abzutun als analytische Schwäche des Kritikers Wilhelm Grimm, würde dem Problem, das sich darin verbirgt, nicht gerecht. Zweierlei wird man sagen können: die Dichotomie von ‚hoher' und ‚niederer' Literatur ist zumindest in dieser Epoche rational schwer begründbar. Sie beruht auf Setzungen (Kleist *ist* ein Künstler). Die Auratisierung des Kunstwerks verlangt offenbar nach einem Gegenprinzip. Die Institution Kunst grenzt das Triviale aus als Nicht-Kunst. Zum andern: Die Rezension Wilhelm Grimms verweist auf den zentralen Widerspruch der Autonomieästhetik, Kunst und Moral als voneinander getrennte Bereiche zu denken, die Autonomie der Kunst gegenüber der Moral behaupten und zugleich moralisch sein zu müssen.[5]

Die Rezension enthält jedoch noch einen weiteren Hinweis, der uns helfen kann, die Frage nach dem Funktionswandel der Kunst zu beantworten: ich meine den darin behaupteten Gegensatz von französischer und deutscher Art. Grimm möchte der in der Epoche verbreiteten Meinung widersprechen, die französischen Schriftsteller hätten gegenüber ihren deutschen Kollegen einen notwendigen Vorsprung im „Fache der

Erzählungen", „weil sie als eine ganz in der Gesellschaft lebende und für sie gebildete, beständig konversierende Nation, da gleichsam von Hause schon einheimisch wären, wohin wir erst durch Kunst uns versetzen müßten".[6] Auch hier ist die Argumentation auf eine bezeichnende Weise widersprüchlich. Wenn wir sie rekonstruieren, lauten die einzelnen Schritte: die Erzählung ist ein Medium des gesellschaftlichen Lebens – wir haben in Deutschland keine literarische Öffentlichkeit, keine gesellschaftliche Bildung – die deutschen Erzählungen sind höheren Rangs, weil sie „aus der Individualität" des einzelnen Künstlers hervorgehen.[7] Wieder wird ein Mangel umgedeutet als Wert; die Gedankenfigur, die das leistet, ist die Berufung auf ein ‚Höheres'.

Ceci n'est pas un conte

Wir stoßen hier auf die in der Grimmschen Rezension verborgene Programmatik. Als Einschränkung der Prosagattungen erscheint darin deren Einordnung in einen auf normative Diskussion orientierten Kommunikationszusammenhang, gerade das also, was das Interesse der Aufklärung an der Prosaerzählung begründete. Abgelehnt wird von Grimm eine Funktionsbestimmung des Erzählens, die dieses als Medium einer „beständig konversierenden Nation" auffaßt, d. h. als Medium einer literarischen Öffentlichkeit. Die neue, deutsche und eben Kleistische Weise, Geschichten zu erzählen, „überwindet" diese Einschränkung. Die verdeckte Programmatik Wilhelm Grimms, so wird man schließen dürfen, steht in Opposition zum bürgerlich-aufklärerischen Literaturbegriff. Da die Erzählungen von Diderot, die in den siebziger Jahren des 18. Jahrhunderts entstanden sind, als Paradigma aufklärerischen Erzählens gelten können, soll an ihnen die Funktion dieses Erzählens erörtert werden.

Man wird der Diderotforschung folgen können, wenn sie den Zusammenhang der *Contes* mit dem Journalismus der Frühaufklärung betont. Als Teil des Projekts der Aufklärung weisen diese Erzählungen folgende Merkmale auf: Sie vernachlässigen das Moment der Originalität (wir erinnern nur an die beherrschende Rolle, die dagegen der Begriff der ‚unerhörten Begebenheit' später in der Novellenprogrammatik in Deutschland spielt) zugunsten der Konstruktion, d.h. der Verarbeitung und Verknüpfung von bereits bekannten, erlebten, gehörten oder gelesenen Ereignissen oder Geschichten. Sie sind zweitens wirkungsorientiert. Ziel der Konstruktion ist die Erschütterung des Rezipienten, denn diese gilt dem Aufklärer als Voraussetzung für eine an die erzählte Geschichte anschließende, auf die Einsicht in soziale Zusammenhänge gerichtete Reflexion. Diderots *Contes* dürfen Ansprüche auf einen Titel erheben, den Hermann Broch einer seiner Novellen gegeben hat: *Methodologische Novelle* (1933); sie sind wie diese „methodisch konstruiert" und stellen „nur eine, und vielleicht nur zufällige Lösung aus der Fülle der zu Gebote stehenden Lösungsmöglichkeiten dar".[8] Wenn Diderot die Verbindung von exemplarischem Handlungsverlauf und alltäglichen Details, die Konfrontation von Norm und charakteristischer Abweichung fordert, so ist dies zu verstehen als Aufforderung zum experimentierenden Erzählen.

Zur Grundstruktur der methodologischen Erzählungen Diderots gehört der Dialog. Das entspricht der Neigung des Enzyklopädisten, gegenüber Ereignissen, Phänomenen und Personen eine Distanz zu beziehen, die ihm erlaubt, alles in Frage zu stellen. Im Dialog entdeckt Diderot die Möglichkeit, das Disparateste zu vermitteln. Denn im Medium der Konversation wird die Wirklichkeit als gemeinsame Konstruktion erfahrbar, in die neben den Fragmenten einer begriffenen Wirklichkeit auch die Traumvision und die Phantasien des Wahnsinns sich integrieren lassen. Im experimentierenden Erzählen und Besprechen erscheint die Wirklichkeit als menschliche Arbeit. Dieses Programm unterscheidet sich auch hierin grundsätzlich von dem der idealistischen Ästhetik, die in der Rezension von Wilhelm Grimm wirksam ist, daß es nicht um Idealisierung der Wirklichkeit geht, sondern um deren Bearbeitung. (Ich werde auf diesen Aspekt zurückkommen.)

Das dialogische Grundprinzip der Diderotschen *Contes* ist mehr als ein künstlerisches Verfahren. Es geht darin nicht so sehr ums Geschichtenerfinden. „Methodisch konstruiert" sind die *Contes* auch deswegen, weil sie vorführen, welche Funktion dem Erzählen zukommt und wie man mit Geschichten umgehen soll. Der Dialogpartner von Diderots Erzähler kennt oft die zu erzählende Geschichte schon und hat bereits ein Vorurteil. Erzählt wird, damit man sich über ein Ereignis, eine Handlung im Gespräch – konversierend, räsonnierend – verständigen und zu einem Urteil darüber kommen kann. Diderots Leser, der Dialogpartner seiner Erzählungen, erwartet keine überraschende Wendung, keine ‚unerhörte Begebenheit', sondern eine bestimmte Beurteilung menschlichen Handelns. Die Dialektik des dialogischen Erzählens besteht in der Konfrontation eines dem „gesunden Menschenverstand" sich verdankenden, bloß Oberflächenphänomene wahrnehmenden Urteils (dem des Zuhörers) mit dem reflektierten des Aufklärers (des Erzählers). In *Ceci n'est pas un conte* werden zwei Kontrastgeschichten erzählt: beide Male wird ein Liebender bzw. eine liebende Frau, die ihrem Geliebten Vermögen, Ansehen und Gesundheit geopfert haben, von diesem verlassen. Dem „gesunden Menschenverstand" muß daher der geliebte Partner als undankbar, grausam und berechnend erscheinen. Trotzdem gelingt es dem Erzähler im Verlauf eines die Geschichte begleitenden Diskussionsprozesses, das Vorurteil, die abstrakten Begriffe des Zuhörers, zu erschüttern. Am Schluß der *Conte* kann die Frage, wer in der Geschichte das Opfer und wer der Schuldige ist, offen bleiben. Die Abstraktheit des moralischen Urteils wird korrigiert durch eine Reflexion, die den konkreten historisch-gesellschaftlichen Bedingungen menschlichen Handelns nachgeht.

Entstanden in der Epoche des Übergangs von der traditionalen zur modernen Gesellschaft, sind Diderots Erzählungen als Werkzeuge in jenem schwierigen Lernprozeß zu verstehen, dessen Ergebnis die moralische Autonomie der Subjekte zu sein hätte. Die Methode der *Contes* findet in Hegels listigem kleinen Aufsatz *Wer denkt abstrakt?* (1807) ein Echo. Bezeichnenderweise stellt auch Hegel sich vor, daß die Lösung der aufgeworfenen Frage in einer aufgeklärten Gesellschaft, konversierend also, gefunden werden sollte. Die Pointe des Hegelschen Aufsatzes besteht in der Umkehrung eines verbreiteten Vorurteils. Dieses will, daß es auch in der Welt des Denkens eine Rangordnung gibt, und wertet den abstrakten Begriff gegenüber dem ‚gemeinen' Verstand, der sich aufs Konkrete einläßt, als das Höhere. Hegel führt die Wertopposition in die gesellschaftliche Wirklichkeit zurück, indem er das abstrakte Denken, das ihm als das niedrigere gilt, dem gemeinen Mann zuweist, das konkrete dem gebildeten, wobei er demonstriert, was Dialektik ist: sich einlassen auf die Sachen. Die Beispiele, die er nun entwickelt, sind zugleich Modelle aufklärerischen Erzählens.

> „Es wird also ein Mörder zur Richtstätte geführt. Dem gemeinen Volke ist er nichts weiter als ein Mörder. Damen machen vielleicht die Bemerkung, daß er ein kräftiger, schöner, interessanter Mann ist. Jenes Volk findet die Bemerkung entsetzlich [...] Dies ist die Sittenverderbnis, die unter den vornehmen Leuten herrscht, setzt vielleicht der Priester hinzu, der den Grund der Dinge und die Herzen kennt.
>
> Ein Menschenkenner sucht den Gang auf, den die Bildung des Verbrechers genommen, findet in seiner Geschichte schlechte Erziehung, schlechte Familienverhältnisse des Vaters und der Mutter, irgendeine ungeheure Härte bei einem leichteren Vergehen dieses Menschen, die ihn gegen die bürgerliche Ordnung erbitterte, eine erste Rückwirkung dagegen, die ihn daraus vertrieb [...].
>
> Dies heißt abstrakt gedacht, in dem Mörder nichts als dies Abstrakte, daß er ein Mörder ist, zu sehen und durch diese einfache Qualität alles übrige menschliche Wesen an ihm [zu] vertilgen."[9]

Geheime Geschichte

Geschichtenerzählen als integriertes Element philosophischer Demonstration – das Beispiel Hegel scheint mir geeignet, um den erstaunlichen Reichtum aufklärerischer Erzählformen deutlich zu machen und darauf hinzuweisen, daß die Tradition des experimentierenden, räsonnierenden Erzählens keineswegs auf Frankreich beschränkt ist. Daß es dabei nicht um die Vermittlung bürgerlicher Normvorstellungen geht, sondern gerade um deren Problematisierung, sollte ebenso erkennbar geworden sein.

Wenn wir derzeit eine Krise der Kunstautonomie erleben, so könnte dies uns fähig machen anzuerkennen, daß im Funktionswandel des Erzählens zwischen Aufklärung und Autonomie auch etwas verloren gegangen ist, nämlich die Möglichkeit, im öffentlichen Medium der Literatur gesellschaftliche Probleme kollektiv zu bearbeiten.

Ich möchte im folgenden versuchen, Kleists Erzählen innerhalb dieses Funktionswandels zu verorten. Vorab muß dazu in Erinnerung gebracht werden, daß nicht nur seine Beiträge für die *Berliner Abendblätter,* sondern durchaus auch die Novellen in der Tradition der Kriminalgeschichte und der Schauererzählung zu sehen sind. Um deren Problematik zu erörtern, greife ich noch einmal auf Hegels Aufsatz zurück. Zwischen dem gemeinen Verstand und der gebildeten Gesellschaft gibt es für ihn noch eine Gruppe, an deren Aufklärbarkeit er offenbar zweifelt: die Leser des *Morgenblattes für gebildete Stände,* die ein schlechtes Interesse an der Kriminalität an den Tag legen. Sie verfallen nämlich in die „entgegengesetzte Abstraktion", indem sie das Rad, auf das der Verbrecher geflochten ist, mit Blumen bestreuen. Dies stellt für Hegel „eine Kotzebuesche Versöhnung, eine Art liederlicher Verträglichkeit der Empfindsamkeit mit dem Schlechten" dar.[10] Die Kriminalgeschichte als ästhetisch anerkanntes Genre wird in Deutschland mit dem Namen Schillers zusammengebracht. In seiner *Vorrede* zum deutschen Pitaval *Merkwürdige Rechtsfälle als ein Beitrag zur Geschichte der Menschheit* (1792) versucht Schiller, die deutsche Übersetzung mit dem Argument zu rechtfertigen, man dürfe die Befriedigung der Lektürebedürfnisse neuer Leserschichten nicht „mittelmäßigen Skribenten und gewinnsüchtigen Verlegern" überlassen, sondern müsse den „allgemeinen Hang der Menschen zu leidenschaftlichen und verwickelten Situationen" „zu edleren Zwecken benutz(en)". Diesen Zweck bestimmt Schiller als „Menschenkenntnis und Menschenbehandlung", welche im Medium der Unterhaltung erworben werden können. Wichtig ist dem Aufklärer Schiller vor allem, *wie* diese Rechtsfälle erzählt werden, so nämlich, daß „die Zweifelhaftigkeit der Entscheidung, welche oft den Richter in Verlegenheit setzte, auch dem Leser (mitgeteilt wird)".[11] Es mag verwundern, daß Schiller mit keinem Wort die Arbeit eines zu seiner Zeit außerordentlich bekannten, heute vergessenen Schriftstellers erwähnt, dessen seit 1778 herausgegebene *Skizzen* exakt seinen eigenen Vorstellungen entsprechen müssen. August Gottlieb Meißner hat solche Rechtsfälle gesammelt und – gemäß seinem aufklärerischen Literaturbegriff – sich verschiedener operativer Kleinformen bei der Bearbeitung bedient: Anekdote, Fabel, Dialog, Brief etc. Immer wieder hat er seine Leser zur Mitarbeit aufgefordert. Seine *Skizzen* versteht er als Diskussionsanstoß für eine aufgeklärte bzw. aufzuklärende Öffentlichkeit. Auch Meißner hat über die Funktion des Erzählens von (erlebten, gehörten, gelesenen) wirklichen Begebenheiten nachgedacht. Er bedauert, daß die Öffentlichkeit nur die Schicksale von durch ihren Rang und ihre Herkunft herausgehobenen Rechtsbrechern zur Kenntnis nimmt, nicht das der vielen Namenlosen.

„Wie oft würden wir in den Kriminalakten einer bestaubten Gerichtsstube manche Begebenheit antreffen, die zur *geheimen Geschichte* des menschlichen Herzens uns bessere Aufschlüsse als ganze Quartanten so genannter tiefsinniger Menschenkenner, lieferte. Wie oft würden wir die Macht des Lasters und der Tugend dicht in einander verfliessen sehn, und eben denjenigen bewundern, oder wenigstens beklagen, den wir kurz vorher verabscheuten [...] wie zweifelhaft würden wir oft seyn, wenn wir entscheiden sollten, ob das, was menschliche Gesetze mit dem Tode bestraften, und bestrafen mußten, vor den Augen des Weltrichters Barbarey oder Edelmuth seyn werden."[12]

Dem Erzähler Meißners geht es, ähnlich wie dem Diderots, um das Problem der Beurteilung menschlicher Handlungen. Er stellt daher Exempel „von gemischter Güt' und Grausamkeit" vor. Man würde Meißner wohl kaum gerecht, sähe man darin nur eine Anlehnung an die aristotelische Forderung nach dem gemischten Charakter. Sein Interesse gilt vielmehr Rechtsfällen, die die Sicherheit abstrakter Bewertungen von Menschen und Schicksalen erschüttern sollen.[13]

Der Begriff der „geheimen Geschichte", den Meißner in seinem Erzählprogramm entwickelt, hat traditionsbildend gewirkt. In der Tat ist in ihm viel Aufklärerisches enthalten: die Möglichkeit einer Geschichte des Alltags, montiert aus den Erfahrungen und Schicksalen der kleinen Leute, als Stoff für das öffentliche Räsonnieren. In diesem Sinn verwendet Achim von Arnim den Begriff in seinem Novellen-Zyklus *Der Wintergarten* (1808). Er bearbeitet darin eine Episode aus der Chronik Froissarts, den er als vorbildlichen Geschichtsschreiber rühmt, weil er „die Geschichte ganz als Memoiren behandelte wie Herodot, und mir als Vorbild einer geheimen Geschichte unsrer Zeit vorschwebt, die noch geschrieben werden muß."[14] Die Augenzeugenberichte, aus denen diese geheime Geschichte einer Epoche sich zusammensetzt, haben nicht den Status von abgehobenen Kunstwerken, sie erscheinen auch meist nicht als Einzelveröffentlichungen, sondern als Kalendergeschichten oder als Anekdote, Exempel, Kriminalbericht in Almanachen und Zeitschriften, wobei die Kalender vorwiegend von der bäuerlichen Bevölkerung und kleinen Handwerkern gelesen werden, die Almanache und Zeitschriften von den „gebildeten Lesern aller Stände" in den Städten. Seit 1789 läßt sich ein wachsendes Bedürfnis nach solchen Geschichten beobachten, zugleich fällt auf, daß in ihnen das dialogische Moment außerordentlich entwickelt ist.[15] Es sind Geschichten, über die redend, im Gespräch, reflektiert wird, also „Nutzanwendung" durchaus.

Es kann nicht darum gehen, eine vergessene Literatur ihrer angenommenen Volkstümlichkeit wegen aufzuwerten, den Kalender als Ausdruck einer existierenden Geschichte von unten zu glorifizieren. Wohl aber wird man sehen dürfen, daß in den erzählenden Gattungen der Zeitschriften ein wichtiges Element der Aufklärungsbewegung weiterlebt oder wenigstens doch potentiell, latent vorhanden ist. Zu erinnern ist an Herders gegen die Kunstautonomie geschriebene *Adrastea,* wo Memoiren und Maximen (gegen deren primären Rezeptionskontext) als Grundform menschlichen Zusammenlebens gedeutet werden.

„*Leben* ist Aeußerung seiner Kraft; von dem aber was Seele und Hand wirkt, will auch das bewegliche Ruder der Vernunft, die Zunge, *reden.* Durch dies *Sprechen über sich* klärt sich der Handelnde selbst auf."[16]

Ausdrücklich fordert Herder dazu auf, daß jeder sich und der Öffentlichkeit Rechenschaft ablegt über sein eigenes Leben, denn nur durch die wahrhaftige Erforschung der individuellen und gesellschaftlichen Entwicklungsbedingungen lassen sich die „drückendsten Hinderniße der Menschenbildung hinwegthun". „Die aus dem Fegefeuer jugendlicher Quaalen ertönenden Stimmen" müssen endlich gehört werden. So wird das Erzählen und kommentierende Besprechen von Geschichten, das Herder als „Conversation der Geister" beschreibt, zum Instrument der Beförderung der Humanität.[17]

Wie erklärt es sich, daß das Geschichtenerzählen und das Reflektieren über Geschichten so schnell in Mißkredit gerät? Die Polemik Hegels gegen die zeitgenössischen Zeitschriften (wie zuvor die Schillers gegen die Kultur der Lesegesellschaften) richtet sich gegen die seit dem Ende des 18. Jahrhunderts sich ausbreitende Trivialliteratur, die besonders von Hegel wegen ihres Versöhnungsgestus (dieser trägt bei Hegel den Namen Kotzebue) verworfen wird, d.h. weil sie einem historisch bereits überwundenen normativen Niveau verhaftet bleibt. Wie verhält sich dazu die Argumentation von Wilhelm Grimm? Hier wird nicht mit fehlender (oder zweifelhafter) normativer Qualität argumentiert, sondern einerseits Reflexion als integrativer Bestandteil des Erzählens überhaupt abgelehnt, andererseits jedoch ein normativer Begriff des Menschen („Menschennatur und Welt in ihrer ursprünglichen Kraft") und der Kunst (Mittel zur Erhebung) unterstellt. Die Kleist-Rezension Wilhelm Grimms ist kein vereinzeltes, zufälliges Rezeptionsdokument, sie faßt vielmehr eine Tendenz zusammen, die seit der Romantik wirksam ist und die im folgenden anhand der poetologischen Bemerkungen der Brüder Schlegel zur Novelle erörtert werden soll. Diese Tendenz geht dahin, die Gattung der Novelle bzw. das Erzählen aus der aufklärerischen Institution Literatur herauszulösen.

‚Novellentheorie'

Es gehört zu den Eigentümlichkeiten der Germanistik, daß sie programmatische Äußerungen von Schriftstellern als Theorie behandelt, d.h. etwas zum Rahmen von Interpretation macht, was Gegenstand historischer Untersuchung sein müßte.[18]

In ihren programmatischen Äußerungen versuchen die Brüder Schlegel zunächst einmal einen Gattungsbegriff zu konstruieren. Historisch argumentierend, bestimmen sie die Novelle als eine moderne Gattung,[19] die entsteht im Zusammenhang mit der Aussonderung von Ständen, und soziologisch argumentierend, ordnen sie die Novelle den höheren Ständen zu, in denen sich zuerst ein Bedürfnis nach geselliger Unterhaltung entwickelt. Für August Wilhelm Schlegel liegt bei Boccaccio deswegen das Modell der Gattung vor, weil sein *Decamerone* Novellenerzählung und ‚Novellentheorie' in einem ist. Die funktionsgeschichtliche Bedeutung der Schlegelschen Gattungsdefinition scheint mir in ihrer Verwendung des Begriffs der ‚Unterhaltung' zu liegen. Er bleibt in der Schwebe zwischen *divertissement* und Konversation und vermag auf diese Weise zahlreiche Konnotationen freizusetzen. Der mit dem Stichwort *divertissement* angesprochene Konnotationsanteil ruft die Erinnerung an diejenige Institutionalisierung der Literatur wach, die von der Aufklärungsbewegung bekämpft worden war, die höfisch-feudale. Andererseits schließt der Begriff bestimmte Konnotationen auch aus: alle diejenigen, die auf das Räsonnement einer literarischen Öffentlichkeit hinausgehen. Mit Goethes *Unterhaltung deutscher Ausgewanderten* (1795) werden Unterhaltung und ‚geselliges' Verhalten zu normativen Begriffen:

> „Es war nur ein Gesetz in der Gesellschaft, das aber strenge beobachtet wurde, nichts Bestimmtes von den Begebenheiten der Zeit zu reden und dafür allerlei Geschichten aus andern Zeiten und Ländern zu sammeln, die dann gemeinschaftlich genossen wurden.".

Achim von Arnims „übellaunige Wintergesellschaft" will, so konsequent wie Goethes Ausgewanderte die Französische Revolution, die Besetzung Berlins durch die Napoleonischen Truppen verdrängen.[20] Geselligkeit interessiert nur mehr als Lebensform, nicht als Rahmenbedingung für die rationale Diskussion normativer Probleme. Indem jedoch das Geschichtenerzählen abgekoppelt wird vom Räsonnieren, wird Geselligkeit zum Gegenstand des Genusses für den Leser. Anders als bei Diderot ist geselliges Verhalten nicht das Ergebnis des Räsonnements (also Arbeitsprodukt), sondern ein fester Rahmen, als dessen Modell der aristokratische Salon gelten kann. Der Leser genießt beides, die erzählte Geschichte und die dargestellte Geselligkeit, als ‚außergewöhnliche Begebenheit' und als besondere Lebensform.

Der Rückbezug von Unterhaltung auf die ständische *divertissement*-Kultur zeigt sich auch in der von den Brüdern Schlegel vorgezeichneten Traditionslinie. Die Geschichte der Novelle, als deren „Meister" Boccaccio, Cervantes und Goethe gelten sollen, hat ihre Blütezeit bereits hinter sich; sie wird in ein vergangenes Zeitalter projiziert, „wo Ritterthum, Religion und Sitten den edlern Theil von Europa vereinigten". Die Namen von Voltaire oder Diderot verzeichnet diese Geschichte nicht. Man wird daraus schließen dürfen, daß es den Brüdern Schlegel darum geht, das Erzählen aus der aufklärerischen Institution Literatur herauszulösen und ihm in der Novelle eine abgehobene Kunstform zuzuweisen. Diese Behauptung läßt sich mit einer weiteren Beobachtung absichern. Die Programmatik der Brüder Schlegel gibt einen normativen Gattungsbegriff zu erkennen, ganz im Gegensatz zur Vielzahl freier Erzählformen, die in der Epoche der Aufklärung entwickelt worden sind – eine Bemühung, die angesichts der von den Brüdern, besonders aber von Friedrich Schlegel gern in Anspruch genommenen experimentellen Freiheit immer wieder überrascht. Die ästhetische Norm, auf die die Novelle verpflichtet wird, ist der klassische Symbolbegriff. Die Novelle soll, „um ächt zu seyn, von der einen Seite durch seltsame Einzigkeit auffallen, von der andern Seite eine gewisse allgemeine Gültigkeit haben".[21] Sie soll „in der wirklichen Welt zu Hause seyn", aber diese zugleich „veredeln", wenn auch nicht „über Gebühr".[22] Das Idealisierungspostulat, auf die Novelle angewendet, bestimmt diese als „Gegenmittel" einer „durchaus anstößigen" Wirklichkeit. Die Motive dürfen „gemein" sein, doch müssen sie so organisiert werden, daß sie mit „den Gesetzen und Gesinnungen der feinen Gesellschaft", wo die Novelle „ihren Ursprung und ihre Heimath hat",[23] vereinbar sind. Dies ist die Leistung der „überlegnen Ansicht" des „gebildeten" Erzählers.[24]

Nun wäre es im strengen Wortsinn einseitig, wollte man nur das normative Moment der Schlegelschen Novellenprogrammatik sehen und diese als einen Versuch deuten, die Emanzipation des Geschichtenerzählens von Gattungszwängen, die durch die Aufklärung eingeleitet worden ist, rückgängig zu machen und eine deutlich abgegrenzte Gattung, die Novelle, dem klassischen Idealisierungspostulat zu unterwerfen. Vielmehr enthalten die Reflexionen der Brüder Schlegel durchaus moderne Momente, etwa wenn die Prosa als die „ursprüngliche und wesentlich eigne Form" der Novelle betrachtet[25] oder die Subjektivität zu ihrem Gehalt erklärt wird.[26] Jedoch macht Friedrich Schlegel hier sogleich wieder eine Einschränkung: Subjektivität ist „indirect und gleichsam sinnbildlich darzustellen", weil „diese indirecte Darstellung des Subjectiven für manche Fälle angemessener und schicklicher sein kann".[27] Die Rückwendung auf höfisch-feudale Normvorstellungen (die *bienséance*-Forderung der *doctrine classique*) ist hier kaum zu überhören.

Wichtiger scheint mir ein anderer Gedanke der Brüder Schlegel.

„Deswegen muß es nun auch in der modernen Poesie eine eigenthümlich historische Gattung geben, deren Verdienst darin besteht, etwas zu erzählen, was in der eigentlichen Historie keinen Platz findet, und dennoch allgemein interessant ist. Der Gegenstand der Historie ist das fortschreitende Wirken des Menschengeschlechts, der jener wird also dasjenige seyn, was immerfort geschieht, der tägliche Weltlauf, aber freylich damit er verdiene aufgezeichnet zu werden. Die Gattung, welche sich dieß vornimmt, ist die Novelle. [...] Die Novelle ist eine Geschichte außer der Geschichte, sie erzählt folglich merkwürdige Begebenheiten, die gleichsam hinter dem Rücken der bürgerlichen Verfassungen und Anordnungen vorgefallen sind."[28]

Die Bestimmung der Novelle als „eigenthümlich historische Gattung" läßt erkennen, daß August Wilhelm Schlegel sehr wohl die Tradition kennt, von der er sich abgrenzen will: Diderot, dessen Name nicht fällt, bezeichnet seine Erzählungen auch als *contes historiques*. Und die Formulierung im letzten Satz erinnert an Schiller oder Meißner und deren Versuche, eine Geschichte des bürgerlichen Alltags im Medium von Erzählungen zu schreiben, welche die „Erfahrung von wirklich geschehenen Dingen mittheilen (sollen)".[29] Die Zurücknahme erfolgt wieder durch Friedrich Schlegel, der den Zusammenhang von Novelle und Geschichte im Wortspiel auflöst:

[Es ist die Novelle] Eine Geschichte also, die streng genommen, nicht zur Geschichte gehört, und die Anlage zur Ironie schon in der Geburtsstunde mit auf die Welt bringt".[30]

Die Geschichte, die die Novelle erzählt, soll nur noch „für sich" und „einzeln" interessieren; ironisch hebt sie stets die latente (aufgrund ihrer „sinnbildlichen" Darstellungsweise sich ergebende) Beziehung von Subjektivität und Geschichtsverlauf wieder auf. Schlegels Novellendefinition zielt letztlich auf die Konstituierung der Gattung als reine Kunstform, die jeden beliebigen Inhalt zum Anlaß haben kann.[31]

Isolierung

Die wenigen Selbstzeugnisse, die es von ihm gibt, erlauben es nicht, Kleist bestimmte ästhetische Vorstellungen zuzuweisen; wir wissen nicht, welche Bedeutung er dem Erzählen gegeben hat. Wir sind daher darauf angewiesen, aus den Erzählungen selbst und aus den Rahmenbedingungen, in denen sie publiziert und rezipiert (oder nicht rezipiert) worden sind, eine Funktionsbestimmung seines Erzählens zu erschließen. Nun hat Kleist seine Erzählungen zunächst in Zeitschriften veröffentlicht, sie aber sehr bald in einem Band *Erzählungen* herausgegeben. Anders als z. B. die Novellen von Ludwig Tieck oder Achim von Arnim, die durch eine, sei es auch lockere, Rahmenerzählung verbunden sind, haben wir es bei den Erzählungen Kleists mit auf eine geradezu aggressive Weise isolierten, für sich abgeschlossenen Einzelwerken zu tun. Was der Verzicht auf den Rahmen in dieser Epoche bedeutet, läßt sich an einer Bemerkung Arnims ablesen. Im *Schlußbericht* seines Zyklus' *Landhausleben* rechtfertigt sich der Ich-Erzähler gegenüber dem Vorwurf, er habe „gegen die Manier, welche im ‚Wintergarten' beobachtet wurde", verstoßen. „Sie hätten jeder Erzählung ihren geselligen Rahmen und die dabei gewonnene Kritik gelten lassen sollen". Die Argumente des Ich-Erzählers operieren auf verschiedenen Ebenen. Auf der Ebene der Materialentwicklung (will man nicht einfach von ‚literarischen Moden' sprechen) ist der Verzicht auf den Rahmen gleichbedeutend mit der Emanzipation des Erzählens vom Räsonnieren, von der Kritik. Auf der Ebene der normativen Entwicklung geht die Argumentation in unterschiedliche Richtungen: Einmal wird Kritik überhaupt abgewertet als eine Art Krankheit, wobei der Angriff auf die Aufklärung verdeckt bleibt, zum andern wird sie reduziert auf die Beurteilung des *ästhetischen Werts* der einzelnen Erzählungen; die im Rahmen bereits vorweggenommene Kritik erscheint dann als Eingriff in die individuellen Entscheidungsmöglichkeiten, als Beschneidung der ästhetischen Kompetenz der Leser.

„‚Die Erfahrung hat mich belehrt', entgegnete ich, ‚daß diese Zwischenreden der Gesellschaft von den meisten Lesern, eben weil sie nur Bruchstücke einer fortlaufenden Geschichte sind, überschlagen oder überlaufen werden. Kritisches Urteil über die Geschichten scheint aber außerdem ein gänzlicher Mißgriff, weil jeder Leser, wenn er nun einmal diese unselige Richtung zur Kritik hat, sich lieber selbst seinen Weg schafft, gegen einen fremden Stangenzaun aufbäumt: wenn er aber von diesem Unheil noch frei geblieben, dieses Beurteilen von Dingen, die ihm leben, als Eingriff in die Rechte des freien Daseins verabscheuen muß.' "[32]

Daß Arnims Rechtfertigung durchaus zeitgemäß ist, zeigt die Reaktion Wilhelm Grimms auf das *Landhausleben*. Dieser kritisiert mit autonomieästhetischen Argumenten auch die einzelnen Erzählungen wegen der Vielfalt der darin enthaltenen Darstellungselemente. Arnim vernachlässige die strenge Trennung von Novelle und Abhandlung, von Erzählen und Räsonnieren. Grimm geht aus von einem zeitgenössischen Leser, der mit bestimmten Voreinstellungen rezipiert: er will entweder Kunst oder etwas ganz anderes, Philosophie, Wissenschaft etc.

„Wer [Novellen] liest, will sich durch solche Betrachtungen, die er doch nicht recht versteht, in seinem Plaisir [nicht] stören lassen. Die Poesie selbst, meine ich, darf klagen, daß Du ihr mehr auferlegt hast, als ihre Schultern tragen können und sollen".[33]

Offenbar hat sich die Rezeptionshaltung der bürgerlichen (gebildeten)

Leser gegenüber der aufklärerischen Institution Literatur radikal verändert. Grimm hält die Leser bereits gar nicht mehr für fähig, ein anderes als ein „rein ästhetisches" Interesse zu entwickeln, einen ästhetischen Gegenstand als Anlaß zur Reflexion zu benutzen.

Für Wilhelm Grimm ist die Dichotomisierung der Leser in Bildungselite und Kulturkonsumenten eine sozusagen ‚natürliche' Gegebenheit. Sie stellt für ihn kein Problem dar. Um das literatursoziologische ‚Faktum' in ein Problem zurückzuformulieren, gehe ich von einer in der Epoche überaus erfolgreichen Distributionsform aus, der Chrestomathie. Was hat es zu bedeuten, wenn zu Beginn des 19. Jahrhunderts und in immer neuen Auflagen bis 1825 Anthologien mit ausgewählten Passagen aus dem Werk Jean Pauls erscheinen? Der bekannteste Herausgeber, Pölitz, rechtfertigt sein Unternehmen folgendermaßen:

> Das Schöne und Treffliche in seinen Schriften steht so isoliert da, daß es gewöhnlich aus dem Zusammenhang, in welchem es vorkommt, herausgerissen und einzeln aufgeführt werden kann, ja daß es durch dieses Isolieren noch überdies gewinnt. – Kein Schriftsteller der neuern Zeit hat ferner so oft und so häufig Sentenzen, als Jean Paul. Sie werden aber in dem Ganzen eines belletristischen Werkes nicht so innig gefühlt und nicht so genau bezeichnet als wenn sie aus allen gesammlet und zu einem neuen Ganzen zusammengestellt werden. Durch diese Zusammenstellung [...] (wird) eine Sammlung gebildet, die, da sie so vieles Ueberspannte, Mystische, Halbwahre und aus einer einseitigen Ansicht der Gegenstände Geflossene ganz von sich ausschließt, einen reinen, bleibenden und befriedigenden Genuß gewähren kann."[34]

Jean Paul stellt für eine autonomieästhetische Literaturauffassung ein Problem dar: Seine Romane lassen sich schwer unter die Kategorie der organischen Ganzheit fassen. Daß man sie – ohne in ihre Form einzugreifen – als Beispiel für eine nicht-autonome, nicht-organische Literaturauffassung betrachten kann, dafür fehlen dem in der idealistischen Ästhetik verhafteten Zeitgenossen die Voraussetzungen. Zugleich ist jedoch Jean Paul gerade deswegen ein so beliebter Schriftsteller, weil er (im Gegensatz zur autonomen ‚hohen' Literatur der Epoche) den normativen Orientierungsbedürfnissen der Zeitgenossen entgegenkommt – durch Sentenzen. Was nun entsteht, ist ein außerordentlich schiefes Gebilde. Aus den (von nicht-organischen und moralisch bzw. politisch unzuverlässigen Stellen gereinigten) Einzelwerken Jean Pauls werden Anthologiestücke herausgezogen; diese sollen, obwohl die Auswahl ausdrücklich von einem moralisch-praktischen Interesse („nahrhaftes Buch") geleitet ist, eine harmonische Ganzheit des Gesamtwerks suggerieren. Es liegt auf der Hand, daß damit einmal die Möglichkeit einer alternativen Literaturvorstellung unterlaufen wird, die nämlich das Werk nicht als isolierte Totalität, sondern als Medium gegenwärtiger Reflexion betrachtet,[35] daß zum andern das Werk selbst seines kritischen Gehalts beraubt und den herrschenden Norm- und Wertvorstellungen dienstbar gemacht wird.[36]

Das Beispiel der Jean-Paul-Chrestomathie sollte deutlich gemacht haben, daß die von der autonomen („hohen") Literatur nicht beantworteten normativen Orientierungs- und Sinnbedürfnisse der Leser in falscher Weise Befriedigung finden: durch die Instrumentalisierung von Einzelwerken.[37] In dem Maße, wie die materiellen Bedingungen für die Ausbildung einer kritischen Öffentlichkeit schwinden, wächst auch die Gefahr, daß das Festhalten an bürgerlich-aufklärerischen Literaturvorstellungen repressiv wirkt oder eingeholt wird durch die sich ausbreitende Unterhaltungsliteratur.

Von hieraus läßt sich eine Erklärung gewinnen für das, was man den ‚Solipsismus' der Kleistschen Novelle nennen könnte. Wir wissen aus einer Briefmitteilung Clemens Brentanos, daß Kleist nur widerstrebend und aus Gründen materieller Existenzsicherung Erzählungen geschrieben hat, und daß dieser Kompromiß mit den Forderungen des literarischen Marktes „ihn grenzenlos gedemütigt hat".[38] Kleist fürchtet die Trivialität, und dazu besteht durchaus Grund. Denn trotz der Förderung durch den in der eleganten und gebildeten Gesellschaft Dresdens angesehenen Adam Heinrich Müller scheitert nicht nur das gemeinsame Zeitschriftenprojekt des *Phöbus,* sondern das Urteil über Kleists Erzählungen lautet dort: „flach". Man findet darin „Reminiszenzen von Iffland", was gleichbedeutend ist mit der Ausgrenzung der Erzählungen aus dem Bereich der ‚hohen Kunst'. Ausdrücklich rechtfertigt Müller gegenüber dem in Fragen der Kunst sicher nicht ganz unzuständigen Friedrich von Gentz die Aufnahme der Erzählungen in ein *Kunstjournal.* Interessant ist diese Rechtfertigung deswegen, weil sie von der Unsicherheit der Zeitgenossen hinsichtlich der Funktion der Literatur zeugt. Müller spricht den Kleistschen Erzählungen Kunstcharakter zu, obwohl deren Gehalte ins Gebiet der Moral übergreifen. Zur Begründung dient ihm das Idealisierungspostulat der Autonomieästhetik. Zur Kunst gehören Kleists Novellen nicht nur „wegen der unvergleichlichen Kunst der Darstellung", sondern wegen „moralischer Hoheit" „und königlicher (im Gegensatz der gemeinen natürlichen und pöbelhaften) Wahrheit".[39]

Als Titel für einen Band mit Erzählungen schlägt Kleist seinem Verleger zunächst „Moralische Erzählungen" vor,[40] verzichtet aber bezeichnenderweise dann auf die an Cervantes erinnernde Bezeichnung. Der nackte Titel *Erzählungen,* mit dem er sich begnügt, gibt einen Hinweis auf seine damit verbundene Absicht. Er will nicht in Konkurrenz treten mit den *Moralischen Erzählungen* (1794) des „Lieblingsschriftstellers" August Lafontaine, dem August Wilhelm Schlegel eine seiner polemischsten Rezensionen gewidmet hat,[41] sondern für das Erzählen die Aufnahme in den Bereich der ‚hohen Literatur' erzwingen. Auf den Prozeß der

Dichotomisierung der Literatur, der die deutsche Kultur teilt in eine autonome Kunst für wenige und eine Unterhaltungsliteratur für die vielen, gibt Kleist eine radikale Antwort; und man kann fragen, ob nicht der Preis, den er für die Legitimierung der Erzählung zahlt, hoch ist. Kleist zerreißt den Zusammenhang von Erzählen und Räsonnieren, der für die aufklärerische Institution Literatur konstitutiv war. Seine Erzählungen weisen den Rezipienten als teilnehmenden und urteilenden Dialogpartner ab. Kleist verzichtet darauf, bestimmbare, d.h. historisch-gesellschaftlich lokalisierbare Rezipienten anzusprechen bzw. im Novellenrahmen auftreten zu lassen, wie dies bei Diderot, aber auch bei Achim von Arnim und Tieck der Fall ist. Derselbe Prozeß der Materialentwicklung, aus dem die Novelle als ‚reine' Kunstform hervorgeht, entzieht diese der öffentlichen Diskussion.[42]

Das Aporetische dieser Antwort mag eine Stelle aus Georg Lukács' früher *Heidelberger Ästhetik* verdeutlichen, die eine der radikalsten Ausformulierungen der Autonomieästhetik darstellen dürfte und damit zugleich den Punkt bezeichnet, wo diese umschlägt in Ästhetizismus:

> „Im Ästhetischen dagegen geht die Intention der Bereitschaft auf einen außer jeden Zusammenhang, Medium oder Sphäre gesetzten, isolierten und unvergleichbaren Gegenstand [...] Der Schaffensprozeß erscheint in dieser Beleuchtung als ein merkwürdiges Ineinander von Aktivität und Kontemplation, als eine Aktivität, deren Tendenz darauf ausgeht, eine ihr subjektiv-metasubjektiv aufgegebene Objektswelt für die Kontemplation (die Vision) als außer ihr seiende, wirkliche, in sich abgeschlossene Totalität (Werk) aus sich herauszustellen. Das Gerichtetsein dieses Aktes geht immer auf ein vollständig isoliertes Objekt [...] Auch der Receptive [d.i. der Rezipient] vermag nur dann in seinem Erlebnis das ästhetische Verhalten zu realisieren, wenn er seinem Objekt als [...] einzig wirklichem gegenübersteht; taucht nur der Gedanke der Möglichkeit eines anderen Objekts auf, was notwendigerweise geschehen muß, wenn die Möglichkeit eines Zusammenhanges, in dem dieser Gegenstand steht oder in den er eingefügt werden kann, zugegeben ist, so ist die Erlebnisimmanenz verlassen [...] Die hier geforderte Immanenz ist aber so stark, daß ihr nicht einmal ein polemischer Accent zu der ‚ausgeschlossenen' Wirklichkeit zukommt."[43]

Die hier vorgeschlagene Konfrontation eines erzählerischen Werks aus dem Anfang des 19. Jahrhunderts mit einem Stück ästhetischer Theorie aus dem Beginn des 20. Jahrhunderts erlaubt uns, eine Traditionskonstruktion vorzunehmen. Das ästhetische Verhalten in Produktion und Rezeption ist bei Lukács beschrieben als radikale Isolierung des ästhetischen Gegenstands. Und die Isolierung darf in der Tat als das Grundprinzip des Kleistischen Erzählens angesehen werden. Rahmenlos präsentieren sich die Novellen einem namenlosen Rezipienten, dem sie als isoliertes Kunstwerk gegenübertreten. Kleist isoliert auch innerhalb der Erzählungen die einzelne Begebenheit. Die Isolierung der Begebenheit scheint mir mehr zu sein als ein innerästhetisches Kunstmittel. Die Kleistforschung hat wiederholt darauf aufmerksam gemacht, daß die Situation, das vom Zufall gelenkte Ereignis, das Zentralproblem des Kleistischen Erzählens ist. Und man hat durchaus bemerkt, daß in den Novellen einzelne, isolierte Ereignisse beziehungslos nebeneinanderstehen. Diese Diskontinuität des Erzählens wird jedoch wieder aufgelöst, und zwar mittels einer doppelten Versicherung: Sie wird einmal zum „künstlerischen Gesetz" erklärt, dann als auf der Ebene der Syntax (in der ‚berühmten' Kleistischen Konjunktion „dergestalt, daß") und eines als Erfahrungstotalität verstandenen Ich zur Einheit gebracht dargestellt.[44]

Anders, wenn wir das Moment der Diskontinuität ernst nehmen: Die Isolierung der Begebenheit läßt sich dann deuten als ein Verfahren, das es Kleist ermöglicht, die Novelle als autonomes Kunstwerk zu setzen. Das oft Gewaltsame dieser Isolierung zeugt aber zugleich von einer tiefen Unsicherheit des Produzenten, ob nicht doch bloß eine triviale Geschichte erzählt wird, deren Interesse in einer Abfolge wechselnder Reize besteht, welche durch stoffliche (Schauer-)Effekte hervorgerufen werden. Wir haben an dem Zitat des frühen Lukács eine Gefahr der Kunstautonomie ablesen können – deren Umschlagen in den Ästhetizismus. Der Begriff der Erlebnisimmanenz, wie er bei Lukács verwendet wird, reduziert in der Tat die Rezeption des Einzelwerks (das aus allen möglichen Beziehungen auf die Wirklichkeit herausgerissen werden muß) auf den Augenblick der Reizauslösung und -beantwortung. Damit ist aber ungewollt das autonome Werk in die Nähe des Trivialen gerückt, das in den traditionellen Wertungstheorien als „zuständliche, stimmungsgetragene und auf das Ich bezogene Haltung" charakterisiert wird.[45] Die Ambivalenz des Kleistischen Erzählens zwischen radikalisierter Kunstautonomie und Trivialität (die auch bestimmten Werken des Ästhetizismus eignet) ermöglicht heute die poststrukturalistisch inspirierte Kleist-Lektüre von Mathieu Carrière.

„[Kleists] Genie, sein geheimer Aktionsplan besteht darin, Sprachtechniken erfunden und ausgeformt zu haben, die jedes Gefühl, jede Begehrensposition in Affektmaschinen verwandeln [...] die Sprache, die noch spricht ist voll von Gewalt, Grausamkeit und Anmut.

Das mysteriöse Objekt des Anfangs oder Endes, ist der Affekt: Affekt als unsignifikante, nicht subjektivierte Einheit, die zwischen den Agencements kreist und sie mit Energie versorgt [...] Affekte zirkulieren machen, heißt unbewußtes Begehren produzieren; und die abstrakteste, wirkungsvollste, geheimste Maschine wäre die, welche die Fäden der Geschichte selbst bewegt. Wesen, Personen werden zu Marionetten, ungeschickt und anmutig, je nach den Einbrüchen des reinen ‚Außen'."[46]

Es geht mir hier nicht darum, die in dieser Interpretation aufweisbaren Denkmotive des Poststrukturalismus zu kritisieren, sondern um Traditionskonstruktion. Die ästhetizistisch-poststrukturale Lektüre macht in der Tat Kleist nachträglich zum Trivialautor, indem „das Schauerliche" zur geheimen Wahrheit eines vom Bewußtsein eines produzierenden Subjekts abgekoppelten Erzählens erklärt wird, zur „elektrischen Spannung",[47] die die isolierten Ereignisse zur Affektmaschine auflädt. Wirksam in dieser sind die stereotypen Reizmomente kunsthandwerklicher Jugendstiltexte: Liebe und Tod, Nomade und Marionette, Schauer und Wollust, freischweifende Affekte als Stimuli des genießerisch Rezipierenden.

Interpretation und Wertung

Das Erdbeben in Chili ist, wie alle Erzählungen Kleists, so oft interpretiert worden, daß auch außerhalb des institutionssoziologischen Forschungsrahmens die Einsicht sich herstellen müßte, daß man mit dem Interpretieren an ein Ende kommen kann. Die Frage, wie denn mit dem Einzelwerk umzugehen sei, scheint mir gleichwohl berechtigt. Und es dürfte aus dem bisherigen Gang der Überlegungen deutlich geworden sein, daß hier die Ideologiekritik ihren Platz hat. Ich möchte auf eine systematische Erörterung von Begriffen wie ‚Aktualität', ‚Historizität', ‚Anwendung' in diesem Zusammenhang verzichten und statt dessen ein paar konkrete Probleme diskutieren. Angenommen, wir hätten es mit einem romantischen Märchen zu tun, z. B. mit Tiecks *Blondem Eckbert,* so könnten wir dieses als Stufe innerhalb einer bestimmten Materialentwicklung betrachten. Ich gehe dabei von zwei methodologischen Annahmen aus: daß 1. die historische Einschätzung eines Einzelwerks nur geleistet werden kann unter Berücksichtigung des künstlerischen Materialstandes, auf den es sich bezieht (hier: Bearbeitung des Volksmärchens), und 2. daß Abweichungen vom gewählten künstlerischen Material (Veränderungen des Motiv- oder Formenbestandes z. B.) als Indiz für eine rekonstruierbare Textintention aufzufassen sind. Zu fragen wäre dann nach dem historischen Gehalt der in der Bearbeitung erkennbar werdenden Aktualisierung des Mythos gegen die rebellische Rationalität des Volksmärchens: romantische Wirklichkeitsflucht oder geheime Kritik der klassischen Idealität, in der die tragische Seite des Geschichtsprozesses zum Ausdruck kommt, wie sehr auch die Kritik auf das Leiden an der eigenen Individualität beschränkt sein mag?[48]

Im Falle des *Erdbeben in Chili* könnten wir ausgehen von der Tatsache, daß es eine ganze Serie von Nacherzählungen zu dieser (wie zu anderen Novellen Kleists) gibt.[49] Diese Nacherzählungen „unterscheiden sich in nichts von Tausenden anderer Erzählungen ‚kriminalistischen', ‚schicksalshaften' oder ‚sensationellen' Zuschnitts". Erst in dieser „konsumgerechten" Präsentation in auflagenstarken Unterhaltungsblättern

„waren diese Erzählungen einem größeren Leserkreis preiswert zugänglich".[50] Eine solche Erscheinung fordert die Frage nach der Differenz der Nacherzählungen zum Original geradezu heraus, und es liegt nahe, die Frage als eine nach dem Unterschied zwischen Kunstwerk und Unterhaltungsprodukt zu formulieren, d. h. aber, das Problem der Wertung festlegen auf den Nachweis der Literarizität bzw. Trivialität eines Textes. Dies ist die Fragestellung z. B. Wolfgang Kaysers, den die Nähe Kleists zur zeitgenössischen Erzählliteratur, speziell zur Schauergeschichte, beunruhigt. Er möchte der (vorab feststehenden) Distanz des Kleistischen Erzählens von der Unterhaltungsliteratur sich versichern und will daher „dieses Erzählen selbst zum Gegenstand einer Betrachtung [machen]".[51]

Es dürfte, so meine ich, gar nicht leicht sein, der Verführung durch die Aura des (kanonisierten) Kunstwerks zu widerstehen. Wir brauchen dazu ein Wertkriterium, das unabhängig von ästhetischen oder stilistischen Fragen (da wir ja stets bereits ein Vorurteil über die Kunst bzw. den Stil eines Autors mitbringen), aber nicht unabhängig von der Frage der Form operieren kann. Als ein solches Kriterium soll mir die Leistung des Einzelwerks für eine Diskussion gesellschaftlicher Normen gelten.

Dies Kriterium scheint mir implizit einigen neueren Interpretationsversuchen des *Erdbeben in Chili* zugrunde zu liegen, in denen es gelingt, die traditionelle, eine Gelegenheitsäußerung Goethes zum Gattungsgesetz erhebende Festlegung der Novelle auf den Gegensatz von Chaos/Leidenschaft/Freiheit und Ordnung/Einschränkung/Gesetz zu überwinden.[52] In seinem überzeugenden Versuch einer progressiven Deutung Kleists, die an die geschichtsphilosophische Reflexion der *Dialektik der Aufklärung* anschließt, arbeitet Peter Horn das anarchistische Moment der Novelle heraus. Das Erdbeben ist dieser Interpretation zufolge nicht blinde Naturkatastrophe, sondern eine Art Geschichtsexperiment, das erkennbar macht, was sich hinter der „Fassade" der „Rechtsstaatlichkeit" verbirgt – „die nach Rousseau durch die Vergesellschaftung verformte und verdorbene Natur des Menschen".[53] In dieser Sicht wird die berühmte Szene des kurzen Glücks der wiedervereinigten Liebenden, jene „schönste Nacht", die sie erleben, „als ob es das Tal von Eden gewesen wäre" (15), zur zentralen, zur Demonstration des Kleistischen Anarchismus. Sie soll zeigen, „daß der Mensch zwar ohne Herrschaft, also in Anarchie, aber nicht ohne Gemeinschaft leben", d. h. sich selbst verwirklichen kann.[54]

Diese Aktualisierung einer Erzählung eines Autors ist im Recht gegenüber einer politischen Kritik, die sich an dessen persönlicher Haltung festmacht. Man erinnert sich an die Kleist-Rezeption von Georg Lukács, der den Autor „einen verirrten altpreußischen Junker" nennt.[55] Ist sie aber auch plausibel? In einer neueren Arbeit über die Geschichte der *Berliner Abendblätter* gibt Dirk Grathoff eine detaillierte Analyse der politischen Einstellung Kleists, die zwar die These eines reaktionären Kleist, der mit der Vorstellungswelt der Christlich-Deutschen Tischgesellschaft übereinstimmen soll, zu widerlegen vermag,[56] aber keinen Anhaltspunkt für eine so weitreichende Deutung von Kleists politischen Anschauungen wie diejenige Horns zuläßt. Grathoff zufolge haben wir es bei Kleist mit einem Liberalen zu tun, der eine von Staats- und Regierungsinteressen unabhängige publizistische Position vertreten und in seiner Zeitung ebenso Gegner (auch reaktionäre wie A. H. Müller) wie Verteidiger der Stein-Hardenbergschen Reformen zu Wort kommen lassen will. Kleists Forderung nach „einer liberalen Ordnung der Dinge" entspräche der nach einer politischen Öffentlichkeit.[57]

Ich möchte, um die progressive Deutung Horns ideologiekritisch zu ergänzen, nicht bei den politischen Anschauungen Kleists ansetzen, sondern bei der *Form* der Novelle. Deren Grundprinzip, hatte ich behauptet, seien Isolierung und Diskontinuität. Einen Hinweis auf das Besondere des Kleistischen Erzählens können wir gewinnen, wenn wir uns ansehen, was in der oben genannten Nacherzählung ausgelassen wird bzw. welche Elemente bei Kleist ausgearbeitet werden. In der Nacherzählung fehlt gänzlich der Mittelteil mit der ausgemalten Idylle und damit jeder Hinweis auf eine die Standesgrenzen sprengende menschliche Gemeinschaft. Mitgeteilt wird nur, was für den Fortgang der Handlung wichtig ist (daß Josephe das Kind Don Fernandos stillt). Es fehlen aber auch die detaillierten Beschreibungen sowohl des durch die Naturkatastrophe verursachten menschlichen Elends wie der durch die aufgehetzte Menge verübten Greueltaten am Schluß der Erzählung, wo der Blick des Betrachters auf der mit barocker (oder kalendermäßiger?) Grausamkeit ausgemalten Ermordung der Opfer einer Lynchjustiz zu verweilen gezwungen ist. Gerade in diesen Augenblicken scheint der sonst eilig und gerafft berichtende Erzähler Kleists die Erzählung gleichsam stillzustellen.[58] Die Gefahr des Kleistischen Erzählens scheint mir darin zu liegen, daß es in Einzelmomente zerfällt, die nicht miteinander vermittelt sind.[59] Dies ist wohl auch der Eindruck der ersten Rezipienten und durchaus solcher, die Kleist nahegestanden haben:

> „Das genauere Auszeichnen seiner Gestalten und Verhältnisse wird zuweilen *Manier,* welcher er, um der zu ängstlichen Wirklichkeit ein Gegengewicht zu geben, plötzlich das Geheimnis als Geheimnis entgegenwirft, und solches auch unentworren läßt, wodurch sowohl der erwähnte Zusammenhang, wie das Gefühl des Lesers gestört bleibt."[60]

„Gestört" bleibt das „Gefühl des Lesers", weil er zwischen den Schreckensbildern des Anfangs und des Endes der Erzählung und der Idylle im Mittelteil keine Beziehung herstellen kann. Gesellschaft und Natur starren den Betrachter an als Bilder des Grauens oder der Seligkeit, die als isolierte genossen werden, aber so auch jede Beziehung auf die Wirklichkeit verlieren.

„Jeder seiner Gänge wird nur dorthin führen, an den Rand des großen Abgrundes, und kann früher niemals stehen bleiben und anderswo nimmer stehen bleiben, als am Rande eines solchen Abgrundes. Und der tiefste Sinn der Formen ist dieser: hinführen zum großen Augenblick eines großen Verstummens und die ziellos dahinschießende Buntheit des Lebens so zu gestalten, als eile sie nur um solcher Augenblicke willen.“[61]

In dieser Konzentration auf den Blick in den Abgrund treffen sich Sage, triviale Schauererzählung und Ästhetizismus. So erzählt die Sage, sie lenkt den gebannten Blick des Zuhörers auf die Schreckensbilder, die sie als Warnzeichen aufrichtet, um dem an Natur und Herrschaft ausgelieferten Menschen zu zeigen, welche Strafen ihm drohen, wenn er die gesetzten Grenzen zu überschreiten wagt. Wie in der Sage die trotz der Warnung zurückblickenden Sennen *sehen,* wie die von ihnen selbst gebastelte und in einem blasphemischen Akt getaufte, damit lebendig gemachte Puppe ihren Kameraden bei lebendigem Leib schindet und dann die blutige Haut auf dem Hüttendach ausbreitet, so blicken wir auf die Schreckensbilder in den Erzählungen Kleists, die unvertraut sind, aber doch immer auch erwartet: Kleists Novellen haben teil am Mythos des Banns.[62]

In einer Studie zur Schauererzählung im 19. Jahrhundert argumentiert Jörg Schönert ganz auf der Ebene immanenter Materialentwicklung, wenn er den Funktionswandel der Schauererzählung beschreibt. In der Aufklärung sei die durch den Schauer vermittelte Angst als kollektive Erfahrung angelegt, die Angst werde in der Reflexion aufgelöst, so daß das Abweichende als zu bearbeitender Teil menschlicher Praxis erfahren werden konnte. In der „Schauerromantik“ werde eine individualisierte Figur zum Träger der Angst.

„Der sich damit ergebende Verlust an kollektiver Identifikation wird allerdings in dem spezifischen und nachhaltigeren Angst-Erlebnis [...] durch ‚verdichtete‘ Erfahrung ausgeglichen.“[63]

Die objektivistische Betrachtungsweise vermag die Frage nicht zu beantworten, wie wir ein Erzählen zu beurteilen haben, das seinen Rezipienten einem der Sage vergleichbaren Bann ausliefert.[64]

Ich möchte nicht mißverstanden werden: mit dem Hinweis auf die Sage sollen Kleists Erzählungen nicht einer Gattung „Schicksalsnovelle“ (H. Pongs) zugerechnet werden. Es geht mir um etwas anderes. Ich fürchte, Carrière trifft etwas Richtiges, wenn er im Anschluß an Gilles Deleuze und Félix Guattari von der Affektmaschine spricht, als die sich ihm Kleists Werke darstellen.

„Ein Buch hat also kein Objekt mehr [...] Man fragt nie, was ein Buch bedeuten will [...] man fragt, womit ein Buch funktioniert, in welchen Verbindungen es Intensitäten strömen läßt, in welche Vielheiten es seine Vielheit einführt und verwandelt.“[65]

Der Preis, den Kleist zahlt, um die Anerkennung seiner Erzählungen als Werke der Kunst zu erzwingen, scheint mir der ihrer Abtrennung von der Diskussion gesellschaftlicher Normen zu sein; wir fragen weniger nach der Bedeutung seiner Novellen, als nach ihrem formalen Funktionsmechanismus. Die textimmanente Einordnung dieser Novellen, die deren Kunstwerkcharakter behauptet, behielte dann recht, daß Kleist „Begebenheiten und nichts anderes erzählt“ und „durch strenge künstlerische Architektonik das Undurchdringliche *aller* Wirklichkeit sichtbar machen kann“ und daß er gerade dadurch „die Novelle als gesellige Unterhaltungsform radikal [aufsprengt]“;[66] nur würde man diese ‚Beschreibung‘ zum Ausgangspunkt für die Kritik einer Materialentwicklung machen müssen.

Sozialgeschichtliche Werkinterpretation

Helmut J. Schneider

Der Zusammensturz des Allgemeinen

I

‚Sozialgeschichte der Literatur' ist die unscharfe Bezeichnung für eine allgemeine Forschungsorientierung, deren Wurzeln in der germanistischen Methodendiskussion der späten sechziger und frühen siebziger Jahre liegen. Diese war wesentlich bestimmt von der Kritik an der werkimmanenten Interpretation und dem Aufstieg der Literatursoziologie. Die Dichtung sollte nicht, wie das der deutschen Spielart des Formalismus vorgeworfen wurde, als zeitlose Schöpfung zum Gegenstand des einfühlsamen Nachvollzugs gemacht, sondern als Moment eines präzise bestimmbaren gesellschaftlichen Kontextes verstanden werden, der sie bedingt und dem sie Ausdruck gibt. Der Begriff der ‚Sozialgeschichte' akzentuiert dabei gegenüber dem mehr systematik- und theoriebezogenen der ‚Literatursoziologie', den er offenbar zunehmend verdrängt, das historisch-pragmatische Erkenntnisinteresse. Hinter ihm zeichnet sich die neuerdings zu Recht beklagte Gefahr einer positivistischen Stoffanhäufung ab, die die Werke unter sich begräbt. Doch ist die sozialgeschichtliche Dichtungsanalyse nicht mit historisch angewandter Soziologie oder soziologisch angereichertem Geschichtspositivismus gleichzusetzen. So wie sie im folgenden verstanden wird, ist sie der Versuch, soziologische und historische Methodik im Gegenstand der Literaturwissenschaft miteinander zu vermitteln. Voraussetzung dafür ist sowohl die formalistische Erkenntnis von der Eigenstruktur des Ästhetischen wie die aktuelle Diskussion zwischen Soziologie und Historie, die deren traditionellen Gegensatz sehr relativiert hat.[1]

Die Wechselbeziehung von Dichtung und Gesellschaft kann nicht statisch, in gedachter Gleichzeitigkeit, sondern nur im Prozeß von Veränderung und Entwicklung, der den Zufall einschließt, angemessen untersucht werden; er ist die Bedingung für die Einmaligkeit des Werks. Umgekehrt erscheint Literaturgeschichte nicht als Abfolge rein literarischer Ereignisse, sondern allein im Rahmen einer sich historisch und hermeneutisch begreifenden Sozialwissenschaft möglich. Das bedeutet, daß die synchronen, struktur- und funktionsgerichteten sowie die diachronen, prozeßgerichteten Erkenntnisformen zu einer neuartigen Literaturgeschichtsschreibung zusammenfinden müßten, die das Werk als ihren Kreuzungs- und Kristallisationspunkt ins Zentrum rückt. Sie würde sich von der formalistischen Ahistorizität nicht mehr unterscheiden als von der herkömmlichen, positivistischen oder geistesgeschichtlichen Literarhistorie. Ihr Ziel wäre die Rekonstruktion der Dichtungsgeschichte innerhalb einer vertikalen Stufung künstlerischer, kultureller, politischer, sozialer und ökonomischer Formationen, die sich wechselseitig beeinflussen und in gegeneinander verschobenen, ungleichzeitigen Entwicklungen verlaufen. Fern davon, die ästhetische Spezifik der allgemeinen Kultur- und Gesellschaftsgeschichte zu subsumieren, hätte sie jene im Gegenteil klarer und reicher zur Erscheinung zu bringen, indem sie sie als unersetzbare Ausdrucksform des geschichtlichen Lebens verstünde, die in Schichten reicht, die anderweitig keine Artikulation finden, also im genauen Sinn von Historie außerhalb ihrer auch nicht existent sind. Kunst und Dichtung spiegeln nicht – wie spezifisch man auch die Weise der Spiegelung auffassen mag – historisch-gesellschaftliche Sachverhalte wider; die Kunstwerke sind selbst historische Ereignisse aus eigenem Ursprung.

Die theoretischen Probleme, die sich diesem anspruchsvollen Unternehmen in den Weg stellen, sind oft erörtert worden.[2] Weitgehende Übereinstimmung herrscht darüber, daß jede Literatursoziologie, die sich als literaturwissenschaftliche Disziplin und nicht als Unterabteilung der Soziologie versteht, den sozialen Gehalt des Ästhetischen zum Thema hat. Die Alternative des Selbstverständnisses ist in der Debatte zwischen Adorno und der Kölner Schule der Kunstsoziologie (besonders A. Silbermann) richtungsweisend ausgetragen worden.[3] Adornos Kritik an der positivistischen Methode, die sich auf die sozialstatistische Analyse der Institutionen und Interaktionen beschränkt, welche sich im Umgang mit der Kunst und um sie herum aufbauen, hat sich in der literaturwissenschaftlichen Theorie weitgehend durchgesetzt. Trotzdem wird eben das theoretisch Verworfene in der historischen Praxis betrieben, nur oft uneingestanden und ohne den sozialwissenschaftlichen Exaktheitsanspruch, der das historische Denken abschreckt. Hier rächt sich die Trennung von Soziologie und Historie als Trennung von Theorie und (pragmatischer) Praxis – die mangelnde Theoretisierung also der sozial*geschichtlichen* Dimension.

Sicherlich haben die Forschungen zum weitverzweigten Komplex des literarischen Lebens das Bild von der Dichtung und ihrer Rolle in der Gesellschaft nachhaltig verschoben. Vom Geniegedanken, um ein der älteren Germanistik teures Beispiel herauszugreifen, ist vor dem Hintergrund des ökonomisch möglich gewordenen freien Schriftstellertums nicht mehr in ausschließlich geistesgeschichtlichen Kategorien zu handeln. Was bedeutet dieser jedoch für die Interpretation von Goethes *Werther* oder *Prometheus*? Die Vertreter der immanenten Ansätze können allesamt die Nützlichkeit von Material anerkennen, das ihnen den vermeintlichen Kern der Dichtung, ihr Dichterisches, überläßt, welches sie als prinzipiell unabhängig von der Gesellschaft und äußeren Faktoren postulieren. Setzt man der Literatursoziologie ihr Ziel in der Werkinterpretation, so ist auf dem konträren Ausgangspunkt zum Formalismus zu bestehen, mit dem sie konkurriert und nicht kooperiert. Zwar möchte man sich gern beides pragmatisch verbunden denken, wie zwei aus entgegengesetzten Richtungen, von innen und von außen aufeinander zuführende Wege – was wohl die überwiegende Arbeitshypothese der gegenwärtigen Forschung ist. Die Literatursoziologie muß sich selbst jedoch als die Vermittlung begreifen und kann nicht einer für sich feststehenden Formbeschreibung die Sozialbezüglichkeit anheften. Ihr Gegenstand ist nicht die Dichtung *und* die Gesellschaft, sondern die Dichtung *als* gesellschaftlicher Ausdruck. Das gilt sowohl für das einzelne Werk wie für das Ganze der Literaturgeschichte, wo de facto ja häufig die Gegenstände nach ihrer vermeintlichen Form- oder Gesellschaftsdominanz aufgeteilt werden: etwa hier bürgerliches Trauerspiel und Simmel, dort symbolistische Lyrik und Kafka (und sicherlich Kleist).

Als genuine Methode, die ihren Gegenstand konstituiert und nicht an einem gegebenen Objektbereich ‚Literatur' einen Aspekt unter anderen auswählt, hat es die sozialgeschichtliche Werkdeutung mit der Entzifferung des poetischen Artefakts als einer sozialen Artikulation zu tun. Und um den Anspruch auf die Spitze zu treiben, setzt sie voraus, daß erst hierdurch der ästhetischen Form ihr volles Recht geschieht.

Ist dieser Anspruch zu realisieren? Die verschiedenen theoretischen Modelle stimmen soweit überein, daß es keine einseitige und unvermittelte Determination der Kunst durch die Gesellschaft gibt. Deduktive kausalgenetische Ableitungen und ideologiekritische Entlarvungen würden den poetischen Ausdruckswert um die schöpferische Potenz verkürzen. Doch damit ist das Dilemma erst benannt, das die Aufgabe der Literatursoziologie zur Quadratur des Zirkels macht. Sie muß die künstlerische Autonomie zugleich respektieren und unterminieren. Formeln wie ‚relative Autonomie' oder die vielzitierte „letzte Instanz" Engels', in der sich erst die ökonomische Basis auch in den entfernten Überbausphären durchsetze, verschieben das Problem oder verschleiern es sogar. Auf der anderen Seite ist der Widerstand sehr verständlich, den die Literatursoziologie gerade in den elaborierten Versionen auslöst, die noch das unscheinbarste formale Detail auf seine verborgene Gesellschaftsseite umwenden wollen. Er richtet sich gegen eine Methode, die sich im Rücken ihres Gegenstands postiert und, was sie mit der einen

Hand einräumt, mit der anderen schon genommen und in die gesellschaftliche Totalität einkassiert zu haben scheint. Die Einsprüche der Literatursoziologie gegen den Vorwurf des ‚Reduktionismus' klingen apologetisch. Je tiefer sie in die Verästelungen der formalen Organisation vorzudringen sucht, je mehr sie sich dabei von den manifesten politisch-sozialen Faktoren entfernt und auf latent wirksame Kräfte rekurriert, desto mehr gleicht ihr Vorgehen dem eines soziologischen Psychoanalytikers, der seinen Gegenstand hintergeht. Es gibt aus diesem Dilemma keinen anderen Ausweg, als es in die methodische Selbstreflexion zu übernehmen. Provokativ gesagt: Reduktionismus *ist* das regulative Erkenntnispostulat, unter dem möglichst viele Brücken zwischen Werk und historisch-sozialem Kontext zu schlagen sind.

Entstehungsgeschichte und Inhaltsanalyse behalten hier ihren ersten Platz; erst wenn die abbildliche Seite wirklich ausgeschöpft ist, kann sie auf den untergeordneten Rang verwiesen werden. Rezeptions- und Wirkungsgeschichte haben eher kontrollierende und heuristische Bedeutung (für die Kleistinterpretation sind sie z.B. recht unergiebig). Anhand von stoff-, motiv-, form-, vor allem gattungsgeschichtlichen Bestimmungen kann die Relationierung weiter vorangetrieben werden; sei es, daß auf der allgemeineren Ebene sozialhistorische Zuordnungen besser getroffen werden können (Beispiel bürgerliches Trauerspiel), sei es, daß vor diesem Raster die einzelne Abweichung sozialhistorisch profiliert werden kann. Besonders für die ältere, vor-romantische Dichtung, die poetischen Universalien stärker unterworfen war, ist ein solches Verfahren topischer Aussiebung historischer Varianten sehr ergiebig.

Es wäre aber eine Illusion zu glauben, durch immer feiner geschmiedete Zwischenglieder das Werk doch noch an die Kette der sozialwissenschaftlichen Ableitung legen zu können. Vielmehr ist die angesprochene Paradoxie so ernst zu nehmen, daß das Werk ebenso in der Gesellschaft verankert wie von ihr unabhängig sei. Diesen dialektischen „Doppelcharakter der Kunst [...] von Autonomie und *fait social*" hat Adorno zum Zentralthema seiner *Ästhetischen Theorie* gemacht, die wohl der bedeutendste theoretische Beitrag zu einer Soziologie der Form ist.[4] Gerade durch die Lossagung von der Gesellschaft – ihren verdinglichten kommunikativen Bezügen – verweist die Kunst auf sie. Indem das große, „authentische" Werk, dem Adornos Interesse gilt, sich konsequent nach seinem inneren Formgesetz durchbildet, widerspricht es der falschen gesellschaftlichen Totalität, deren Prinzip die universale Vermittlung durch den Tausch ist. Andererseits hat es durch das konstruktive Moment teil an der Rationalität und ist der falschen Unmittelbarkeit ideologischer Fassaden ebenso entgegengesetzt. Die ästhetische Form leistet eine in sich vermittelte Unmittelbarkeit, die die Kunst zum einzigen Ort (negativ) erscheinender Wahrheit in der unwahren Gesellschaft macht, als die Adorno die bürgerliche Moderne begreift. Um diese Schlüsselstellung des autonomen Werks für die kritische Soziologie ging es ihm denn auch in der Diskussion mit Silbermann – und nicht etwa um eine fachwissenschaftliche Disziplin ‚Kunstsoziologie'.

Adornos Ästhetik ist keine in irgendeinem Sinn ‚anwendbare' Methode, das würde ihrem Geist widersprechen. Es fehlen ihr die mittleren Prinzipien für ein schrittweise kontrolliertes Vorgehen und die Berücksichtigung mittlerer und kurzer Zeitabläufe, in denen sich die für die historische Einzelforschung relevanten konkreten Veränderungen abspielen. Das künstlerische Gebilde wird zur „geschichtsphilosophischen Sonnenuhr"[5] eines in Weltepochen, von Homer bis Beckett vorrückenden Prozesses. Die Einzelanalysen von Adorno gehen dabei den schmalen Grat zwischen detaillierter Versenkung in den individuellen Sachgehalt und der philosophischen Allgemeinheit mit ebenso großer ästhetischer Sensibilität wie sozialgeschichtlicher Unbestimmtheit. Offenkundiger wird in germanistischen Arbeiten, die von ihm und der Kritischen Theorie inspiriert sind, die Gefahr des metaphorischen Sprungs vom Detail ins Große und Ganze, so daß jenes im Extremfall quasi-allegorisch unter die Theorie subsumiert wird – die doch eine Theorie des Nichtidentischen und seiner Rettung vor der begrifflichen Unterordnung ist.

Dies wird hier nicht gesagt, um den Vorwurf des ‚ungeschichtlichen' Verfahrens zu erheben, der dazu dienen könnte, Gegenstände gegen ihre hermeneutisch-kritische Reflexion abzuschirmen. Die Gefahr des metaphorischen Sprunges zwischen Werk und Gesellschaft (bzw. deren Theoretisierung) ist nur die Kehrseite der Stärke dieses Ansatzes, die darin besteht, daß sie den Bruch zwischen beiden radikal auffaßt und der Kunstmonade dennoch, bis ins Innerste ihrer Fensterlosigkeit hinein, soziale Bedeutung zuspricht. Wie beidem gerecht zu werden ist, bleibt dem Risiko der Einzelinterpretation überlassen. Es wiederholt sich auf der Metaebene der Deutung dieselbe Paradoxie des nichtbegrifflich Allgemeinen, die das Ästhetische charakterisiert. Die Hingabe an die einzelne Anschauung kann der undurchschauten Vermittlung zum Opfer fallen. Aber die kritisch durchschauende Explikation droht an dem künstlerischen Gehalt genau das vereindeutigende Prinzip zu vollstrecken, gegen das er steht (und durch sein Dasein protestiert). So wenig das Werk soziale Tatbestände oder politische Botschaften übermittelt, läßt es sich in Begrifflichkeit übersetzen, deren es dennoch bedarf, um seinen Gehalt freizugeben; in Adornos Worten: „das Rätsel lösen ist soviel wie den Grund seiner Unlösbarkeit angeben".[6] Das ist das Gegenteil einer deduktiven und bescheidwissenden Kritik.

Die möglichst umfassende sozialhistorische Einbindung des singularen Werks müßte „in letzter Instanz" also gerade dessen Geheimnis als das Zentrum eines Kräftefeldes einkreisen und so genauer und reicher erkennbar werden lassen als durch positive Beschwörung. Wie das einzelne historische Ereignis (von dem es ansonsten viel trennt) ist das Kunstwerk durch keine noch so aufwendig erstellten Erklärungszusammenhänge einzuholen. Die implizite Forschungsutopie des Positivismus in der Literaturgeschichte, wie er unter dem Etikett der Sozialgeschichte fort- oder wiederauflebt, besteht aber genau darin, die Kluft zwischen der Dichtung und der außerästhetischen Welt durch immer mehr Informationen und Daten zuzuschütten. Die Aufgabe der historischen Forschung wäre zwar, das zu versuchen – jedoch im Bewußtsein notwendigen Scheiterns. Das Werk springt aus der Geschichte heraus, von der es bestimmt ist; und es wird, indem es sie artikuliert, selbst Geschichte. Dem reduktiven methodischen Schritt, der es an seine Umgebung bindet, korrespondiert daher ein zweiter, der es ohne Furcht vor Zirkelschlüssen als einen geschichtlichen Zeugen *sui generis* sprechen läßt, dessen Beweiskraft nur in ihm selbst ruht. Erst durch den Bruch mit der historischen Faktizität (das, was wir ‚über die Geschichte wissen') gewinnt das Artefakt historische Bedeutsamkeit.

II

Brechen wir die allgemeinen Bemerkungen ab und wenden uns der Erzählung Kleists zu, die sich einem tiefen historischen Einschnitt verdankt und einen Zusammenbruch zum Thema hat; und deren Struktur die Unvermitteltheit, Plötzlichkeit, Unvorhergesehenheit kontingenten Erfahrens vollzieht, das sich der Deutung sperrt, die dennoch versuchen muß zu verstehen, warum, inwiefern sie das tut – und was das ‚bedeutet'.

Das Erdbeben in Chili ist die Geschichte dreier historischer Ereignisse, denen drei grob unterscheidbare Strukturebenen entsprechen. Der stoffliche Bezugspunkt ist das Erdbeben von Santiago de Chile am 13. Mai 1647, für dessen in Einzelheiten offenbar getreue Schilderung Kleist eine ungewisse Quelle benutzt hat. Dem zeitgenössischen Leser mußte sie die Lissaboner Katastrophe von 1755 wachrufen, die ebenfalls, was die Assoziation äußerlich befestigte, die am Meer gelegene Hauptstadt eines katholisch-iberischen Landes getroffen hatte. Seine langanhaltende Wirkung hatte das Ereignis durch ein berühmtes Gedicht Voltaires erhalten, das den optimistischen Glauben der Leibnizanhänger an eine stetige, gerechte und gütige Weltordnung angriff. Die Parallele der Erzählung zu dieser Zäsur der Aufklärungsepoche ist bisher meistens in stofflichem, kaum gehaltlichem Sinn erwähnt worden.[7]

Wenig bedacht worden ist von der Forschung ein möglicher Bezug der dargestellten Katastrophe zur Französischen Revolution. Für ihn gibt es auch kaum einen direkten gegenständlichen Hinweis. Um so wichtiger scheint mir die innere Übereinstimmung. Sie besteht im Zusammenfall von Zerstörung und Neubeginn und dem Bewußtseinsschock der ruckartigen Zeitbeschleunigung, die das Erleben der Ereignisse von 1789 und der Jahre danach charakterisierten und seitdem als Charakteristikum der modernen Erfahrung von Geschichte gelten kann.[8] Immer wieder wurde die Revolution als Naturkatastrophe angesprochen, als Sturm, Überschwemmung, Gewitter und als Erdbeben.[9] Nach dem wirklichen Beben ein drittel Jahrhundert vorher markierte sie den zweiten Einbruch in das vom Rationalismus propagierte Kontinuitäts- und Fortschrittsdenken – und dessen Zusammenbruch. Ihr zugleich sprunghafter und rasanter, als zwangsläufig empfundener Verlauf machte Beteiligte wie Zuschauer zum Objekt einer Geschichtsbewegung, die andererseits als Realisierung des mündigen Vernunftsanspruchs begriffen wurde.

Das sind schwere Geschütze für eine Erzählung, die doch auch eine Liebesgeschichte ist. Immerhin zeigt bereits die Änderung des ursprünglichen Titels *Jeronimo und Josephe*, daß Kleist das überindividuelle Thema hervorheben wollte. Mit Recht ist auf die Aufklärungsstradition der moralischen Erzählung und des *conte philosophique* (zu der Voltaires *Candide* gehört, ein Seitenstück zum Lissabon-Gedicht) hingewiesen worden, die eine weltanschauliche Problemstellung exemplifiziert.[10] Kleists Text wirft grundsätzliche Fragen auf – theologische, metaphysische, geschichtsphilosophische, politische –, die er aber nicht beantwortet. Sie bilden das Material einer verrätselnden Formgebung, aus der sie nicht herauszulösen sind. Andererseits ist die vielberufene kleistische Rätselhaftigkeit keine absolute Größe, die es erlaubte, auf die Erhellung zunächst der isolierten Materialien zu verzichten. Daß dieses Oeuvre sich sozialhistorischen ‚Lösungen' verweigert, ist notorisch seit Lukács' Verdikt vom „bornierten preußischen Junker", dessen soziale Herkunft sich in einer reaktionären Einstellung durch alle künstlerische und psychische Sensibilität hindurch geltend gemacht habe.[11] Das Motiv des Erdbebens erscheint geradezu wie die Ursprungsmetapher eines poetischen Kosmos, in dem der Mensch der Diskontinuität und dem Inkommensurablen ausgesetzt ist und den die Forschung oft und einläßlich beschrieben hat. Versucht man, die Novelle mit Blick auf die beiden realen Schockerlebnisse der Aufklärung zu lesen, so mag ihr eine Schlüsselfunktion für dessen Genese zukommen.

Zu einer solchen Lektüre bildet Kleists gut bekannter bildungsgeschichtlicher Hintergrund eine günstige Einstiegsmöglichkeit. Zwar wissen wir nichts Sicheres über die näheren Entstehungsumstände des Textes.[12] Aber einiges spricht dafür, daß die als erste, nämlich 1807, veröffentlichte Erzählung Kleists auch seine früheste ist und vielleicht bis in die entscheidende Zeit der weltanschaulichen Krise 1800/01 zurückreicht. Damals brach der spätaufklärerische Glaube an die Zweckmäßigkeit der Schöpfung und die Vervollkommnungsfähigkeit des Individuums zusammen, in dem der junge Adlige seit dem freiwilligen Ausscheiden aus dem Offizierskorps und damit der vorgeschriebenen Lebensbahn eine nahezu dogmatische Orientierung gesucht hatte.[13] Daß der einzelne seine Bildung und sein Glück durch Befolgung der erkannten göttlichen Naturzwecke erreichen und die „hienieden" erworbene Wahrheit ihm über den Tod hinaus bleiben und zunehmen könne, schien ihm nicht länger möglich. Statt dessen sah er sich, in schroffem Gegenschlag, der Endlichkeit einer undurchdringlichen Existenz gegenüber.[14] Der Einsturz des Firmaments und die Zerschmetterung des Bewußtseins, die Jeronimo erfährt, waren eine Lebenserfahrung seines Autors. Zu ihr steht nicht in Gegensatz, daß die literarische Figur durch die Katastrophe in ein unvermutetes Glück hineingeschleudert wird. Es geht um die Kontingenz alles dem Menschen Zustoßenden, deren Bild die jederzeit mögliche Katastrophe ist und die das planvolle Streben nach Glück vergeblich macht, dessen Erfahrung als eines schlechterdings Zufallenden aber intensiviert.

Ähnlich wie im dramatischen Erstling *Die Familie Schroffenstein* (1803) – deren ursprüngliche Fassung übrigens teilweise gleich- oder ähnlichlautende spanische Namen aufwies – erblüht ein spontanes Liebesglück inmitten des ungeheuerlichen Geschehens, das beide Male von der Gewalt sozialer und familiärer Konvention ausgeht.[15] Anders als dort freilich versteht es sich zunehmend als Gegenstand eines dem Zufall insgeheim einwohnenden Sinns und wird so seinem Ursprung untreu. Die empfindsame, im Erzählwerk einzigartig bleibende Sprache des Mittelteils erinnert an Kleists Brautbriefe und die berechnende Diktion des „Lebensplans".[16] So scheint es, als sei der Atempause nach der Katastrophe – und zwischen den Katastrophen – die aufklärerische Teleologie eingeschrieben worden, die durch sie von vornherein widerlegt ist. Das soll noch genauer gezeigt werden. Daß Kleist jedenfalls in der Lissaboner Erschütterung die eigene Weltanschauungskrise fast ein halbes Jahrhundert später wiedererkennen mochte, ist geistesgeschichtlich plausibel und darüber hinaus – auch wenn er Voltaire nicht vor Augen hatte – hermeneutisch sinnfällig. Die (wenn man will) geistesgeschichtliche ‚Verspätung' seines Weltbilds ist im übrigen nicht untypisch für seine Generation in dem europäischen Staatswesen, das am tiefsten und längsten vom Rationalismus durchdrungen war und in dem der Umschlag zur Romantik sich radikal vollzog.[17]

Die Deutungsperspektive auf die Aufklärung läßt sich dichtungsgeschichtlich vertiefen. Die Fabel greift auf einen Modellkonflikt der Empfindsamkeit zurück: das heimliche Liebesverhältnis des bürgerlichen Lehrers mit der Tochter des adligen Hauses, das der standesbewußten Ächtung anheimfällt und mit der Geburt eines Kindes zur Verurteilung des Paars führt. Kleist interessiert sich jedoch nicht für die psychologische Entfaltung des Konflikts zwischen natürlicher Leidenschaft und gesellschaftlicher Ordnung, wie sie seit dem Muster, Rousseaus *Nouvelle Héloïse* (1764), im Mittelpunkt stand. Er drängt die thematische Überlieferung zur Vorgeschichte zusammen, die „gerade in dem Augenblicke" nachgeholt wird, der mit dem Beben auch die Rettung Jeronimos vor dem versuchten Selbstmord und Josephes vor der gerade beginnenden Hinrichtung bringt.

Die formale Verschiebung zeigt eine des Gehalts an. Die Erzählung gewinnt ihren Einsatz durch die Sprengung des ihr vorausliegenden Stoffs und seines als zwangsläufig motivierten Endes; sie befreit mit dem Paar auch den Erzähler zu einer ‚neuen' Geschichte, einer Novelle. Die ‚unerhörte Begebenheit' steigert den Konflikt von Natur und Gesellschaft ins Paradigmatische, was sich gattungsgeschichtlich nun weiterhin im Gegeneinander von Novelle und Idylle ausdrückt. Nichts könnte einerseits konträrer sein als der dramatische Bericht des außergewöhnlichen Geschehens und die ruhige Beschreibung eines idealen Glückszustands; und Kleist spielt diesen Gegensatz intensiv aus. Andererseits lassen sich beide Gattungen als im Extrem einander berührend vorstellen. Wie die idyllische Zuständlichkeit außerhalb der geschichtlichen Bewegung und gesellschaftlichen Verflechtung angesiedelt ist und damit einen Bruch mit ihnen zur Voraussetzung hat, den sie jedoch in ihrer ‚reinen' Form nicht in die Darstellung aufnimmt, so durchbricht die novellistische Begebenheit die Kontinuität des Normalen. So wurde sie in der zeitgenössischen Theorie definiert. A. W. Schlegel spricht von einer „Geschichte außer der Geschichte", die „gleichsam hinter dem Rücken der bürgerlichen Verfassungen und Anordnungen vorgefallen" ist.[18] Kleists Novelle sprengt die bürgerliche Ordnung weg und sprengt zugleich den paradiesischen Naturzustand frei, womit sie die implizite Formidee der Idylle motiviert und zum Thema macht: den unvermittelten Sprung in die heile Welt.

Im Bezug auf die Gattungstradition der Idylle, die die bevorzugte Form der aufklärerischen Naturutopie war, gipfelt der Rückbezug des Textes auf epochale Fragestellungen des Rationalismus und berührt sich mit der geschichtsphilosophischen Auslegung der Revolution. Die Gliederung in drei deutlich voneinander abgesetzte Teile spiegelt das triadische Modell wider, das Kleist und den Zeitgenossen vertraut war. Genauer gesagt verkehrt sie es: statt der Abfolge von Naturzustand, Übergang zur Gesellschaft und dann auf höherer Stufe wiedergewonnener Natur steht hier der Sprung von der außer Kraft gesetzten Gesellschaft in das Naturglück und zurück in deren Wiederformierung. Nicht die Utopie einer mit der Natur versöhnten Zivilisation triumphiert, sondern ihr düster strahlender Widerruf. Die Verkehrung kann man allgemein mit der zeitgenössischen Enttäuschung über den Verlauf der anfangs so enthusiastisch gefeierten Revolution in Analogie bringen. Die Sprengung der bestehenden Staatsgewalt, symbolisiert im Sturm auf die Bastille (Jeronimos zusammenstürzendes Gefängnis), führte nicht zur idealen Naturgesellschaft, sondern zu Chaos und blutiger Anarchie. So wollten es bekanntlich die meisten deutschen Beobachter sehen, deren Reaktion Schiller formulierte: „Die losgebundene Gesellschaft, anstatt aufwärts in das organische Leben zu eilen (Kleist: „schien [...] der menschliche Geist selbst, wie eine schöne Blume, aufzugehn" [17]), fällt in das Elementarreich zurück."[19] Revolution („Umsturz aller Verhältnisse", 18), utopische Illusion und politische Enttäuschung wären die drei Stufen einer zeitgeschichtlich-allegorischen Lektüre des *Erdbeben*. Daß sie angesprochen sind, scheint mir so sicher wie die offenkundige Tatsache, daß die Novelle sich hierin nicht erschöpft. So ist die Darstellung einer gewalttätigen Menge, die den Vollzug des Gesetzes an sich reißt, wohl nicht unbeeinflußt vom historischen Auftreten der Sansculotten oder dürfte doch mit ihm assoziiert worden sein. Dasselbe gilt von der Macht der Rede, die der Schlußteil so drastisch demonstriert.

Bisher ist die manifeste Sozialkritik noch nicht erwähnt worden, die hier schärfer ausfällt als in irgendeiner anderen Erzählung Kleists, selbst den *Kohlhaas* eingeschlossen. Doch so konkret die Kritik an der Kirche und der mit ihr verbündeten staatlichen Gewalt zu sein scheint, so tief führt sie zugleich in die Vieldeutigkeit der erzählerischen Konstruktion des Textes hinein. Dieser besitzt eine durchgehende religiöse Schicht, die sowohl die Kritik wie das Bewußtsein der dargestellten Figuren übersteigt, um deren Frömmigkeit oder Unfrömmigkeit es so wenig wie überhaupt um ihr Innenleben geht.[20] Genau besehen ist es ja, abweichend von der motivgeschichtlichen Überlieferung der illegitimen Liebesbeziehung, nicht der Standesunterschied, der hier zum unmittelbaren Verhängnis wird, sondern die Verletzung des heiligen Klosterbezirks. Die satirischen Streiflichter auf die bigotte (weibliche) Bevölkerung sind unzweideutige Meinungsbekundungen des Erzählers. Sie steigern und objektivieren sich im Schlußteil zum Zynismus des pervertierten Christusworts über die Ehebrecherin sowie, hiermit überblendet, des „Kreuziget ihn" der Passionsgeschichte: „steinigt sie! steinigt sie! die ganze im Tempel Jesu versammelte Christenheit!" (21). Die Annahme, es sei Kleist im Kostüm einer Darstellung des spanischen Kolonialreichs um aktuelle Kirchenkritik gegangen, greift daher schon immanent entschieden zu kurz. Die Liebenden stehen mit der religiösen Macht in untergründigem Bunde. Sie sind deren Schänder und Beschützte, Verurteilte und Märtyrer. Ein Blick in Kleists Briefe zeigt, wie zur Zeit der Kantkrise sich die protestantisch-aufklärerische Idiosynkrasie gegen den Katholizismus in Faszination wandelte, die ihre Energie, so möchte man meinen, noch aus dem rationalistischen Tabu bezog.[21] Das Liebeserlebnis – das Jeronimo „in einer verschwiegenen Nacht den Klostergarten zum Schauplatz seines vollen Glückes" macht – und dessen Folgen kommen an Fronleichnam, dem

Tag der Repräsentation des mystischen Christuskörpers, „bei dem Anklange der Glocken" und „auf den Stufen der Kathedrale" ans Licht der Öffentlichkeit (11). Die Bevölkerung trägt zu dem „Schauspiele, das der göttlichen Rache gegeben wurde" (12), sogar die Dächer der Häuser ab. In den Korrespondenzen ist eine mythische Verknüpfung von Intimem und Öffentlichem, dem Einzelnen und dem Allgemeinen angedeutet, die im Schlußteil durch die blutige Opferhandlung vollzogen wird.

Diese läßt sich nun als Antwort auf die Deutung des Paars verstehen, mit der es das „Wunder des Himmels" (14) auf sich bezogen hatte. An keiner Stelle allerdings, das ist festzuhalten, wird es von ihnen oder einer anderen Figur als Gottesurteil gegen die pharisäerhafte Gesellschaft ausgelegt. Dennoch legt der Text das zunächst nahe, wenn die für das Urteil verantwortlichen Instanzen zertrümmert werden: Erzbischof, Kathedrale, Gerichtshof, Palast des Vizekönigs, das väterliche Haus Josephes, an dessen Stelle ein kochender See getreten ist – die rächende Mutter vielleicht, so wie die liebliche Landschaft die gute symbolisieren mag. Freilich findet auch die hilfsbereite Äbtissin einen „schmählichen" Tod (14). Wenn Jeronimo Geliebte und Kind in einem symbolträchtigen Rahmen wiederfindet und ausruft „O Mutter Gottes, du Heilige!", so scheint sein Gebet an Maria aus dem Gefängnis zu Beginn doch erhört. Vor dem ikonographischen Hintergrund des biblischen und bukolischen Paradieses bildet sich die Vision der befriedeten familiären Gemeinschaft, die der Lieblingstraum der empfindsamen Aufklärung war. Ihr oft bemerktes konjunktivisches ‚Als ob' (hier wie im ganzen Mittelteil) ist der syntaktische Schatten, den das Ende auf sie wirft. Es ist aber auch ein Index der subjektiven Perspektive, die das allgemeine Glück als ein verallgemeinertes individuelles faßt.

„Und in der Tat schien, mitten in diesen gräßlichen Augenblicken, in welchen alle irdischen Güter der Menschen zu Grunde gingen, und die ganze Natur verschüttet zu werden drohte, der menschliche Geist selbst, wie eine schöne Blume, aufzugehn. Auf den Feldern, so weit das Auge reichte, sah man Menschen von allen Ständen durcheinander liegen, Fürsten und Bettler, Matronen und Bäuerinnen, Staatsbeamte und Tagelöhner, Klosterherren und Klosterfrauen: einander bemitleiden, sich wechselseitig Hülfe reichen, von dem, was sie zur Erhaltung ihres Lebens gerettet haben mochten, freudig mitteilen, als ob das allgemeine Unglück alles, was ihm entronnen war, zu *einer* Familie gemacht hätte." (17)

Daß die destruktive Naturgewalt die Utopie ermöglicht, die dann von der Gewalteruption der Gesellschaft erstickt wird, ist die Provokation der Novelle, die – das Mindeste zu sagen – die Unberechenbarkeit von Natur und Geschichte demonstriert. Ihre ganz unterschiedlichen Deutungen arbeiten häufig mit Schuldzuweisungen. So heißt es etwa, die Menschen hätten die Stimme Gottes aus dem Erdbeben nicht gehört oder angenommen.[22] Oder auch, die Liebenden hätten egoistisch sich über das allgemeine Leid hinweggesetzt, dem sie ihr Glück verdankten.[23] Neben theologisch-moralische Argumente treten politische, die ähnlich gegensätzlich sind. Der These, aus dem Zerfall der staatlichen Ordnung gehe eben nicht der rousseauistisch gute, sondern der böse Naturstand von Hobbes hervor, widerspricht die umgekehrte, die das Argument Rousseaus gegen Hobbes aufgreift: Kleist zeige, wie die sozial bedingte Verderbtheit den Zusammenbruch der Institutionen überlebe; der religiöse Massenwahn und die kleinbürgerliche Lustunterdrückung entlüden sich in der Aggression gegen die Außenseiter, die sich über beides hinweggesetzt hätten.[24]

Eine brillante Formanalyse von J. Ellis hat dagegen die Einseitigkeiten solcher gehaltlichen Interpretationen zum Ausgangspunkt genommen, um anhand der Erzählerfunktion den Prozeß der durchgehenden Sinnkonstitution und -destruktion nachzuzeichnen, der die Novelle zu einer „detective story on a cosmic scale" mache, in der nur die Frage nach dem Täter und seinem Motiv eben unbeantwortet bleibe.[25] Sie zeigt daher auch genau den Punkt an, über den eine sozialgeschichtliche Interpretation hinausgehen muß.

Die bisher genannten weltanschaulichen Materialien sind zu gewichtig, als daß sie nur als das Material einer formalen Verrätselung fungieren sollten, die auch hier das „Prinzip der Doppeldeutigkeit" zur Geltung bringt, das als strukturbildend für das kleistische Erzählen erkannt worden ist.[26] Die beschränkte, gleitende und mehr noch sprunghaft widersprüchliche Perspektive des Erzählers ist ihrerseits ein Konstruktionsfaktor im erzählerischen Prozeß, der eine empfindsam-rationalistische und eine kirchlich-religiöse Deutungshaltung gegeneinander ins Spiel bringt – und damit die beiden konkurrierenden weltanschaulichen Systeme des 18. Jahrhunderts. Wenn die Kirche triumphiert, so zweifellos auch deshalb, weil sie über das wirksamere sozialpsychologische Werkzeug zur Katastrophenbewältigung verfügt. Daß die Orthodoxie in dieser Hinsicht ihren rationalistischen Gegnern überlegen sei, war die tiefere Gefahr von Lissabon, die Voltaire abzufangen suchte und die Kant gleichzeitig angesprochen hatte. Seine Schrift über die „merkwürdigen Vorfälle des Erdbebens", die bisweilen als mögliche Anregung für Kleist genannt wird, weist prophetisch auf eine poetische Behandlung des Themas hin[27] – prophetisch, weil dem vielleicht die Ahnung zugrunde lag, daß nur eine solche der religiösen Auslegung Konkurrenz machen könne. Unter diesem Gesichtspunkt kann der Schlußteil gesehen werden.

Das Blutbad wird veranlaßt durch die Predigt, die das unbewußte Vorbild all jener Interpretationen ist, die den Zufall motivieren und dem Sinnlosen einen Sinn geben wollen (und wenn es die Sinnlosigkeit selbst ist). Das Ereignis erhält Stimme und Sprache: die Koinzidenz von Erdbeben und Hinrichtungsstunde wird zur Kohärenz einer exemplarischen

Geschichte. Die Geste des alten Chorherrn, der „seine zitternden [...] Hände hoch gen Himmel“ (20) erhebt, antwortet im genauen Sinn dieses Worts jener Figur aus dem ersten Abschnitt, die „bleich wie der Tod, [...] *sprachlos* zitternde Hände zum Himmel [streckte]“ (13; Hervorhebung d. Verf.). Es ist aber nicht so, daß den Sündern (und ihrer Verschonung vor der härtesten Strafe) direkt die Schuld an dem Unheil gegeben wird – obwohl sie dann natürlich die Funktion von Sündenböcken erfüllen. Die Predigt springt zwischen Paradigmatischem und Deiktischem unvermittelt hin und her. Der Priester „schildert“ der schweigenden – zu Gott, wie er sagt, emporstammelnden – Gemeinde, was sie gerade erlebt hat und was „auf den Wink des Allmächtigen hin geschehen war“; er „zeigt hin“, „nennt“, „schreibt zu“, „erwähnt umständlich“, bis er beiläufig, nämlich „in einer von Verwünschungen erfüllten Seitenwendung, die Seelen der Täter, wörtlich genannt, allen Fürsten der Hölle übergab“ (20). Er löst den bereitliegenden Sünde-Gericht-Mechanismus aus, dessen biblisches Exempel (Sodom und Gomorrha) ihn von selbst, „im Flusse der priesterlichen Beredsamkeit“ zu den Figuren trägt, die in es hineinpassen. Auf deren magische Nennung folgt die Identifizierung der Opfer in der Menschenmenge, an denen sich der Blutdurst, wie zuvor an der auslösenden Predigt der Sinndurst, der Menschen befriedigen will. Der „weite Kreis des Entsetzens“ (20), der sich um die Gruppe bildet, die zuvor um ihr privates Glück eine glückliche Welt arrangieren zu können meinte, ist das negative Gegenstück der Utopie, das nun von außen die illegitime Familie zum Mittelpunkt einer religiösen Figuration macht (‚Apage Satanas‘ – „Weichet fern hinweg, ihr Bürger“, 20).

Auffallend sind die vielen Namensnennungen und Verwechslungen in diesem Abschnitt. Im Namen verbindet sich die singulare Individualität mit ihrer Kennzeichnung – ‚Identifizierung‘ – durch das Kollektiv. Hier geht es um die Wiederherstellung der patronymen Gewalt der Gesellschaft, die durch die uneheliche Geburt verletzt worden war und die im ‚mütterlich‘ geprägten Zwischenteil der Novelle suspendiert war. Besonders auffallend ist die pragmatisch betrachtet unwahrscheinliche Tatsache, daß niemand Don Fernando zu kennen scheint: „Sohn des Kommandanten der Stadt, den ihr alle kennt“ (20), wie er beschwörend ruft und wie es Josephe vergeblich wiederholt. Doch vielleicht nutzt ihm die Berufung auf die väterliche Autorität gerade deshalb wenig, weil er dem anderen, mütterlichen Bereich zugeordnet ist; als Beschützer seiner Frau und deren Familie samt dem „liebreich“ Josephe zunickenden Schwiegervater – der einzigen positiven Vaterfigur – war er im Zwischenteil der Novelle aufgetreten, und eine engere Beziehung bindet ihn an die junge Mutter. Nachdem diese sich gleich anfangs zu erkennen gegeben hat, wird der „Vater zu diesem Kinde“ (21) gesucht. Vaterfiguren sind es wiederum, die, nach Erzbischof, Vizekönig, dem Vater Asteron, dem alten

Chorherrn, hinter dem der rächende Großvater steht, nun die Lynchjustiz vollstrecken: der Schuster Pedrillo, der Josephe „wenigstens so genau kannte, als ihre kleinen Füße“ (21), sowie, der idyllischen Familienstilisierung zum Trotz, der ‚Keulenschlag‘ aus der Menge: „dies ist Jeronimo Rugera, ihr Bürger, denn ich bin sein eigner Vater“ (22).

Die Frage, ob dies denn der richtige Vater sei, ist so trivial und wichtig wie die andere, was dem Kirchgänger die steinzeitliche Keule in die Hand gibt. Die Figur ist das Organ einer poetischen Regression, die die von der Idylle ausgesparte Gewalt einfordert, die sie erst ermöglicht hatte.

Blicken wir noch einmal auf den gattungsgeschichtlichen Hintergrund, so läßt sich der Schlußabschnitt als poetische Kritik an den idyllischen Regressionsbildern deuten, die die zivilisatorische Ordnung als Natürlichkeit und Ursprünglichkeit idealisieren und die ihr zugrundeliegende Gewalt verdrängten. Wie die sanfte und mütterliche Natur ja durch die gewalttätige erst geschaffen wurde, so beruht die familiäre Ordnung auf der (im Vater symbolisierten) Gewalt, die in der universalfamiliären Vision der Gesellschaft als Gemeinschaft verflüchtigt war, in der die Liebenden sich ‚aufgehoben‘ hatten. Wenn jetzt die wirkliche Gesellschaft aus ihrem familiären Kern heraus auf sie zurückschlägt, werden sie als Individuen gebrandmarkt und ausgezeichnet. Die Rache des Kollektivs für die Verletzung des Klostergartens liegt so in der (nicht etwa moralischen, sondern) poetischen Konsequenz des Prozesses, in dem diese ihr individuelles Ausnahmeglück kollektiv ausgelegt hatten. Um den Preis des Todes wird dessen Singularität besiegelt.

Mit der Individualisierung untrennbar verbunden ist aber auch die unvermittelte Ursprungsgewalt, mit der sie sich losreißt vom Allgemeinen und absolut setzen will. Ist vielleicht der verbotene Liebesgenuß im Klostergarten eine Anspielung auf den Sündenfall, der sich im aufgeklärten Paradies der Idylle rückgängig gemacht glaubt, obwohl sie vom sakralen Mythos zehrt, der dann seinen Preis verlangt? Die idyllischen Ursprünglichkeitsimaginationen der vorrevolutionären Aufklärung unterstützten jedenfalls ein geschichtsphilosophisches Heilsverlangen, das sich aus religiösen Quellen speiste, aber nicht das Böse, nicht den Verlust und daher nicht die Wiedergewinnung des Paradieses erklären konnte, die doch suggeriert wurde. Man stand sozusagen auf dem Sprung ins Paradies – mit dem die Revolution dann gewalttätig überraschte.

Kleists Novelle vollzieht etwas von diesem Sprungerlebnis, einer gewalttätigen Ursprungserfahrung nach, die das Individuum ohne den Reizschutz der religiösen und ersatzreligiösen Sinnmechanismen schockartig überfällt und die es dennoch in diesen zu verarbeiten sucht, wenngleich vergeblich. Auf der Ebene der Formintegration der bisher weitgehend isoliert betrachteten material-gehaltlichen Komplexe stellt sich das *Erdbeben* vielleicht als ‚geschichtsphilosophische Sonnenuhr‘ der epochalen Wende dar, die mit der Französischen Revolution markiert ist und die ja nicht nur im Politischen, Gesellschaftlichen und Weltanschaulichen, sondern auch im Ästhetischen mit der Idee der Autonomie zu verknüpfen ist.

III

Mit einem symbolischen Tod und einer symbolischen Neugeburt beginnt die Erzählung. Die Zufallsverkettung ist so paradox, daß Jeronimo nicht nur *vor* seinem Selbstmordversuch durch das *Beben* gerettet wird, sondern *durch* diesen selbst. Auf die tödliche Bedrohung antwortet das Ich mit instinktiver Selbsterhaltung: „und gleich als ob sein ganzes Bewußtsein zerschmettert worden wäre, hielt er sich jetzt an dem Pfeiler, an welchem er hatte sterben wollen, um nicht umzufallen." (12) Standhalten und Niedersinken ist ein den ganzen Text durchziehendes Gegensatzmotiv. Der allgemeine Zusammenbruch ist der Zusammenbruch *des Allgemeinen* – des Gefängnisses, der Stadt, der bürgerlichen Ordnung, des Bewußtseins und seiner Intention –, der dem Ich Existenz schenkt. Im Zusammenschlag der beiden Wandmauern, durch deren „zufällige Wölbung" (12) Jeronimo ins Freie gleitet, wird das sinnfällig. Das Bild des Gewölbesturzes ist aus Kleists Briefen bekannt, wo es auf den „wichtigsten Tag meines Lebens" während der rätselhaften (und verrätselten) Würzburger Reise bezogen wird; und diese Verbindung zum *Erdbeben* ist der stärkste Hinweis auf seine frühe Entstehung bzw. seinen Rückbezug auf die lebensgeschichtliche Krise des Autors. Kleist kehrt hoffnungslos („als ob mein Glück unterginge") und auf den Tod gefaßt von einem Spaziergang durch das Stadttor zurück, als ihm dessen plötzlich ins Auge springende architektonische Konstruktion einen „unbeschreiblich erquicklichen Trost" spendet: nämlich daß so, wie im gleichzeitigen Sturz aller Steine jeder einzelne gehalten wird, „auch ich mich halten würde, wenn alles mich fallen läßt".[28] Führt man die Analogie restlos durch, so würde das Ich sich in dem Zusammensturz des Äußeren und *als* dieser erst konstituieren. Es ist der Indifferenzpunkt von außen wirkender Kräfte, die sich in ihm zufällig, ‚zusammenfällig' gegeneinander aufheben. Die jüngste Kleistforschung hat denn auch besonders am Erzählwerk diesen zentralen Aspekt des situationsgebundenen Subjekts gegenüber der älteren Auffassung vom unzerstörbaren Ichkern herausgearbeitet.[29]

Geboren wird dieses Subjekt, das kein positiv beschreibbares Innen ist, in der Katastrophe, die es zur Unschuld des lebenssichernden Instinkts befreit und aus dem Schwerpunkt unmittelbarer Reaktion heraus handeln läßt. In einer Schlüsselwendung heißt es später von Josephe, die beim Anblick des in Trümmern liegenden Gefängnisses, in dem sie den Geliebten erschlagen vermutet, „besinnungslos [...] niedersinken" will, daß sie der „Sturz eines Gebäudes hinter ihr [...], durch das Entsetzen gestärkt, wieder auf[jagte]" (15). Intentionen, Reflexionen, Erinnerungen sind ausgelöscht zugunsten des Überlebensreflexes. Ein jähes Glücksgefühl überkommt Jeronimo, als er, den Trümmern der Stadt entkommen, aus der Bewußtlosigkeit auftaucht; und erst als dann langsam die Erinnerung, die Wiederanknüpfung ans Vergangene und die Anstrengung, sie mit der Gegenwart in Übereinstimmung zu bringen, einsetzt, beginnt der Prozeß der Sinngebung, der immer weiter fortschreitet und die gesamte Zukunft einbeziehen will und zu welchem die Reintegration in die Gemeinschaft parallel läuft. Vermittelt durch die Reflexion wird die vitale Rettung *aus* dem Beben zur Rettung vor dem Urteilsspruch *durch* es. Die Perspektivenführung unterstützt die Figuren bei der Wiederherstellung ihrer Erfahrungseinheit. Auf die gleichsinnig dargestellte Flucht Jeronimos folgt die aus der Rückschau nachgetragene Josephes, die schon vom guten Ende aus finalisiert ist: „Dies alles erzählte sie jetzt voll Rührung ..." (15) Hier tauchen die ersten Anspielungen auf göttlichen Beistand auf, und es ist vermutlich kein (gestalterischer) Zufall, daß hier auch die vernichteten Machtinstanzen erwähnt werden. Der schreckliche Tag findet in einer nur ironisch lesbaren Wendung seinen Abschluß:

> [...] Unendliches hatten sie zu schwatzen vom Klostergarten [...] und was sie um einander gelitten hätten; und waren sehr gerührt, wenn sie dachten, wie viel Elend über die Welt kommen mußte, damit sie glücklich würden!" (16)

Was die sprachliche Konjunktion von selbst leistet, die Zweckrichtung des Zufalls, setzt sich mehr und mehr in der rationalistischen Diktion durch, hinter der der Glaube steht, sich auf die Welt verlassen zu können. Dabei will das Paar gerade nicht die glückliche Ausnahme im kollektiven Unglück bleiben, sondern die Gesellschaft als „versöhnt" (16) begreifen, weil nur so der Widerspruch ihrer Erlebnisse vor und nach der Katastrophe in Einklang zu bringen ist. Die universale Versöhnung ist Ausdruck eines vitalen Bedürfnisses – der inneren Einheit ihres Ichs. Die Simultaneität des Zusammensturzes als ein dem Ich Halt gebender Vorgang versucht sich innerhalb der Sukzessivität der Erzählung gewissermaßen in einer Sinnarchitektur zu konsolidieren. Auf dem „durchdröhnenden" Schlag der Versöhnung (16) soll das „Versöhnungsgeschäft" (18) mit dem Vizekönig gebaut werden. Der Entschluß, sich dem Zug der Kirchgänger einzureihen, ist nur konsequent. Wenn Josephe ihren „Drang" bekundet, „ihr Antlitz vor dem Schöpfer in den Staub zu legen" (19), der sich dann auf andere Weise erfüllt, so ist das der Drang zurück zum Allgemeinen, zur Sanktionierung dessen, was sie selbst als Sinn sich zurechtgelegt hat. Gehört sie nicht zu jenen „tristes calculateurs des misères humaines", denen Voltaire zugerufen hatte: „Et vous composerez dans ce chaos fatal / Des malheurs de chaque être un bonheur général"?[30] Ohne Leibniz gelesen zu haben, meint sie schließlich, daß „sich gar nicht angeben ließ, ob die Summe des allgemeinen Wohlseins nicht von der einen Seite um ebenso viel gewachsen war, als sie von der anderen abgenommen hatte" (18).

Voltaire hatte im *Candide* und im Lissabon-Gedicht das teleologische Glückskalkül parodiert und attackiert, weil es gegen das wirkliche Leiden (sogar gegen das eigene) blind mache. Bei Kleist geht die Ironie, die den Mittelabschnitt der Novelle kennzeichnet, tiefer als bloße ideologiekritische Absicht. Denn die gerührten Reflexionen zeigen sich als eine notwendige Behausung, in die der Mensch vor der Bedrohung flüchtet und sein Gerade-entronnen-sein verewigen will. Der idyllische Stillstand ist das Aufatmen nach dem Schrecken, das sich mit Sinn füllt. Mehr als das – in ihm kommt die Erzählung zur Reflexion der allem Erzählen innewohnenden sinnstiftenden und versöhnenden Qualität; das Geschehen wird zur Geschichte, nachdem es überstanden ist. So kann die gattungsgeschichtliche Überkreuzung, die einerseits Freisprengung der Naturutopie durch das explosive Ereignis ist, andererseits als die poetische Reflexion der Bedingung allen Geschehensberichts durch die Idylle gedeutet werden. Traditionell der paradigmatische Ort des Glücks und der Rede über das Glück, wird die Idylle hier zum Ort des Glücks des Erzählens. Von Josephe heißt es, sie „dünkte sich unter den Seligen" (17), nachdem sie Donna Elvire den Bericht ihrer Rettung gegeben und diese damit sichtlich gerührt hat.

In diesem Zusammenhang – und unmittelbar auf die zitierte utopische Passage folgend, die ihrerseits gleichsam durch diese empfindsame Träne gesehen ist – steht ein zweifelsfreier Bezug auf die Französische Revolution: Man erzählt „Beispiele von ungeheuern Taten", von „Römergröße" sonst gering geachteter Menschen, aufopferndem Heldentum und lebenssteigernder Todesverachtung – heroische Geschichten ersetzen die „nichtssagenden Unterhaltungen" der Salons (17). Die plötzliche Geschichtsmächtigkeit des einfachen Menschen, der bisher im Schatten der absolutistischen Kabinetts- und Militärpolitik gestanden hatte, war ein immer wieder mit Erstaunen registriertes Phänomen der revolutionären Ereignisse.[31] In ihm verdichtete sich ihre fortreißende Gewalt, die nicht vom Auftreten der Masse als politischem Subjekt zu trennen ist und welche die ‚Philosophen' zur ohnmächtigen Betrachterrolle zwang. Die Revolution zeigte den unmittelbar Miterlebenden ein Janusgesicht. Einerseits entsprachen viele ihrer (vor allem anfänglichen) Errungenschaften der lange ersehnten Verwirklichung der Vernunft in Staat und Gesellschaft, die man sich freilich eher als einen kontinuierlichen Prozeß vorgestellt hatte. Deshalb wurde sie andererseits als überraschender, irrationaler, wunderbarer Einbruch in den konstanten Erfahrungsraum empfunden, mit der etwas Neues anfing und die Erfahrung des Neuen, Unvorhergesehenen in die Geschichte trat. Ihre Einmaligkeit und Inkommensurabilität wurden zum Paradigma des historischen Ereignisses, das die Deutung zur Nachträglichkeit verurteilt.[32]

Die Vorgängigkeit des Geschehens und die verzögerte Sinngebung, die die nackte Kontingenz abzupolstern sucht, würde also innerhalb von Kleists Erzählung im Prozeß von der novellistischen Begebenheit zur idyllischen Zuständlichkeit gespiegelt. Auf den Kollaps des bestehenden Allgemeinen reagiert der Mensch unmittelbar mit instinktiver Selbstbewahrung und mittelbar mit dem reflexiven Prozeß einer kohärenten Verarbeitung, der ihn notwendig zu den Institutionen zurückführt. Folgt dann, nach der Stufe des Instinkts und des Bewußtseins, eine dritte, die beide vereinigt – und die dem Schluß-, nicht dem Mittelabschnitt der Novelle utopische Bedeutung gibt?

So wird es tatsächlich nahegelegt, liest man die Erzählung als eine poetische Geschichtsphilosophie oder besser Geschichtsphilosophie des Poetischen, die auf die politische Verarbeitung der Revolution antwortet. Werfen wir zuvor einen Blick auf die vermutlich wichtigste Äußerung Kleists zur historischen Revolution. Sie findet sich in gar nicht politischem Zusammenhang, im Aufsatz *Über die allmähliche Verfertigung der Gedanken beim Reden,* und illustriert dort die These von der „Fabrikation" der Ideen „auf der Werkstätte der Vernunft", deren Werkzeug die gesprochene Sprache ist. Kleist analysiert die „Donnerkeil-"Antwort Mirabeaus gegenüber dem königlichen Zeremonienmeister, der die Auflösung der Delegiertenversammlung verlangt hatte, als eine sich steigernde Zug um Zug-Reaktion, bei der jener zu Beginn noch nicht weiß, worauf sie hinausläuft, und von der Sprache sowie der Mimik des Gegenübers sich führen läßt.

> „Vielleicht, daß es auf diese Art zuletzt das Zucken einer Oberlippe war, oder ein zweideutiges Spiel an der Manschette, was in Frankreich den Umsturz der Ordnung der Dinge bewirkte."[33]

So würde die Revolution nicht durch festliegende Vernunftgrundsätze, sondern sprachlich, durch den nicht vorbestimmten Satz, der sich Wort für Wort der Wahl des Augenblicks überläßt, ausgelöst. Nicht, daß Geschichte ‚sinnlos' sei, ist die (von höchstem Sinn erfüllte) Aussage des Beispiels, sondern daß der Sprache selbst Handlungs- und Ereignischarakter zukommt, der sie der Verfügbarkeit ebenso entzieht, wie die Geschichte ihr entzogen ist. Zur Aktualisierung dieses ihres entdeckerischen und erfahrenden Charakters aber wird sie wieder durch Konfrontation, Bedrohung des Subjekts gezwungen; Selbstbehauptung scheint auch hier das entscheidende Prinzip.

Auch den Priester trägt der Verlauf seiner Rede zur Auslösung eines Ereignisses; doch ist diese gerade paradigmatisch vorherbestimmt. Sie entspricht insofern der erzählenden Rückdeutung des Mittelteils der

Novelle als sie, wie gezeigt wurde, deren Verallgemeinerung gegen die Individuen kehrt. Nicht die thematische Sprache, sondern die sprachliche Erzählung selbst verwirklicht gegen den Schluß etwas von diesem Ereignischarakter, in dem das Subjekt sich Zug um Zug behauptet und der Geist des Geschehens im Vollzug der Geschichte zu sich selbst kommt – ohne im Sinn ausgelöscht zu werden.

Schon immer ist die Schwerpunktverschiebung auf Don Fernando bemerkt worden, wobei dessen positive Figur dann bisweilen von der negativ bewerteten Untätigkeit Jeronimos abgesetzt wurde. Tatsächlich ersetzt der „göttliche Held" (22) diesen, so wie der dritte Teil insgesamt den ersten noch gesteigert wiederholt. Der Flucht aus der Stadt korrespondiert der geordnete Zug in sie zurück; der Naturkatastrophe der Gewaltausbruch der Gesellschaft; dem reaktiven und besinnungslosen Kampf gegen das Verderben der „sinnreiche" Kampf gegen die identifizierenden Verfolger (20). Dessen Exponent ist Don Fernando, der mit „heldenmütiger Besonnenheit" (21) die Situation, die eine Kette stets wechselnder, sprunghafter Situationen ist, meistert – d.h. sich ihr stellt. Er handelt ritterlich und tapfer, geistesgegenwärtig und überlegt. Aber seine Reflexion geht nie über die Situation hinaus. Er kämpft nicht etwa für die Unschuld des Paars, über die er nie etwas gesagt hat, ja er hat nicht einmal zu erkennen gegeben, daß er sich der Vorgeschichte bewußt ist, die jetzt seine Schutzbefohlenen einholt. Wie er nicht zurückblickt, so weigert er sich auch vorauszublicken; die (ja sehr berechtigte) Sorge seiner Schwägerin über den Kirchgang treibt ihm „eine Röte des Unwillens ins Gesicht" (19). Auf die Entschuldigungen des Offiziers für sein Untätigsein antwortet er, „daß ihm nichts vorzuwerfen sei, und bat ihn nur, die Leichname jetzt fortschaffen zu helfen" (22). Wenn er schließlich in eine mythische Apotheose im Kampf gegen den „Fürst der satanischen Rotte" (22) hineinwächst, so ist dies der Ausdruck der poetischen Utopie, die sich in ihm verkörpert. Eine Parallele zum *Marionettentheater*-Aufsatz unterstützt das. Mit dem Rücken gegen die Kirche gelehnt, mit der linken Hand die Kinder haltend und der rechten kämpfend, wiederholt Don Fernando das Bild des fechtenden und mit instinktiver Sicherheit parierenden Bären – aber auf der Stufe menschlicher Vernunft. Zugleich spiegelt er Jeronimo, der sich am Gefängnispfeiler festgehalten statt erhenkt hatte. So antwortet der Ichgeburt *aus* und *in* dem Zusammensturz der Welt das kriegerische Standhalten ihr gegenüber, das nun mehr ist als der Leerpunkt des Gewölbesturzes und der (ihm entsprechende) Schwerpunkt der tanzenden Marionette oder der Instinkt des Bären – es gehört dem „göttlichen Helden", so wie der Aufsatz die Grazie entweder dem Gliedermann oder dem Gott zugesprochen hatte.

Das heißt nicht etwa, daß in Don Fernando die Geburt eines neuen und höheren Menschen als der Sinn der Geschichte erreicht sei.[34] Wie

Gewölbesturz und Marionette Artefakte sind, so zieht sich in der Figur die Konstruktion der Novelle zusammen, die durch sie (mit einem Begriff des russischen Formalismus) nur motiviert ist. Es ist die Erzählung selbst, die Autonomie gewinnt, indem sie den unmotivierten, unmotivierbaren, freien Augenblick des Zusammenbruchs aller bestehenden Sicherungen festhält, ohne ihn, wie es die Figuren und mit ihnen der Erzähler tun, rückdeutend einzuordnen. Ihre Sukzessivität baut Sinn und kausale und teleologische Vermittlungen auf und zerstört sie zugleich in der Simultaneität eines Zusammensturzes, der identisch ist mit der vermittelten Unmittelbarkeit ihrer Form. Sie tut das nicht, um ein artistisches Spiel zu treiben, sondern sie erzählt die historische Vorgeschichte jenes revolutionären Moments mit, in der sich der Mensch auf seine Vernunft als metaphysischen Ersatz für den religiösen Mythos verlassen hatte, der ihn jetzt mit der Macht des Verdrängten bedroht, wo die Wirklichkeit ihre Unabhängigkeit von eben der Rationalität beweist, die sie als ihre Verwirklichung begreifen will. Die Paradoxie des jetzt eröffneten unbegrenzten Erfahrungshorizonts, in der der Mensch so autonom der Welt gegenübertritt, daß er sich auch den Ansprüchen einer allgemeinen Vernunft nicht unterordnet, ist nur gestaltbar und nicht aussagbar.

Wenn es noch eines Beweises bedürfte, daß Don Fernando nicht der heroische Sinnträger einer ethischen oder politischen Autonomie, sondern die Funktion einer poetischen ist, so liegt er im Schluß der Novelle. Die Adoption des natürlichen Kindes statt des verlorenen eigenen läßt sie versöhnlich, viele haben gemeint: utopisch, ausklingen. Zu beachten ist, daß sich hier eben der ‚Als ob'-Modus der idyllischen Utopie wiederholt; und so wie dort geht auch hier der tröstenden Aussicht die empfindsame Träne der Donna Elvira voraus. Don Fernandos Vergleich („wie er beide erworben hatte", 23) ist ungeheuerlich; er stellt die heldenhafte Leistung, durch die er Philipp gerettet hat (rein zufällig *ihn*), über die natürliche Zeugung. In der Adoption des ‚natürlichen' Kindes könnte man in der Tat ein Versprechen auf Bewahrung dessen sehen, was in der idyllischen Vision aufgegangen war. Aber Fernando begibt sich auch in deren tröstende, sinnstiftende Reflexion hinein. Sie scheint notwendig für alles (Über-)Leben und notwendig für das Zuendebringen der Geschichte. „Voll namenlosen Schmerzes" hatte der Vater beim Anblick seines zerschmetterten Sohns „seine Augen gen Himmel" erhoben (22), bevor er sich nun, rückblickend, mit dem Anderen des Sinns für das verlorene Eigene Ersatz schafft. Das ist der konsequente Abschluß einer Erzählung, die Zufall durch Deutung, Kontingenz durch Kohärenz, Ereignis durch Sprache und Geschehen durch Geschichte ersetzt und diese Ersetzung zugleich scheitern läßt; und so in ihrer Form etwas von der Unverfügbarkeit der Erfahrung realisiert, über die auch die literaturwissenschaftliche (sozialgeschichtliche) Deutung nicht verfügen kann.

Theorie der Mythologie / Anthropologie

René Girard

Mythos und Gegenmythos
Zu Kleists ‚Das Erdbeben in Chili'[1]

Meine Forschung geht von einem bestimmten Begriff von Mimesis aus, der literarische und anthropologische Fragestellungen miteinander verbindet. Die gewöhnliche Mimesisauffassung, die von Platon und Aristoteles herstammt, hat immer einen wesentlichen Grundzug menschlichen Verhaltens als Objekt der Nachahmung ausgeschlossen, nämlich Begehren, oder noch wesentlicher, Besitzergreifung. Wird ein Individuum im Prozeß der Aneignung irgendeines Objektes von einem anderen Individuum nachgeahmt, so kann das daraus entstehende Resultat nur Rivalität und Konflikt sein. Diese Art von Konflikt kann man bei Tieren beobachten. Überschreitet sie einen bestimmten Intensitätsgrad, verlieren die beiden Antagonisten ihr eigentliches Streitobjekt aus den Augen und konzentrieren ihren Wettstreit in Form einer sogenannten Prestige-Rivalität aufeinander. Bei Menschen führt dieser Prozeß schnell zu grenzenloser Rache, die mit Begriffen der Mimesis oder Nachahmung definiert werden soll.

Nicht nur in der Philosphie, auch in der Psychologie, Soziologie und Literaturkritik hat immer eine verstümmelte Version des Mimesisbegriffs vorgeherrscht. Die entzweiende und konfliktgeladene Dimension der Nachahmung kann bei Platon noch gespürt werden, wo sie allerdings unerklärt bleibt. Nach Platon verschwindet sie gänzlich, und sowohl ästhetische als auch erzieherische Mimesis werden nur noch positiv gewertet. Kein Philosoph oder Soziologe hat je diese merkwürdig einseitige Definition des Mimesisbegriffs in Frage gestellt.

Meine eigene Theorie des mimetischen Begehrens *(mimetic desire)* beruht auf literarischen Texten. Sie ist nicht eine Methode im üblichen Sinne; sie beruft sich nicht auf irgendeine *außerliterarische* Disziplin, die als besonders ‚wissenschaftlich' gilt, um sich dadurch in einer aprioristischen Art und Weise über alle literarischen Texte zu erheben. Diese Theorie wurde aber auch nicht in einem Vakuum ausgearbeitet; ihre Genese war literarisch in dem Sinne, daß meines Wissens nur literarische Texte je mimetisches Begehren entdeckt und einige seiner Konsequenzen erforscht haben. Ich spreche hier nicht von allen literarischen Texten, nicht von Literatur *per se,* sondern von einer relativ kleinen Gruppe von Werken. In diesen Werken richten sich die menschlichen Beziehungen nach dem verwickelten Prozeß von Strategien und Konflikten, Mißverständnissen und Täuschungen, die von der mimetischen Natur des menschlichen Verlangens herrühren. Implizit und manchmal auch explizit enthüllen diese Werke die Gesetze mimetischen Begehrens.

Ich stellte den Begriff eines mimetischen, vermittelten oder nachgeahmten Begehrens zuerst im etwas irreführenden Kontext von *Mensonge romantique et vérité romanesque* dar.[2] Dieses Werk ging in seiner Untersuchung nicht über das Genre hinaus, zu dem die diskutierten Beispiele formal gehörten. Dies hatte zur Folge, daß einige Kritiker, darunter der jüngst verstorbene Lucien Goldmann, mimetisches Begehren als ein Charakteristikum bestimmter sozialer Klassen oder eines einzigen literarischen Genres, nämlich des Romans, interpretierten. Als Gruppe gesehen haben die Texte, die mimetisches Begehren darstellen, keine Gemeinsamkeiten mit den Klassifikationen, die von den verschiedenen Schulen der Literaturkritik vorgenommen werden. Sie teilen nicht die gleichen rhetorischen Verfahren, sie gehören nicht zu den gleichen literarischen Genres. Sie wurden zu verschiedenen Zeiten und in verschiedenen Sprachen geschrieben; sie können nicht unter eine bestimmte intellektuelle oder religiöse Tradition subsumiert werden. Doch die meisten, wenn nicht alle, gehören zu einer Gruppe von universal anerkannten Meisterwerken. Da Literaturkritiker für die Werke, die diese Gruppe ausmachen, keine gemeinsamen Maßstäbe finden können, haben sie die Tendenz, diese Einheit als etwas Mystisches zu betrachten. Der einzige Begriff, der je zur Kennzeichnung dieser angeblich überragenden Werke angeführt wurde — es ist dies wiederum der Begriff der Mimesis —, wird nicht mehr als gültige Basis der Ästhetik anerkannt. Diese Entwertung hat dazu beigetragen, daß die angenommene Überlegenheit der großen Werke als bloße Einbildung abgetan wird.

Die überaus wichtige Rolle, die Mimesis in der Geschichte der westlichen Literatur spielt, kann nicht als Fehler angesehen werden; es muß einen tiefliegenden Grund dafür geben, der nie erforscht und erklärt worden ist. Ich persönlich bin der Meinung, daß die großen Meisterwerke unserer Literatur, vor allem Dramen und Romane, verglichen mit anderen Werken in dem Sinne ‚mimetischer‘ sind, in dem sie menschliche Beziehungen und menschliches Begehren als mimetisch darstellen, und wenigstens implizit – manchmal sogar explizit, wie dies in Shakespeares *Troilus and Cressida* der Fall ist – in ihre sogenannten Fiktionen diejenigen konfliktgeladenen Dimensionen wiedereinführen, die von den theoretischen Definitionen dieses ‚Vermögens‘ immer eliminiert werden.

Das mimetische Moment, das die großen Meisterwerke vor anderen auszeichnet, ist also etwas viel Reichhaltigeres und Problematischeres, als es die verstümmelte Definition, die von Aristoteles stammt, ahnen läßt. Literaturkritiker waren nie fähig, diese Definition in Zweifel zu ziehen, benutzten aber den Begriff der Mimesis auch weiterhin; bis vor kurzem wenigstens blieben sie davon fasziniert, als ob sie sein unerforschtes Potential ahnten. Die Tatsache bleibt bestehen, daß in all den einander folgenden Versionen des Begriffes, ungeachtet ihrer Unfähigkeit, Begehren miteinzubeziehen, das Wort Mimesis nichtsdestoweniger immer deutlich auf ein objektives Element in der Überlegenheit der Werke hinwies, auf die es angewandt wurde. Diese Werke sind in der Tat Werke mimetischer Enthüllung.

Neben diesem Mehr an mimetischer Enthüllung weisen diese Werke auch eine Superiorität im herkömmlichen Sinn von Mimesis auf. So ist zum Beispiel zu beobachten, daß diese Werke, ob durch bewußte oder unbewußte Nachahmung, immer irgendwie den Meisterwerken antiker Autoren gleichen. Als gemeinsamen Berührungspunkt erkennen wir ihre mimetische Enthüllung. Es kann auch festgestellt werden, daß die Autoren dieser Werke ‚mimetischer' oder ‚realistischer' als andere Autoren sind: Menschliches Begehren ist in der Tat mimetisch, und die Texte, die es als solches darstellen, müssen notwendigerweise ‚wirklichkeitsgetreuer' sein als andere Texte. Die Überlegenheit dieser Texte ist unbestreitbar, aber unser Widerstreben, den Grund dieser Überlegenheit anzuerkennen, hat tiefere Wurzeln als unseren Respekt vor Aristoteles und Platon. Die Autorität von Aristoteles und Platon, und wichtiger noch, das grundlegende Versagen der Philosophen, den gesamten Bereich mimetischen Verhaltens zu erfassen, können nicht getrennt von jener Illusion gesehen werden, die uns so teuer ist: der festen Überzeugung, daß unser Begehren wirklich das unsrige ist, daß es wahrhaftig ursprünglich und spontan ist. Weit davon entfernt, diese Illusion zu bekämpfen, hat Freud ihr gewaltig geschmeichelt, als er schrieb, daß die Beziehung einer Person zu ihrem Begehren in Wirklichkeit die gleiche sei wie ihre Beziehung zur Mutter.

Meine Ansicht sollte nicht mit irgendeiner transzendentalen Romantik verwechselt werden oder mit der Tendenz, Literatur in etwas Absolutes zu verwandeln. Während des Großteils unseres Jahrhunderts war die Literaturkritik in ‚Reduktionisten' und ‚Schönheitsanbeter' gespalten. Hinter der Gegensätzlichkeit der beiden Schulen liegt die gemeinsame Ansicht von der letztendlichen Irrelevanz aller Kunstwerke, was reales Wissen betrifft. Die Schönheitsanbeter haben ihren Gegnern schweigend einen Großteil ihres Erbes überlassen, die Darstellung menschlicher Beziehungen. Aber auch diese sind im Grunde genommen erschrocken über die generell falschen Behauptungen der heutigen Sozialwissenschaften.

Im Geheimen hegen sie die Überzeugung, daß diese Pseudowissenschaften, auch gemessen an den großen Werken der Literatur, unvergleichlich einsichtiger und stärker sind. Sie sind der Meinung, daß das Kunstwerk unter Verschluß gehalten werden muß. Kleingläubig, wie sie sind, wollen sie das vermeintlich zerbrechliche und leichtvergängliche Objekt vor den überlegenen Einsichten der Marxisten, Freudianer und Strukturalisten beschützen. Daher stecken die Ästheten, den Reduktionisten gleich, die literarischen Werke hinter Gitter. Der einzige Unterschied besteht darin, daß die Gitter der Ästheten vorgeblich als Schutz dienen sollen. Beide Gruppen jedoch glauben, daß die in literarischen Werken verkörperte Denkweise überholt und irrelevant ist.

In Wahrheit sind die Sozialwissenschaften, die sich beständig in phänomenologische oder empiristische Sackgassen verlaufen, der Sache nicht gewachsen. Sie brauchen die großen literarischen Meisterwerke, um sich zu entfalten; sie bedürfen der Einsichten in mimetisches Begehren und mimetische Rivalitäten. Die sogenannte Unvereinbarkeit der Geistes- und Naturwissenschaften ist, wenigstens was die Sozialwissenschaften betrifft, ein bedeutungsloses akademisches Ritual. Nur durch enge Zusammenarbeit kann wieder echter Fortschritt sowohl in den Sozialwissenschaften wie in der Literaturkritik erzielt werden.

Die historische Verstümmelung des Mimesisbegriffs, wovon ich eingangs gesprochen habe, die Unterdrückung seiner Konfliktdimension, war kein bloßes Übersehen, kein zufälliger ‚Irrtum‘. Eine wirkliche Vergegenwärtigung unseres mimetischen Begehrens bedrohte die schmeichelhafte Selbsttäuschung, der wir uns nicht nur in bezug auf unsere eigene Individualität, sondern auch in bezug auf Ursprung und Wesen jener kollektiven Identität, Gesellschaft genannt, hingeben. Hier erweitern sich literarische Belange zu generelleren anthropologischen Fragen. Wenn Mimesis, so die Fragestellung, wie alle ursprünglichen Gottheiten zwei ‚Seiten‘ hat, eine, die die Gemeinschaft zersetzt, und eine andere, die sie zusammenhält, wie verhalten sich dann beide Seiten zueinander? Wie kann sich die konfliktreiche und zerstörende Mimesis in die Mimesis der Erziehung und des Lernens verwandeln, die zum Aufbau und zur Fortführung der menschlichen Gesellschaft unentbehrlich ist? Wenn mimetisches Begehren und mimetische Rivalitäten mehr oder weniger normale menschliche Erscheinungen sind, wie können dann gesellschaftliche Ordnungen diese ordnungszerstörende Kraft in Schach halten, oder wenn sie von ihr überwältigt werden, wie kann aus der resultierenden Verwirrung eine neue Ordnung entstehen? Die Existenz der menschlichen Gesellschaft selbst wird hier problematisch.

Nach sorgfältiger Prüfung einer großen Menge von Quellen, die lange nicht so überholt sind, wie man heutzutage gerne behauptet, gab Freud in *Totem und Tabu* einige Hinweise, die auf wirklich geschehene Kollektivmorde als Ursprung und Modell aller Rituale hindeuten. Die Problematik konfliktgeladener Nachahmung ergibt einen gänzlich neuen Kontext für die Interpretation dieser Hinweise. Überall auf der Welt geschieht die Darbringung des Opfers auf dem Höhepunkt und als Abschluß eines alle miteinbeziehenden mimetischen Taumels, der als Nachvollzug einer spontan einstimmigen Opferwahl angesehen werden kann. Diese Wahl eines Opfers würde eine wahrhaft zerstörerische mimetische Krise beenden, indem sie die gesamte Gemeinde gegen einen einzigen machtlosen Gegner vereinigt. ‚Sündenbock-Effekte' können noch heute beobachtet werden, wenn auch nur in Restformen, die zur Schaffung von Mythos und Ritual wenig taugen. Sie sind jedoch noch ausgeprägt genug, um die Möglichkeit eines ursprünglichen Kultes anzudeuten, der auf unvergleichlich stärkeren und ‚überzeugenderen' Erscheinungen ähnlicher Art beruhte.

Dies ist eine Hypothese. Ich bin der Meinung, daß man nicht sagen sollte, es sei eine ‚bloße' Hypothese oder ‚nur' eine Hypothese. Es ist eine selbständige Hypothese in dem Sinne, daß sie sich genügend von den gesammelten Fakten abhebt, um sinnvolle Gegenüberstellung zu erlauben. Ich habe in meinem eher essayistischen Werk *La Violence et le sacré*[3] und im viel systematischeren Werk *Des Choses cachées depuis la fondation du monde*[4], das in Zusammenarbeit mit Jean Michel Oughourlian und Guy Lefort geschrieben wurde, zu zeigen versucht, daß diese Hypothese ihre Bewährungsprobe in solchen gegenüberstellenden Auseinandersetzungen besteht. Man kann unzählige Male nachprüfen, daß sowohl alle Variabeln wie auch alle Konstanten religiöser Praktiken und Anschauungen auf der ganzen Welt mit dem übereinstimmen, was logischerweise von der verfälschenden Interpretation mächtiger Sündenbock-Effekte durch diejenigen, die sich davon einen Gewinn versprechen, erwartet werden kann.

Der Hypothese kann nicht mit dem Argument widersprochen werden, die ursprünglichen Institutionen seien zu zahlreich und zu divergierend, als daß man sie unter einer einzigen Form vereinigen könnte. Es gibt gar keine allumfassende Form, aber wir sind unfähig, diese Tatsache zu erkennen, bevor wir nicht das Moment der Interpretation, und zwar der notwendigerweise verfälschenden und daher endlos variierbaren Interpretation, erfassen, das zwischen der *de facto* Versöhnung einer einstimmigen Opferwahl und den religiösen Geboten, die von dieser Wahl herrühren und die zur Erhaltung und Neubelebung dieses denkwürdigen Anlasses bestimmt sind, vermittelt. Es ist gerade diese verfälschende Interpretation, die zur Hervorbringung der sich fortwährend verändernden Formen des Opfernachvollzuges (Rituals) und zur gemeinschaftlichen Erinnerung (Mythos) führt, nicht das Ereignis selbst. Diese Ereignisse von Opfererkürung werden nicht auf jene Weise nachvollzogen oder im Bewußtsein behalten, in der sie sich in Wirklichkeit ereignet haben, sondern so, wie sie von der Gemeinde, der sie wieder zur Einheit verholfen haben, (miß)verstanden werden müssen. Das Opfer darf nicht als willkürliches Werkzeug einer mimetischen Veränderung der kollektiven Sinneshaltung von Anfeindung zu Frieden erscheinen, sondern muß zunächst als Unruhe- und dann als Friedensstifter angesehen werden. Es muß als allmächtiger Manipulierer aller menschlichen Beziehungen innerhalb der Gemeinde auftreten, mit anderen Worten als Gottheit.

Diese Bemerkungen sollten genügen, um einen theoretischen Kontext für die Diskussion von Kleists höchst interessanter Novelle zu umreißen. Wir können unsere Textanalyse mit der einfachen Frage beginnen: Was ist das Erdbeben? In der Literatur ist ein Erdbeben, eine Seuche oder sonst eine Naturkatastrophe immer verbunden mit sozialen Unruhen und ganz besonders mit Mobsituationen. Sogar im Mittelalter unterscheidet sich eine Naturplage kaum von einer menschlich bedingten Heimsuchung, und der Grund dafür ist, daß beide Phänomene immer gleichzeitig auftreten: Erdbeben führen zu Plünderung. In dieser Hinsicht ist es interessant zu bemerken, daß Kleist zwei Beispiele menschlicher Heimsuchung in seiner Darstellung des Erdbebens mitaufführt. Der Vizekönig befiehlt die Errichtung von Galgen, und sogleich wird ein Unschuldiger, von den anderen des Diebstahls verdächtigt, gehängt. Kleist erkennt ganz deutlich, daß, historisch gesehen, Natur- und Gesellschaftsereignisse nicht voneinander getrennt werden können; er ist sich der Verquickung beider Bereiche voll bewußt. Das theoretische Problem, das sich uns hier stellt, ist, daß wir neue Begriffe finden müssen, um diese Beziehung zu beschreiben; unser herkömmlicher Symbolbegriff – das Erdbeben vertritt irgendeine allgemeine Idee – ist nicht mehr haltbar. Wir können dem Erdbeben nicht bloß symbolische Bedeutung zumessen, weil dies die tatsächliche historische Dimension des Ereignisses, auf die Kleist vom ersten Satz an sorgfältig hinweist, unterschlüge. Gleichzeitig aber können wir nicht behaupten, daß es sich hier bloß um ein Ereignis handelt, das die Einmaligkeit eines geschichtlichen Vorkommnisses besitzt; der Grund dafür ist, daß das in Frage stehende Ereignis sowohl in mythologischen als auch in literarischen Texten immer auf dieselbe Art und Weise geschieht. Dieses Ereignis, das immer ein Sonderfall ist, der alle gewohnheitsmäßigen Abläufe unterbricht, weist stets Elemente der Repetition auf. Darum ist das Religiöse bei solchen katastrophalen Ereignissen immer präsent.

Ich schlage vor, daß wir bei der Diskussion des Erdbebens den Begriff der Nicht-Unterscheidung *(undifferentiation)* anwenden. Das Erdbeben – wie eine Seuche oder Flut – stellt eine Krise der Nicht-Unterscheidung dar, in der nicht bloß die sozialen Unterschiede verschwinden, sondern auch der Unterschied zwischen natürlicher und gesellschaftlicher Ordnung. Diese Art von Krisen und die kollektiven Mechanismen, die zu ihrer Lösung führen, sind meiner Ansicht nach der Ursprung von Mythos und Ritual. Daß Kleist die religiöse Dimension dieser Krise der Nicht-Unterscheidung erkannte, steht außer Frage. Wir finden in der Erzählung nicht bloß Stellen, die extreme religiöse Gefühle beschreiben, wie etwa die folgende: „Er senkte sich so tief, daß seine Stirn den Boden berührte, Gott für seine wunderbare Errettung zu danken"(13). Die Ereignisse selbst, die während des Erdbebens geschehen, sind voll von religiöser Bedeutung: „an die Stelle, wo sich ihr väterliches Haus befunden hatte, war ein See getreten, und kochte rötliche Dämpfe aus."(15) Und natürlich hat es mit der feierlichen Messe, die nach dem Erdbeben gehalten wird, die gleiche Bewandtnis: Die Erfahrung des Erdbebens, diese Mischung von Schrecken und Wonne, ist eins mit der Erfahrung von Religion. Mit anderen Worten, Kleists Erzählung macht für uns die enge Verbindung des Heiligen mit der Gewalt (le sacré / la violence) sichtbar.

Unter dem Aspekt dieser mythologischen Dimension gesehen, entfaltet Kleists Novelle ein bemerkenswertes Charakteristikum: nämlich einen extrem polarisierten Handlungsablauf, der einen bestimmten Kreislauf von Gewalttätigkeit und friedlichem Zustand in schroffer Wechselfolge darstellt, einen Kreislauf, der durch die Erwählung von Opfern bestimmt wird. Kleist beschleunigt das innere Tempo dieses Kreislaufs gewaltig. Darum haben wir das Gefühl, daß wir es hier auf einer individuellen Ebene mit einem manisch-depressiven Temperament zu tun haben, eine Tatsache, die zweifelsohne die Sensibilität des Autors in bezug auf jene Aspekte der Mythologie, die für die literarische Form grundlegend sind, erhöht: die Krise der Nicht-Unterscheidung und ihre mögliche Lösung. Daher zeigt die Novelle eine sprunghafte Abfolge von Krisen und Lösungen, die mit unglaublicher Geschwindigkeit aufeinander folgen. Es ist dies eine Abfolge von Ereignissen, die in ihrer nervösen Schnelligkeit den neuzeitlichen Zerfall des kulturell-symbolischen Systems ankündigt; sie zeigt, daß in unserer Welt die Form selbst auf dem Spiel steht. Kleist ist meiner Meinung nach gerade durch die übertriebene Darstellung dieser Form viel interessanter als jene Autoren der Moderne, welche die Form gänzlich zum Verschwinden bringen möchten. Mit anderen Worten ausgedrückt: Kleist nimmt weniger Kafka vorweg, wie dies Thomas Mann in seinem berühmten Essay behauptet, als Artaud.

In *Le Théâtre et son double* befindet sich ein interessanter Text von Artaud über die Pest. Dieser Text kann als archetypische Beschreibung einer Pest-Epidemie angesehen werden. Obwohl man darin Hinweise auf die Pest in Marseille im achtzehnten Jahrhundert findet, einen der letzten großen Ausbrüche dieser Seuche, ist das Ereignis an keine bestimmte Örtlichkeit gebunden. Der Text kann unmöglich klassifiziert werden: Er ist weder Mythos, noch Literatur, noch Theater, sondern eine Mischung von allen dreien. Er gewinnt Aspekte der Mythologie wieder, welche die moderne Literatur verloren hat. Kleists Position auf der literarischen Karte – wenigstens in Anbetracht dieser Novelle – ist meiner Meinung nach ganz in der Nähe von Artaud. Natürlich ist Kleist gleichzeitig auch ein klassischer Autor, da seine Texte eine streng gefügte Handlungsstruktur aufweisen.

Das Erdbeben in Chili erlaubt es uns, die Beziehung zwischen rituellem Opfer und literarischer Form detailliert zu untersuchen. Wie ich zuvor bemerkt habe, ist es meine Ansicht, daß die großen Ausprägungen von Konflikten, diejenigen, die kulturell bedeutsam sind, ihre Wurzeln im mimetischen Begehren haben. Mimetisches Begehren ist ein ansteckendes Phänomen: es kann sich zu einer Krise entwickeln, die eine ganze Gemeinschaft betrifft. Am Anfang der Krise polarisiert sich die Gemeinde um bestimmte Objekte, aber während sich die Geschwindigkeit der Krise erhöht und die Ansteckung fortschreitet, verschwinden die ursprünglichen Streitobjekte aus dem Blickfeld und die Antagonisten konzentrieren sich immer mehr aufeinander. Dies führt zum Augenblick, in dem es plötzlich keine Streitobjekte mehr gibt und der mimetische Effekt kumulativ wird. Anders gesagt: Das Paradox des mimetischen Begehrens besteht darin, daß es entzweiend und konfliktschwanger ist, solange es auf Objekte hin polarisiert ist, welche die Antagonisten sich aneignen wollen. Sobald es sich aber auf die Antagonisten selbst bezieht und die Vernichtung des anderen zum Ziel hat, kann es wieder kumulativ werden, denn Zerstörung kann, im Gegensatz zu Aneignung, mit anderen geteilt werden. Durch einen Akt der Zerstörung und Ausschließung kann daher eine gewisse Einheit der Gruppe wiedererlangt werden. Es ist dies ein Prozeß, der die Sakralisierung eines grundsätzlich zufälligen *(random)* Opfers beinhaltet. Das strukturelle Muster von Mythen wird gewöhnlich von solchen Krisen und deren Lösung bestimmt. Daher ist die normale Reihenfolge eines Mythos, die selbstverständlich auf mannigfache Art verkehrt und permutiert werden kann, wie folgt: Krise – Opfer – Lösung. Die erste Phase ist verbunden mit einem Zerfall der gesellschaftlichen Ordnung und der Auflösung aller Unterscheidungen. Die Schlußphase ist durch die Versöhnung der früheren Antagonisten und die Wiederherstellung der gesellschaftlichen Ordnung gekennzeichnet. Dies ist in der Tat das Muster von Kleists Erzählung: das Erdbeben, das viele Opfer fordert, führt allmählich zu einem Moment der Reorganisation und der Versöhnung, das drei Themen besonders hervorhebt: die Familie als gesellschaftliche Einheit, den symbolischen Tausch und das Schenken von Leben (in der Stillszene). Was wir hier in dieser offensichtlich idyllischen Umgebung vor uns haben, ist eine Wiedergeburt der Kultur. Der faszinierende Aspekt von Kleists Novelle ist die Tatsache, daß diese Lösung nicht von Dauer ist, sie ist äußerst kurzlebig; das Opfer muß beinahe sofort wiederholt werden.

Wenden wir unsere Aufmerksamkeit jetzt einigen Details von Kleists Beschreibung zu. Als erstes bemerken wir die außerordentliche Geschwindigkeit, mit der die Erzählung vorangeht. Kleist gibt nur die Extreme einer Situation oder Handlung wieder und eliminiert alles andere. Die Exposition führt daher sehr schnell zum verbotenen Treffen der beiden Liebenden im Garten des Karmeliterklosters: „Durch einen glücklichen Zufall hatte Jeronimo hier die Verbindung von neuem anzuknüpfen gewußt und in einer verschwiegenen Nacht den Klostergarten zum Schauplatze seines vollen Glückes gemacht."(11) Gerade dieses *Glück* ist es, was Kleist so sehr interessiert, nicht als ein eigenständiger Wert, sondern als der extreme Pol einer Bewegung, die ganz plötzlich in *Unglück* umschlagen kann. Der Umschwung geschieht zweimal, zuerst hier in der Exposition und dann später, wenn sich das geheime Liebesglück, das die zwei Liebenden unter dem Granatapfelbaum finden, in die schreckliche Szene vor der Kirche verwandelt. In beiden Fällen ist die Glückserfahrung eine private und geheime Angelegenheit, während die Katastrophe zwangsläufig die Masse miteinschließt. Es ist in der Tat zum Verständnis der Dynamik dieser Novelle unentbehrlich zu sehen, mit welcher Sorgfalt und Überlegung Kleist die Wichtigkeit der Masse begründet. Betrachten wir einmal die sich ebenfalls vor der Kirche abspielende Szene, die neun Monate später stattfindet, aber nur durch einen einzigen Satz vom „vollen Glück" der Liebenden getrennt ist. Wir sehen in der Tat eine Szene kollektiver Erniedrigung; die ganze Stadt schaut zu, wie die junge Novizin in Geburtswehen auf die Stufen der Kathedrale niedersinkt. Gleichzeitig besitzt die Szene eine ausgeprägte religiöse Bedeutung, denn diese ‚jungfräuliche Geburt' am Fronleichnamstag ist eine Art Inkarnation (die Frage der Inkarnation ist auch in der *Heiligen Cäcilie* und der *Marquise von O.* von zentraler Bedeutung). Es ist also die Masse, die bis zum Zeitpunkt des Erdbebens der Hauptakteur und Anstifter ist. Sogar die Intervention von Josephes Vater, der doch ein mächtiger Mann ist, und von der Äbtissin, bleiben ohne Wirkung. All diese Vorgänge gipfeln im Gang zur Richtstätte: Sogar die Dächer der Häuser werden abgedeckt, um der Masse den Anblick dieses außerordentlichen und sakralen Spektakels zu ermöglichen.

Die Wahl der Geschehnisse, die Kleist an den Anfang seiner Erzählung stellt, nämlich den Prozeß und die im letzten Augenblick verhinderte Hinrichtung, zeigen, wie sehr Kleist schon hier und nicht erst in der Schlußszene am Phänomen des Opfers, an seiner inneren Logik und sonderbaren sozialen Wirksamkeit interessiert ist. Denn sowohl die Gerichtsverhandlung wie auch die Exekution sind vom Standpunkt der Wahrscheinlichkeit her gesehen völlig unglaubwürdig. In keinem katholischen Land würde eine Frau wegen eines solchen Vergehens hingerichtet. Der Text selbst verweist auf die Übertreibungen dieser Szene, wenn die erzählende Instanz – mit einer Ironie, die für Kleist nicht untypisch ist – sagt, daß „der Feuertod, zu dem sie verurteilt wurde, zur großen Entrüstung der Matronen und Jungfrauen von St. Jago, durch einen Machtspruch des Vizekönigs, in eine Enthauptung verwandelt ward." (11) In dieser Abkehr von der Wirklichkeit können wir das Bedürfnis des Autors nach Opfern erkennen. Realistisch gesehen wäre Jeronimo derjenige, dem die Gefahr der Hinrichtung droht, aber Kleist will sich auf Frauen, und später auf Kinder, konzentrieren. Sie sind die Schwachen, auf die die Opferwahl fällt; eine unverheiratete Frau (wie Iphigenie, um das wohl bekannteste Beispiel zu nennen) ist in Krisensituationen für die archaische Gesellschaft entbehrlich. Kleist betont auch Josephes Außenseiterstellung; wegen ihrer Verfehlung gehört sie keiner der gesellschaftlich anerkannten Gruppen an, weder der Klasse der ‚Matronen‘ noch der Klasse der ‚Jungfrauen‘. Auch dadurch ist sie als Opfer markiert.

Die Art, wie Kleist das Erdbeben beschreibt, ist ein weiteres Merkmal, das uns befähigt, die Opferung als Mittelpunkt dieser Erzählung zu sehen. Wie beginnt die Krise? Der Erzähler lenkt unsere Aufmerksamkeit auf ein unbedeutendes technisches Detail, die „Eisenklammer", um uns gleich darauf mitzuteilen, daß „der größte Teil der Stadt" (12) plötzlich zerstört wird. Wieder finden wir die unglaublich schnelle Bewegung von einem Extrem zum anderen, die so charakteristisch für diesen Text ist. Aber es ist nicht bloß die Stadt, die durch diesen plötzlichen und unvorhergesehenen Ausbruch der Krise erschüttert wird, der Ausbruch geschieht so, „als ob das Firmament einstürzte" (12). Der Ausdruck *firmamentum* entstammt der vorkopernikanischen Kosmologie und bedeutet das, was die Welt trägt. Mit anderen Worten, er bezeichnet das Himmelsgewölbe, das die Dinge zusammenhält, im Gegensatz zu der Pascalschen ewigen Leere des unendlichen Raums. Wir haben es also hier nicht bloß mit einem Erdbeben zu tun, sondern mit einer Erschütterung des Himmels, einem kosmischen Beben, das die Kräfte des Himmels selbst ins Wanken bringt. Kleist radikalisiert sozusagen das natürliche Ereignis, er erweitert es derart, daß es realistische Proportionen übersteigt, und erhöht dadurch seine Bedeutung. Im gleichen Satz erfüllt die übertriebene Schilderung der zerstörerischen Kraft des Erdbebens eine ähnliche Funktion, denn, wie wir später erfahren, tötet der Einsturz nicht, wie der Text hier behauptet, „alles, was Leben atmete" (12).

Neben der detaillierten Schilderung des Erdbebens finden wir eine zweite auffällige Besonderheit in Kleists Erzählung, die man das Prinzip des Entkommens um Haaresbreite nennen könnte. Die Ereignisse verlaufen immer *in extremis.* Vielleicht das denkwürdigste Beispiel dafür ist die rettende Wölbung, die durch den gleichzeitigen Einsturz der sich gegenüberstehenden Gebäude entsteht. Aber dies ist nicht das einzige Beispiel. Noch vier- oder fünfmal entrinnt Jeronimo knapp dem Verderben, bevor er endlich aus der Stadt entkommt, und Josephe findet er erst, als er schon verzweifeln will. Diese Schreibweise macht die Geschichte, vom Standpunkt ästhetischer Wertschätzung her gesehen, äußerst spannend; andererseits ist zu betonen, daß nur eine extreme Krise diese Wirkung hervorbringen kann. Anders formuliert: Das Phänomen, das wir hier betrachten, ist verbunden mit dem mimetischen Taumel, der sein gewalttätigstes Extrem erreichen muß, um durch ein Opferritual ersetzt werden zu können. Spannung und Überraschung werden daher nicht primär als ästhetische Mittel eingesetzt. Sie bringen vielmehr Aspekte des rituellen Prozesses zum Vorschein. Dieser muß die Menschen immer bis zum Siedepunkt erregen, weil nur dann die Substitution glaubbar und das Opfer nützlich wird. Das knappe Entrinnen aus einer tödlichen Gefahr, das Gefühl, noch einmal davongekommen zu sein, und die plötzlichen Veränderungen der Lage, die wir in der Beschreibung des Erdbebens finden, ballen die Kräfte und Emotionen, die zum Opferritual führen. Unter diesem Aspekt muß erwähnt werden, daß Josephe und Jeronimo meinen, das Glück, das ihnen durch die Katastrophe zuteil wurde, verheimlichen zu müssen. Sie erkennen, daß die gewaltige Katastrophe, die sie eben durchlebt haben, eine *instrumentale Funktion* ausübt. Diese Erkenntnis wird nicht nur hier, sondern auch in verschiedenen anderen Textstellen ausgedrückt, sehr oft mit religiösen Begriffen. Dies entspricht genau der Logik des primitiven Rituals, das der moderne Autor gewöhnlich vermeiden will, nämlich daß es eine bestimmte Art von Zerstörung gibt, die Leben hervorbringt. Kleist ist an dieser Idee sehr interessiert. Er experimentiert mit verschiedenen Schreibweisen, um sie in einer äußerst extremen Form darzustellen, auch auf die Gefahr hin, daß sie zur Karikatur ihrer selbst wird. Wiederum möchte ich Kleist mit Artaud vergleichen, dessen Beschreibung der Pest die grausigsten physischen und die spekulativsten metaphysischen Aspekte miteinander verbindet. In beiden Fällen haben wir es mit einem physisch-metaphysischen Mechanismus zu tun, der Ordnung aus Unordnung schafft.

Was wir brauchten, wäre eine Methode, die es uns erlaubte, die Veränderungen der emotionalen Kraft, die der Text bewirkt, zu messen; aber genau dies fehlt. Nur primitive Religionen können eine solche Theorie göttlicher Kräfte, wie sie durch das Opferritual entstehen, hergeben. Ich denke hier vor allem an die Religion Indiens, in der das Opfer in den brahmanischen Schriften wie eine magnetische Kraft im Sinne Balzacs behandelt wird. Man muß sich streng an die Regeln halten und durch die Krise hindurchgehen, während Götter und Dämonen sich auf eine ganz bestimmte Art bekämpfen müssen, damit das Opfer helfend vermittelt.

Kleist gewinnt diese Dynamik in und durch Literatur wieder, nur hat sie bei ihm einen höchst pervertierten Aspekt angenommen. Als ein Mensch der Neuzeit und als Christ kann Kleist diesen Prozeß nicht auf gleiche Weise akzeptieren, wie dies die Hindu-Priester der vorchristlichen Zeit tun konnten. Um so erstaunlicher ist es, daß sich die Logik des Opferrituals hier auf die gleiche mechanische und automatische Weise entwikkelt: Sobald die Leiden groß genug sind, folgt ein Zustand des Glücks, und diese Glückserfahrung bringt unabänderlich neues Leid mit sich. Diese Bewegung zwischen Extremen wird entweder durch den Tod vieler Menschen oder durch den Tod einiger auserwählter Individuen immer wieder aufs neue ausgelöst.

Die Novelle stellt beide Formen des Todes – sowohl den massenhaften wie auch den singulären Tod – einander gegenüber. Sie beginnt mit dem durch das Erdbeben verursachten Massentod und endet mit dem Mord an bestimmten Individuen. Aber sogar im Ereignis des Erdbebens selbst finden wir das Phänomen eines Einzelmordes. Versteckt in einer der retrospektiven Geschichten, welche die Menschen im Tale einander erzählen, kommt die Beschreibung eines Lynchmordes vor. Ein Mann, der wahrscheinlich unschuldig ist, rettet sich aus dem Haus eines anderen und wird der Plünderung bezichtigt und sogleich aufgeknüpft. Kleist hat in die Beschreibung des Erdbebens die Geschichte eines völlig willkürlichen Mordes eingefügt. Wie in Shakespeares *Julius Caesar,* wo die Masse den Tod eines Mannes verlangt, bloß weil dieser den gleichen Namen wie der ermordete Kaiser trägt, so finden wir auch in dieser Novelle eine Faszination durch die *Willkür (randomness),* die bei der Wahl des Opfers mitspielt. Kleist stellt daher ins Zentrum dieser Krise der Nicht-Unterscheidung – und genau dies ist das Erdbeben – einen Akt willkürlicher Gewalt, der ganz klar die Morde, die schließlich auf den Stufen der Kathedrale begangen werden, vorwegnimmt.

In ihrem immer dringlicher werdenden Verlangen nach einem Opfer nimmt die Krise ein Eigenleben an. Dies kommt sehr gut in der Schreibtechnik zum Ausdruck, die zur Schilderung von Jeronimos Flucht angewandt wird. „Hier stürzte . . . hier leckte die Flamme . . . hier wälzte sich . . . der Mapochofluß auf ihn heran . . ."(12 f.). Es ist, als ob der Jüngling von einem Ungeheuer verfolgt würde, und bei näherem Zusehen finden wir alle Anzeichen von mythologischer Zerstörung und mythologischen Anfängen: die Flammen, die Flut und die Berge von Leichen, die meines Erachtens Anspielungen auf die Pest sind. Dieses Ineinanderübergehen von Katastrophen kommt keineswegs ausschließlich bei Kleist vor – ganz im Gegenteil. Wir befassen uns hier mit einem Themenzusammenhang, der beinahe unvermeidlich wiederkehrt, wo auch immer eine Krise der Nicht-Unterscheidung herrscht. Diejenigen Aspekte der thematischen Häufung, die nicht szenisch dargestellt werden, können am Gebrauch der deskriptiven Metaphern erkannt werden. So wird zum Beispiel in *Oedipus Rex* die Pest mit einem Sturm verglichen, der das Staatsschiff bedroht, und Darstellungen der Flut beinhalten oft Bilder der Pest. Meines Erachtens wird dieser Zyklus von Katastrophen durch die allen gemeinsame Eigenschaft der *Ansteckung* zusammengehalten. Gewalt, sei sie in Form von Fluten, Feuer, Krankheit oder gesellschaftlicher Umwälzung – und alle hier genannten Formen kommen im *Erdbeben in Chili* vor –, neigt zur Ausbreitung und verschlingt alles, was sich ihr in den Weg stellt. Die Götter sind in solchen Fällen nie weit entfernt, wie das Beispiel von Dionysos am eindrücklichsten beweist. Dionysos ist auch Bromios, der Erd-Erschütterer, der Gott der Panik, der ganze Heere vernichten kann, obwohl sie mit dem Feind überhaupt nicht in Berührung kamen. So gewaltig ist die Kraft der dionysischen Ansteckung, wie dies auf unvergeßliche Art von Euripides in den *Bakchen* dargestellt wird. In der Tat zeigt das Beispiel des Euripides, wie wichtig diese mythologische Komponente in Kleists Werk ist. Sowohl in den *Bakchen* als auch in Kleists Novelle beginnt die Krise mit einem Erdbeben und endet mit den mörderischen Gewalttaten einer rasenden Menge. Euripides' Einfluß in diesem Text – wie auch der Einfluß Sophokles' in anderen Kleist-Texten – sollte nicht unterschätzt werden.

Der Tumult des Erdbebens bringt also die gewalttätige Krise der Nicht-Unterscheidung an den Tag, welche die Gemeinschaft so lange bedroht, bis die Menge zur Tat der Opferwahl, die die Ordnung wiederherstellt, bewegt wird. Die Wiederherstellung von Ordnung durch ein Opferritual ist das explizite Thema der Schlußszene der Novelle, in der Kleist vor allem die Willkür, die die Auswahl des Opfers kennzeichnet, betont. Wir konnten uns aber überzeugen, daß diese Frage des Opfers von Anfang an zentral war. Nirgends ist dies klarer ersichtlich als im Fall von Josephe: „Josephe war, auf ihrem Gang zum Tode, dem Richtplatze schon ganz nahe gewesen, als durch den krachenden Einsturz der Gebäude plötzlich der ganze Hinrichtungszug auseinandergesprengt ward." (14) Kleist gebraucht dieses räumliche Detail („ganz nahe"), um die Heldin in die unmittelbare Nähe des Todes zu bringen, das heißt, um sie als Opfer zu markieren. Gerade diese Errettung, zuerst vor der Hinrichtung, dann vor dem Erdbeben, erlaubt es uns, sie und auch das Kind als diejenigen zu erkennen, die in Wirklichkeit getötet werden. Mit anderen Worten, die Geschichte von Josephes wundersamer Rettung ist die Umkehrung der Geschichte von ihrer Ermordung. Solche Umkehrungen sind in Mythen oft zu finden. So gibt es zum Beispiel einen Bororo-Mythos, in dem die Sonne den Einwohnern eines Dorfes befiehlt, einen Fluß mit Hilfe eines Steges zu überqueren. Dieser Steg bricht unter dem Gewicht der Menge ein. Alle kommen ums Leben mit Ausnahme des Helden *(culture hero)*, der seiner verformten Beine wegen hinter den anderen Leuten zurückblieb. Dieser einzige Überlebende macht sich daran, die Ertrunkenen nach einem streng definierten Auswahlsystem wiederzubeleben. Die Leute mit glattem Haar sind diejenigen, die im ruhig fließenden Teil des Flusses lagen. Diejenigen mit krausen Haaren lagen in turbulenteren Wasserstellen. Auf diese Weise führt der Held wieder Ordnung und Unterscheidungen, die die Gewalt des Flusses zerstört hatte, in die Gesellschaft ein. Die mythologische Darstellung kommt also durch einen symmetrischen Austausch der Rollen zustande. In Wirklichkeit gelang es dem Helden nicht durch sein Überleben, Ruhe und Ordnung wiederherzustellen, sondern durch seinen Tod als Opfer kollektiver Gewalt. Man kann sagen, daß alleinige Überlebende immer Opfer sind. Noah, der allein der Flut der Nicht-Unterscheidung entkommt, wird zum Vermittler, durch den die Gemeinde neues Leben erlangt. Die Rolle des Opfers, das stirbt, um Leben zu geben, ist äußerst zweideutig, und daher kann ihre mythologische Deutung leicht in die eine oder andere Richtung verlaufen. Auch für Kleists Geschichte ist dieser Aspekt der Umkehrung entscheidend: Josephe, die im ersten Teil dem Tod so nahe ist, wird in der idyllischen zweiten Szene zur Verkörperung des Lebens, nur um gleich darauf den Tod durch die Hand der Menge zu erleiden.

Bisher habe ich mich bloß dem Erdbeben zugewandt und die anderen wichtigen Szenen der Novelle größtenteils außer acht gelassen. Ich glaube aber, daß meine Analyse uns befähigt, die Logik von Kleists Erzählung zu erfassen. Der erste Teil der Novelle beschreibt eine Krise der Nicht-Unterscheidung, die in ihrer Intensität zunimmt, bis sie endlich durch den Kollektivmord an einem willkürlich gewählten Opfer gelöst wird. Darum ist die Frage von Josephes Überleben so sehr in Unklarheit gehüllt. Eigentlich läßt sie Kleist im Erdbeben den Tod finden, damit sie später als das lebenspendende Zentrum einer neuen gemeinschaftlichen Harmonie wiedergeboren werden kann. Es ist genau diese Harmonie, die der zweite Teil der Novelle darstellt, wenn auch auf ironische Art, die aufzeigt, wie prekär der Frieden dieser idyllischen Welt tatsächlich ist. Am Ende stellt der dritte Teil die rituelle Wiederholung der ursprünglichen Gewalttat dar. Aus diesem Grunde entspringen die Morde der „feierlichen Messe" (18); sie sind nicht das Gegenteil des Religiösen, sondern gehören vielmehr zu seinem Wesen. Natürlich tritt in der Schlußszene die Masse, die von Anfang an eine so entscheidende Rolle spielte, wieder ins Zentrum der Aufmerksamkeit. Es ist bemerkenswert, mit welcher Präzision Kleist die immer stärker werdende Energieballung, die das Kennzeichen ritueller Prozesse ist, wiedergibt. Zuerst wird der heilige Schrecken, der das Erdbeben begleitete, durch Musik und Predigt aufs neue vergegenwärtigt; dann werden eine Reihe von Beschuldigungen ausgetauscht, welche die mimetischen Rivalitäten, die zur Krise führten, wiederholen. Schließlich entlädt sich die aufgestaute Leidenschaft in den Morden, die, wie Kleist sorgfältig zeigt, auf dem Phänomen willkürlicher Substitution beruhen. Daher ist die Schlußszene keineswegs unerklärlich, wie Interpreten des Textes behauptet haben. Im Gegenteil, ihre Notwendigkeit und Funktion können ganz klar erfaßt werden, wenn wir verstehen, daß Kleists Novelle ein Versuch ist, die versteckten Hintergründe der Gewalt, die den Ursprung aller Mythen und Rituale ausmachen, darzustellen.

Eine detailliertere Analyse der Schlußszene – eine der gewalttätigsten in der neueren Literatur – wäre natürlich möglich. Ich möchte jedoch die restlichen Seiten, die mir noch zur Verfügung stehen, dazu verwenden, einige Bemerkungen zum zweiten Teil der Erzählung zu machen, dessen mythologische Bedeutung vielleicht weniger offensichtlich ist, als dies für das Ereignis des Opfermordes der Fall ist. Man braucht nicht zu betonen, daß in bezug auf Thematik, Stimmung und Handlung der Leser die Erfahrung der natürlichen und sozialen Harmonie im „Tal von Eden" (15) als einen gewaltigen Gegensatz zur vorausgegangenen Schilderung der Erdbebenschrecken empfindet. Dieses Gefühl einer Zäsur, einer Verwandlung, die mit herkömmlichen Begriffen nicht erklärt werden kann, spiegelt die Erfahrung der Protagonisten wider: Von ihrem jetzigen Standpunkt aus gesehen sind ihnen die vorausgegangenen Ereignisse unerklärlich geworden. Kleist bringt dies zum Ausdruck, indem er zwei besondere Merkmale, welche die Erfahrung der Betroffenen charakterisieren, hervorhebt. Diese Merkmale stimmen genau mit denen überein, die zur Phänomenologie des Opferrituals gehören. Das erste ist die Interpretation der Geschehnisse: Das Erdbeben wird als Ereignis gedeutet, das für den jetzt herrschenden Zustand des Friedens und der Harmonie unerläßlich war. Wie ich vorhin bemerkte, wird diese retrospektive Interpretation des Erdbebens als Wohltat für die Gemeinde in religiösen und theologischen Begriffen ausgedrückt. Der zweite Aspekt, der die Erfahrung der Beteiligten prägt und den Kleist speziell hervorhebt, steht mit dem Phänomen der retrospektiven Deutungen in engstem Zusammenhang: Es ist dies das Phänomen der Vergeßlichkeit. Alles Vorherige wird aus dem Gedächtnis gelöscht. Kleists Hinweis auf dieses Phänomen erinnert wieder an Shakespeare, den Kleist vermutlich gelesen hat, so wie er auch Sophokles und Euripides gelesen und scharfsinnig verstanden hat. In *A Midsummer Night's Dream* bringt Shakespeare unter dem Deckmantel einer kosmischen Verwirrung eine Krise der Nicht-Unterscheidung auf die Bühne, deren tolles Spiel schließlich alle Unterschiede zwischen Mensch, Gott und Tier aufhebt. Am nächsten Morgen jedoch scheint das Chaos der Nacht den Beteiligten wie in weite Ferne gerückt:

> These things seem small and undistinguishable,
> Like far-off mountains turned into clouds.

Methinks I see these things with parted eye,
When everything seems double.

Die Betroffenen im *Erdbeben in Chili* können sich ebenfalls nicht klar an das Geschehene erinnern. Dieses Vergessen ist ein Auslöschen der Vergangenheit, der Gewalt und des Hasses der Krise. So findet ein Wechsel von einem böswilligen zu einem wohlwollenden Gott statt, der mit dem Wechsel der Perspektive des erfahrenden Subjekts parallel läuft, wie im Falle Jeronimos besonders klar zum Ausdruck kommt. Hinter diesem Wechsel jedoch können wir den primitiven Gott erkennen, der nur als der friedliche Gott erscheint, weil er auch der Gott der Gewalt ist. Es ist bemerkenswert, wie sehr sich Kleist von gewissen modernen Theoretikern des Mythos unterscheidet. Lévi-Strauss kann diesen zweigesichtigen Gott nicht erklären und Émil Benveniste behauptet in seinen Studien über indoeuropäische Gebräuche, wann immer er diesen zweischneidigen Begriffen begegnet, daß es sich um einen Fehler, eine Verfälschung der Überlieferung handle. Kleist dagegen erkennt – und nichts könnte dies besser zeigen als die von uns analysierte Novelle –, daß solche Ambivalenz zum Grundwesen von Religion und Mythos gehört.

Die Ereignisse des Morgens bedeuten, wie ich vorhin bemerkte, die Wiedergeburt der Kultur, bei der die Familie im Mittelpunkt steht. Es gibt in dieser Szene zwei Details, die, vom mythologischen Standpunkt gesehen, von großer Wichtigkeit sind. Das erste hängt mit der Konstellation der weiblichen Figuren zusammen. Das Prinzip, das die zwischenmenschlichen Beziehungen im Tal bestimmt, ist ein Prinzip der Güte und der Freigebigkeit; alle teilen miteinander, was sie haben. Josephes Gabe an die Gemeinde ist ihr Leib. Wie beim Hinweis auf das Wunder des Fronleichnamsfestes zu Beginn der Erzählung, so zeigt der Text auch hier ein tiefes Verständnis des Mysteriums der Frau und der Empfängnis. Indem sie das Kind stillt, wird Josephe zum Lebensquell und zur Speise, welche die Gemeinde sonst entbehrte. Die anderen Frauenfiguren weisen alle bestimmte Mängel auf; zwei sind unverheiratet und Donna Elvire wurde so schwer verwundet, daß sie ihre mütterliche Pflicht nicht länger erfüllen kann. Im Gegensatz zu ihnen erscheint Josephe in dieser Szene als die vollkommene Frau, als Mutter und Geliebte zugleich, und als solche zieht sie die Aufmerksamkeit Don Fernandos auf sich. Eine bemerkenswerte Umkehrung hat stattgefunden: Genau diejenigen Eigenschaften, die Josephe zum Außenseiter der Gemeinde machten und dadurch zum idealen Opfer, garantieren ihr jetzt ihre Stellung im Mittelpunkt der Gesellschaft, für die sie zum Quell neuen Lebens wird. Diese Umkehrung stimmt genau mit der Transformation überein, die beinahe jedes Opfer erfährt: Nach seiner Brandmarkung als Geißel der Gemeinde wird es später als Friedensstifter und Schöpfer neuer Harmonie angebetet. An dieser Stelle sei bemerkt, daß Kleist die anderen Frauengestalten nicht bloß als Kontrastfiguren einführt. Im Gegenteil, bei der außergewöhnlichen Sparsamkeit dieser Erzählung hat jede der Frauen verschiedene Funktionen zu erfüllen. So entpuppt sich Elisabeth als dasjenige Mitglied der Gruppe, dessen Erinnerung weiter reicht als zu der vom Erdbeben verursachten Zäsur. Das heißt, in ihr werden die alten Antagonismen und das Verlangen nach Opfern aufbewahrt. Constanze andererseits ist dazu bestimmt, auf den Stufen der Kathedrale als unschuldiges Opfer einer Gewalttat des Mobs zu sterben. Durch sie macht uns Kleist wiederum auf den *willkürlichen Charakter der Substitution* aufmerksam, der so grundlegend zum Wesen des Opferprozesses gehört, der aber durch die Scheinerklärungen, die der Mythos liefert, verdeckt wird. Schließlich weisen die Einzelheiten von Elvires Verletzung auf eine sexuelle Thematik hin, die auch später durch die Figur des Meister Pedrillo angedeutet wird.

Ein zweiter bemerkenswerter Aspekt dieser Szene ist die verwirrende Anzahl von Geschichten über das Erdbeben, denen Kleist eine große Bedeutung zumißt. Es ist, als ob eine Art Volkssage über das katastrophale Ereignis entstünde. In diesen Geschichten finden wir direkte Hinweise auf die Apokalypse wie auch auf politische Aufstände und Mobmorde. Die Krise der Nicht-Unterscheidung umfaßt alle diese Ereignisse gleichzeitig. Kleist enthüllt hier zwei wichtige Eigenschaften des Mythos: Erstens, daß der Mythos als die verfälschte und wunderliche Interpretation der Krise und ihrer Lösung hervortritt, und zweitens, daß diese retrospektiven Interpretationen dennoch erlauben, zentrale Aspekte der Ereignisse, auf denen sie beruhen, zu erkennen. Noch eine Geschichte wird von den Leuten im Tal herumerzählt: Frauen, so wird berichtet, hätten auf öffentlicher Straße und vor den Augen aller Männer ihre Kinder geboren. Diese Stelle weist auf die Erfahrung Josephes hin, für die die gewalttätigen Aspekte von Erdbeben und Geburt so nahe beisammen liegen. Sie war es, die am Fronleichnamsfest in Geburtswehen vor den Augen der Menge niedersank und gebar, und auf diese öffentliche Geburt folgte sofort ein öffentlicher Tod, nämlich die geplante Exekution, die ebenfalls vom unheilverkündenden Geläute der Kirchglocken begleitet wird. Diese Verbindung von Leben und Tod – man könnte sagen, ihre wesentliche Einheit – ist zweifelsohne mit der Märchenfigur der alten Frau verwandt, die Jeronimo vor der Stadt trifft. Sie hält zwei Kinder an ihrer Brust und spricht gleichzeitig mit absoluter Bestimmtheit von Josephes Tod. So wird deutlich, daß verschiedene Themenstränge in der Novelle eng miteinander verknüpft sind. Um sie genau voneinander abzugrenzen und ihre Verflechtungen untereinander darzustellen, müßte man auch die anderen Erzählungen Kleists studieren. So ist zum Beispiel in bezug auf das Thema Geburt *Die Marquise von O.* ein zentraler Text, während das Thema sozialer Unruhe, das unsere Novelle nur oberflächlich berührt, durch einen Verlgeich mit *Michael Kohlhaas* erhellt werden könnte. Dies sind jedoch Fragen, die hier nicht aufgenommen werden können.

Der Einfluß Kants auf die Werke Kleists wird oft betont; niemand jedoch hat bisher gezeigt, wie weit Kleist das kantische Projekt in neue Bereiche weiterführt. *Das Erdbeben in Chili* kann als Kritik der mythologischen Vernunft angesehen werden, als ein Versuch, die fundamentalen Mechanismen mythologischen Denkens aufzuzeigen. Dieses Projekt ist nicht bloß eine oberflächliche Enthüllung von irrtümlichen, auf Aberglauben beruhenden Schlußfolgerungen, wie wir sie bei so vielen Autoren des 18. Jahrhunderts finden. Es ist auch nicht eine bloße Kritik institutioneller Starrheit und Heuchelei, obwohl die voltairische Ironie der Exposition manchmal diesen Charakterzug des aufklärerischen Denkens aufweist. Kleists Werk sucht vielmehr die Ursprünge von Mythos und Ritual in den Strukturen kollektiven Verhaltens, vor allem in der Anstekkung mimetischer Rivalität und Gewalt. Freilich gelang auch gewissen anderen Autoren des 18. Jahrhunderts ein Einblick in dieses Phänomen. Betrachten wir zum Beispiel den folgenden Abschnitt – sozusagen die Quintessenz unserer Novelle –, der von dem Earl of Shaftesbury stammt. Man erkennt an dieser Stimme die geschichtliche Nähe der religiösen Bürgerkriege:

„Man darf mit gutem Grunde jede Leidenschaft eine Panik nennen, die in einer größeren Menge aufkommt und die durch den Aspekt oder gleichsam durch Kontakt und Sympathie weitergetragen wird. Also kann die Wut der Bürger eine Panik genannt werden, wenn sie die Bevölkerung außer sich bringt; vor allem wo die Religion im Spiele ist. Und in diesem Zustand ist das bloße Aussehen der Menschen ansteckend. Die Wut fliegt von Gesicht zu Gesicht; und die Krankheit hat man, sobald man sie erblickt. Wer ruhigen Geistes eine von dieser Leidenschaft ergriffene Menge beobachtet hat, wird bestätigen, daß er in den Gesichtern der Menschen etwas weitaus Erschreckenderes und Entsetzlicheres gesehen hat, als sonst in der leidenschaftlichsten Situation zum Ausdruck kommt. Das Zusammensein in der Gesellschaft übt diese Wirkung sowohl auf gute wie auch auf böse Leidenschaften aus; und jeder Affekt ist um so stärker, wenn er gemeinschaftlich ist und sich kommunizieren läßt.

Sie sehen also, edler Lord, es gibt andere Formen von Panik unter den Menschen als die, die aus Furcht entspringt. Und so nennen wir auch die Religion eine Panik; wenn ein Enthusiasmus, egal welcher Art, aufkommt, wie es bei melancholischen Angelegenheiten oft der Fall ist. Denn Dünste gehen notwendigerweise in die Höhe; und vor allem zu schlechten Zeiten, wenn das Gemüt der Menschen bedrückt ist, wie zu Zeiten öffentlichen Unheils, oder wenn die Luft oder die Kost ungesund sind, oder wenn die Natur durch Konvulsionen erschüttert wird, durch Stürme, Erdbeben oder andere außerordentliche und gewaltige

Vorkömmnisse: zu solchen Zeiten muß die Panik unbedingt ausbrechen, und der Richter muß ihr aus Notwendigkeit nachgeben."[5]

Kleist geht natürlich viel weiter, indem er zeigt, wie die Krise der Nicht-Unterscheidung, auf die Shaftesbury in der eben zitierten Passage hinweist, in der spontanen Wahl des Opfers gipfelt, die die Krise löst und der Gemeinde Frieden bringt. Er macht anschaulich, wie Mythos und Ritual aus diesem Ereignis hervorgehen, das wohl in Erinnerung bewahrt wird, dessen eigentlicher Hergang jedoch gleichzeitig verfälscht wird. In diesem Sinn können wir von einer mythologischen Dimension in Kleists Text sprechen. Die Novelle folgt der Logik des Mythos und stellt diese gleichzeitig bloß; sie ist ein Werk mimetischer Enthüllung. Dieser Aspekt der Novelle kann jedoch im Rahmen der traditionellen Literaturwissenschaft nicht erfaßt werden, sei sie formalistischer oder historischer Natur. Auch mit den Begriffen von Lévi-Strauss kann er nicht adäquat verstanden werden. Für Lévi-Strauss ist der Mythos bloß eine Allegorisierung des Denkprozesses, das heißt, der Schaffung von Unterscheidungen. Weil er das Problem des Mythos als ein bloß logisches ansieht, als eine Frage der symbolischen Vermittlung kontradiktorischer Terme, bleibt ihm die Rolle der Gewalt verborgen. Indem wir diese Rolle zum Vorschein bringen, entdecken wir nicht bloß die ‚affektiven' Aspekte des Mythos, seine Fähigkeit, Geheimnisvolles zu suggerieren und ein Gefühl von Terror zu erwecken. Wir lenken vielmehr die Aufmerksamkeit auf die Formen des Gruppenverhaltens, denen Mythos und Ritual entspringen, und vor allem auf die Gewalttätigkeit, die alle Aspekte des Mythos dominiert, seine Logik und Signifikation miteingeschlossen. Gewalttätigkeit lauert hinter allen mythologischen Themen, und nur ein Verstehen ihrer Rolle kann diesen Themen Klarheit verleihen.

(Übersetzt von Hans-Jakob Werlen)

* * *

Werner Hamacher

Das Beben der Darstellung

> „Le monde n'est qu'une branloire perenne. Toutes choses y branlent sans cesse: la terre, les rochers du Caucase, les pyramides d'Aegypte, et du branle public et du leur. La constance mesme n'est autre chose qu'un branle plus languissant. Je ne puis asseurer mon object."
> Montaigne, *Essais* III 2

Zu den allgemein respektierten Basissätzen sowohl der hedonistischen wie der kritischen Lektüre literarischer Texte gehört der, daß sie sprachliche Darstellungen von Wirklichkeiten sind. Für den Konsens über diesen Satz bleibt es ohne Belang, ob unter Wirklichkeit die der gesellschaftlichen oder der individuellen Erfahrung, ob unter Darstellung eine spezifische Form der Nachbildung, der Konstruktion oder des Ausdrucks zu verstehen ist. Der Vorzug der Evidenz, dem dieser Satz seine Attraktivität zu danken hat, wird teuer bezahlt mit einer hermeneutischen Konsequenz, die aus ihm nicht zu ziehen unmöglich ist. Er disponiert nämlich die Texte der Literatur zu empirischen Gegenständen, die auf dem Wege einer mehr oder weniger mechanischen Reduktion in ihre Bedeutungskorrelate sollen zurückübersetzt werden können. So muß sich die literaturwissenschaftliche Forschung unter dem Diktat dieses Satzes als systematische Restitution jener Wirklichkeiten, der die literarischen Texte selber korrespondieren sollen; der Darstellungsmittel, die zum Zwecke der Anmessung an solche Wirklichkeiten eingesetzt werden; und der Transformationen, die die Erfahrung durch ihre literarische Artikulation erleidet, verstehen. Es mildert die Zumutungen, die ein solches Verständnis der Literatur und ihrer Lektüre enthält, nur unzureichend, wenn ihre Texte als Wirklichkeitserfahrung *sui generis* eingeschätzt werden. Denn so problematisch das Theorem der Reduzierbarkeit dadurch wird, daß in den Werken der Literatur selbst eine letzte Instanz und ein Novum der Wirklichkeit anerkannt wird, so unübersehbar bleibt doch, daß diese Maximalthese über den Realitätscharakter der Literatur, auf der Flucht vor einer schlecht begriffenen Spannung zwischen Erfahrung und ihrer Darstellung, beide zu einer nicht minder schlechten Deckungsgleichheit bringt. Befreit sich der redliche Versuch, Literatur als Darstellung auf eine – und sei's auch ihrerseits bereits literarisch präformierte – Wirklichkeit zu beziehen, von dem Skandalon, das sie ist, auf dem Wege einer sozialgeschichtlichen, psychologischen und weiterhin anthropologischen Reduktion auf empirische Daten und geht dabei mit zielstrebiger Sicherheit in die Falle des Empirismus oder des Historismus; so befreit die Hypostase des literarischen Textes zum irreduziblen Novum diesen von den Zumutungen der Verständlichkeit. Ist der Begriff der Darstellung im einen Falle die Lizenz, von ihr zu dem überzugehen, wovon sie die Darstellung sein soll, so im anderen, in dem sie zur Selbstdarstellung einer Wirklichkeit gereinigt erscheint, das Verbot, aus keiner anderen Wirklichkeit als der ihren zu ihr überzugehen. In beiden Fällen wird der Text nach Maßgabe einer Ökonomie der Bedeutsamkeit ausgelegt, durch die entweder die Stabilität des Dargestellten – ob Bewußtseinslage, Affekt oder historisches Faktum – oder die der Darstellung selbst *als* Darstellung – ob kreativer Prozeß, selbstgenügsame Struktur oder immanentes Verweisungsspiel – gesichert werden soll. In beiden Fällen, die sich als konträre Konsequenzen aus der gemeinsamen Maxime, Literatur sei Darstellung, ergeben, wird zur Wahrung des theoretischen Sicherungsbedürfnisses aber die Möglichkeit übersehen, daß es die Sache der Literatur eben nicht ist, den Begriff der Darstellung zu erfüllen, sondern seine Struktur und seine Implikationen durch eine bestimmte Form der sprachlichen Praxis – und mit nicht geringerer sachlicher Strenge als eine theoretische Abhandlung – in Frage zu stellen. Solange der Literaturwissenschaft daran liegt, die Texte, die sie sich zum Gegenstand wählt, nicht durch die Unterwerfung unter sprachtheoretische und ästhetische Konventionen a priori zu verfehlen und keine Maßstäbe an sie anzulegen, deren Geltung von ihnen bestritten wird, solange muß die Öffnung auf diese, zunächst nur logische, Möglichkeit in die heuristischen Prinzipien ihres Verfahrens aufgenommen werden. Damit ist noch nicht gesagt, daß Literatur in jedem Falle eine von der Darstellung *toto coelo* verschiedene Form sprachlicher Praxis sei; wohl aber, daß sie, und erst recht eine Reihe ihrer herausragenden Texte, die methodologischen Prämissen der Literaturwissenschaft und darüber hinaus der philosophischen Ästhetik, statt sich ihnen rückhaltlos zu fügen, in Zweifel ziehen könnte. Wo sie es tut, ist Literatur nicht mehr bloß Gegenstand der Literaturwissenschaft, sondern diese, *ordo inverso,* ein Gegenstand ihrer Kritik durch Literatur.

„eine zufällige Wölbung"

Das Erdbeben, das bei Descartes als das methodische der an sich selbst zweifelnden Erkenntnis die *terre mouvante*[1] der Vorstellungsinhalte des Denkens abschüttelte und allein in sich selbst das *fundamentum inconcussum* für die Selbstgewißheit, die Festigkeit der Erkenntnisgegenstände und die Legitimität des Glaubens an Gott zu finden bestimmt war – dies methodische Erdbeben, das das intelligible Ich an seinen Vorstellungen exekutiert, büßt angesichts der katastrophalen Konsequenzen eines Erdbebens in der Erfahrungswelt seine Sicherungs- und Begründungsfunktion ein. Es zeigt sich *ex post*, daß der intelligible Kern der Vernunft, die sich in dem von ihr ausgelösten Beben rein auf sich selbst beziehen soll, bereits empirisch affiziert ist: und sei's auch nur in der Weise, daß er zu seiner Artikulation der Metapher des Bebens bedarf. Daß sich die Konsequenzen dieser Metapher für die Wirksamkeit der Vernunft von der Vernunft selbst nicht kontrollieren lassen, wird noch vor ihrer historischen Entfaltung an der Paradoxie deutlich, zu der sie den Gedanken des Ich zwingt: nur die Erschütterung steht fest, nur im Beben zeigt sich die Stabilität des Ich. Unter dem Eindruck des Erdbebens von Lissabon, der die europäische Intelligenz in einer ihrer empfindlichsten historischen Epochen trifft[2], verliert die Metaphorik von Grund und Erschütterung vollends die scheinbare Unschuld der bloß figürlichen Rede. In den Texten Voltaires, die auf das Ereignis von Lissabon reagieren – dem *Poème sur le Désastre de Lisbonne*[3] und dem *Candide* –, und in anderer Weise auch in Rousseaus Voltaire-Brief[4] vom August 1756 und in Kants drei naturwissenschaftlichen Studien[5] von 1756 ist das Erdbeben, ohne doch den Rahmen seiner Metaphorizität ganz verlassen zu können – vor allem historisches Datum, natur- und weltgeschichtlicher Referent einer Rede, die die Ungeheuerlichkeit des Faktums nicht zu bannen vermag und ihr Versagen vor ihm nicht nur in den theoretischen Konsequenzen, die sie daraus ziehen, sondern in der unmetaphorischen Nennung eines Namens und einer Reihe von Zahlen eingesteht. Diese Markierung seines vernunftlosen, unkontrollierbaren und unübersteigbaren Charakters trägt die Figur des Erdbebens auch im *Candide*, der sie zu einem literarischen Sujet und darüber hinaus zu einem antiteleologischen Argument macht, und noch nachdrücklicher in dem bedeutendsten Text, der die Gewalt der Erdbeben-Metapher in ihrer ganzen Zweideutigkeit ausspielt, in Kleists Erzählung *Das Erdbeben in Chili*. Aus einer philosophischen Metapher, die zugleich Metapher für den Prozeß des Philosophierens war, ist eine Figur der Grenze geworden, an der die Philosophie des gesicherten Grundes zu zerbrechen beginnt. Aus einer Metapher möglicher Rekonsolidierung zum Einsturz gebrachter Vorstellungsgebäude ist eine Figur der Unverläßlichkeit nicht nur der physischen, sondern auch der

Erkenntniswelt geworden. Aus einer Metapher der Repräsentation, durch die die Form des Vorstellens selbst vergegenwärtigt werden sollte, ist eine Figur der Undurchschaubarkeit der Welt und der Unübersetzbarkeit ihrer Erscheinung in einen ihr transzendenten Sinn geworden. Die Metapher hat aufgehört, ein Faktum mit seinem Sinn, ein Bild mit seiner Bedeutung zusammenzuhalten und eins ins andere übertragen zu können.

Im selben Moment, in dem die Metapher des Bebens beginnt, ihre metaphorische Potenz einzubüßen und zum Zitat eines aktenkundigen historischen Ereignisses wird, das sich durch keine teleologische Erklärung mehr heiligen läßt, verstärkt sich ihre Tendenz, sich als Zitat einer literarischen Bilder- und Themenkonvention darzustellen und damit ihren gegen das historische Faktum äußerlichen, ihren Kontingenzcharakter offenzulegen. Dieser doppelte Bruch der Bildlichkeit der klassischen literarischen Rede tritt in Kleists *Erdbeben*-Erzählung besonders kraß zutage. Zum einen legt Kleist, wie in fast allen seinen Erzählungen, besonderen Nachdruck auf die historische Authentizität der von ihm vorgetragenen Geschichte, indem er nachprüfbare Zahlen und Namen nennt:

„In St. Jago, der Hauptstadt des Königreichs Chili, . . . in dem Augenblicke der großen Erderschütterung vom Jahre 1647, bei welcher viele tausend Menschen ihren Untergang fanden . . ."(11)

Zum anderen ist es, obgleich bislang nicht erkannt, unverkennbar, daß wichtige Teile des stofflichen Vorwurfs zu Kleists Text in einer Reihe von Szenen des *Candide* vorgebildet sind, der seinerseits bereits eine Travestie auf die Klischees der zeitgenössischen Romanproduktion enthält.[6] Kleists Erzählung ist keine bloße Variation von Voltaires philosophischer Buffonerie. Indem sie anknüpft an deren inhaltliche Momente – die zufällige Betroffenheit durch ein Erdbeben, das als Beginn der Apokalypse interpretiert wird, die Umwandlung der Todesart, die zufällige Errettung vom Opfertod, das zufällige Wiederfinden der Geliebten –, und auch an kompositorische Mittel wie die Binnenerzählungen, in denen parallele Handlungsverläufe nacheinander vorgeführt werden, und insbesondere an die philosophische Frage des Candide nach der Rechtfertigung des Übels in der Welt und nach dem providentiellen Grund individueller und kollektiver Schicksale, gibt sie sich als Replik auf die aufklärerische Satire zu lesen, in der, was in dieser nur episodisch und gleichsam frivol abgehandelt wurde, ins Zentrum gerückt und seines spielerischen Charakters entkleidet wird. Das Bündnis der Ordnungsmächte von Staat, Besitzbürgertum und katholischem Klerus mit dem philosophischen Theorem der Teleologie in der besten der möglichen Welten wird bei Kleist nicht krasser exponiert als bei Voltaire, aber die individuelle Anfälligkeit für teleologische Erklärungen wird aus einem lächerlichen Tic, von dem Autor und Publikum sich frei glauben, zur zwanghaften Selbsttäuschung, die keinem Leser süffisante Distanz zu wahren erlaubt. Der von Voltaire aus offenkundig didaktischen Gründen inszenierte Zufall wird bei Kleist zur dominierenden Ereignisform eines undurchschaubar gewordenen Weltlaufs. So ‚literarisch' Kleists Replik auf Voltaires Roman sein mag: er ist in allem eine Kritik an den Distanzierungs- und Schutzgebärden der Literatur, die Voltaire schreibt, und der Versuch, *aus* der Sprache – und nicht nur mit deren *Mitteln* – jenes *factum brutum* zu erzeugen, als das ein Erdbeben in die Welt der geordneten politischen, literarischen und moralischen Verhältnisse einbricht.

Die Kollision von Teleologie und Zufall und ihre Auflösung durch die Essentialisierung des Kontingenten ist freilich nicht bloß Voltaires, sondern auch Leibnizens Thema im *Essai de Théodicée.* Der Gedanke der *faute heureuse,* der wechselseitig sich aufhebenden Übel – *bina venena juvant*[7] – gehört zum ironischen Kompositionsprinzip von Voltaires Roman, wurde aber ganz unironisch in die Maximen der Aufklärungsphilosophie aufgenommen, durch die er Kleist bekannt geworden ist. Zur Zeit der mutmaßlichen Niederschrift der *Erdbeben*-Erzählung, im November 1806, schreibt Kleist in einem Brief, er empfinde „die Wahrheit des D'Alembertschen Grundsatzes, daß zwei Übel, zusammengenommen, zu einer Tröstung werden können; denn eins zerstreute mich vom andern".[8] Kleists Erzählung bietet sich als die systematische Durchführung dieser Strukturformel des *bina venena juvant* dar und scheint auf diese Weise nicht bloß einen Gedanken aus dem Umkreis der Theodizee aufzunehmen, sondern selber für sie Partei zu ergreifen. Aber Kleists Erzählung ist Durchführung dieser Strukturformel bis in ihre Umkehrung, daß das doppelte Glück Verderben bringt, und Relativierung dieser Formel insofern, als sie sie als gültig allein aus der wechselnden Perspektive ihrer Protagonisten bestimmt. So kann das Erdbeben im Hinblick auf die Befreiung des Jeronimo als göttlich sanktioniert und seine Errettung durch eine Naturkatastrophe als Wunder angesehen werden: „Er senkte sich so tief, daß seine Stirn den Boden berührte, Gott für seine wunderbare Errettung zu danken"(13). Sobald er aber seine Geliebte verloren glaubt, heißt es: „und fürchterlich schien ihm das Wesen, das über den Wolken waltet"(13). Als die beiden, durch gleiche Zufälle dem Tod Entkommenen einander wiedergefunden haben, ist es wieder ein „Wunder des Himmels", das sie gerettet hat, und der Tod von „vielen tausend Menschen" scheint gerechtfertigt durch das Überleben dieser zwei und ihres Kindes: „[sie] waren sehr gerührt, wenn sie dachten, wie viel Elend über die Welt kommen mußte, damit sie glücklich würden!"(16). Der weitere Fortgang der Ereignisse, der ihr Glück als Schein erweist, wird die privat-teleologische Interpretation der Zufälle abermals erschüttern. Das Theorem der *faute heureuse* und der D'Alembertsche Grundsatz werden nicht als ontologische Prinzipien, sondern als instabile Erklärungsfiguren gebraucht, die sich auf bestimmte Situationen anwenden lassen und unter dem Druck ihrer Veränderung preisgegeben werden. Der glückliche Zufall und die glückliche Koinzidenz böser Zufälle bieten keinen gesicherten Grund, auf dem sich feste Vorstellungen von der Welt und ihrer Beziehung zu einem höchsten Wesen aufrichten ließen, sondern sind ihrerseits gänzlich dem Zufall ausgesetzt. Kleists Erzählung – diese wie jede andere – handelt nicht von glücklichen oder unglücklichen Zufällen, sondern von ihrer Zufälligkeit; nicht von kontingenten Ereignissen, sondern von ihrer unversicherbaren Kontingenz; nicht von Fällen, die unter keine Regel gebracht werden können, sondern davon, daß diese Fälle auch selber keine Regel bilden. Sie inszeniert den Prozeß einer nicht-synthetischen Dialektik der Kontingenz.

Unter Zufall ist bei Kleist nicht bloß ein Ereignis zu verstehen, zu dessen Erklärung weder die Gesetze der Mechanik, noch die Regelvorstellungen der Ontotheologie ausreichen, sondern ein irreguläres Zusammenfallen von Ereignissen, die selber aus dem Zerfall von Regeln resultieren. Dies ist die Bedeutung, die eine der von Kleist privilegierten Allegorien diesem Begriff zuschreibt. Sie taucht zum ersten Mal sechs Jahre vor jenem Brief auf, in dem er den D'Alembertschen Grundsatz zitiert, den man als ihre begriffliche Abbreviatur lesen kann. In einem der Lehrbriefe an seine Braut Wilhelmine von Zenge beschreibt Kleist im November 1800 eine Erfahrung, die er „an jenem Abend vor dem wichtigsten Tag meines Lebens" gemacht hat, der für ihn, wie er meinte, die Entscheidung über Leben und Tod bringen würde:

> „Da ging ich, in mich gekehrt, durch das gewölbte Tor, sinnend zurück in die Stadt. Warum, dachte ich, sinkt wohl das Gewölbe nicht ein, da es doch keine Stütze hat? Es steht, antwortete ich, weil alle Steine auf einmal einstürzen wollen – ..."[9].

Die illusionsloseste aller Selbsterhaltungstheorien: Der gleichzeitige Sturz aller Elemente auf ein gemeinsames Gravitationszentrum, das nicht Leben heißt, sondern Tod, erhält sie, durch gegenseitige Hemmung, für eine Zeitlang aufrecht. Diesen Gedanken des gemeinsamen Falls, der sich selbst aufhält, verbindet die *Erdbeben*-Erzählung mit dem Begriff des Zufalls. Nachdem von jenem Strick die Rede war, der Jeronimo dieser Welt „entreißen" sollte und „den ihm der *Zufall* gelassen hatte", heißt es:

> „Der Boden wankte unter seinen Füßen, alle Wände des Gefängnisses rissen, der ganze Bau neigte sich, nach der Straße *zu* ein*zu*stürzen, und nur der, seinem langsamen *Fall* begegnende, *Fall* des gegenüberstehenden Gebäudes verhinderte, durch eine *zufällige* Wölbung, die gänzliche *Zu*bodenstreckung desselben. Zitternd ... glitt Jeronimo ... der Öffnung *zu,* die der *Zusammenschlag* beider Häuser in die vordere Wand des Gefängnisses eingerissen hatte". (12; Hervorhebungen von mir. – W.H.)

Zufall ist derjenige Fall, in dem mindestens zwei Fälle einer Regel derart aufeinanderstoßen, daß sie nicht mehr dieser Regel selber unterliegen. Dennoch ist der Zufall keine Ausnahme von der Regel, sondern dasjenige Ereignis, in dem die Regel mit sich selber kollidiert und eine neue, höchst zweideutige, nämlich den Gesetzen der Natur zugleich entsprechende und sie außer Kraft setzende Ordnung schafft. Wo zwei Fälle einer Regel miteinander kollidieren, wird mit der Regel zugleich auch ihr Fall unter sie suspendiert: im Zufall ihrer Kollision bewahren weder die Regel noch ihre Elemente mehr ihren begrifflich gesicherten Status. Der Fall – und auch der Fall der Regel selber – hebt sich auf. Er hebt sich auf in dem Sinne, daß er seiner Tendenz, die seine Identität bestimmt, nur gehemmt folgt: er ist nicht „der Fall", sondern – durch Parenthese aufgehalten – „der, seinem langsamen Fall begegnende, Fall"; er hebt sich auf, indem, was fällt, vermöge dieses Falls, in der Schwebe bleibt und eine „zufällige Wölbung" bildet; und er hebt sich schließlich auf, indem er gleichwohl Fall bleibt und diese „zufällige Wölbung", auf ein zweites Beben hin, „zusammenfällt". Der Zufall – in all seinen Bedeutungen, als Kollaps, Kontingenz und Konvergenz – hebt sich auf. Vermöge seines Sturzes hält er im Sturz inne, wo er auf einen anderen stößt; weil wohl der Fall, nicht aber der Zusammenfall mit einem anderen den Gesetzen der Mechanik entspricht, stabilisiert sich die Unterbrechung seines Sturzes nicht zur dauernden Synthesis, sondern geht in die Fortsetzung des Sturzes über. Die Aufhebung des Zufalls – und darin unterscheidet sich ihre Kleistsche von der Hegelschen Variante[10] – wird selbst aufgehoben.

Was den Zufall innerhalb der Kleistschen Erzählung so außerordentlich bedeutsam macht, ist der Umstand, daß das gesamte Spektrum der Wirklichkeit, mit dem ihre Gestalten konfrontiert sind, unter seinem Zeichen steht. Nicht nur stürzen zwei einander gegenüberliegende Mauern ein und halten einander in ihrem Fall so, daß Jeronimo durch ihre Wölbung hindurchschlüpfen kann; das Erdbeben, das sie zu Fall bringt, erschüttert die Stadt „gerade in dem Augenblick", in dem er sich erhenken will und in dem seine Geliebte „auf ihrem Gang zum Tode, dem Richtplatze schon ganz nahe" ist: und wie die Kollision der beiden Häuserwände so hält die Kollision von gesellschaftlicher Gewalt und Naturgewalt den Tod, den jede isoliert dem Paar bereitet hätte, auf, bildet gleichsam eine Wölbung, unter der das Paar mit seinem Kind entfliehen kann und stürzt, wie jene Mauerwölbung, mit der zweiten Erschütterung der gesellschaftlichen Verhältnisse erst am Ende der Erzählung über sie zusammen – und auch in diesem Fall nicht ohne abermals, durch Zufall, eine Lücke zu lassen, durch die diesmal ihr Kind gerettet wird. Die Erzählung wird also nicht nur bewegt und skandiert von einer langen Serie von Zufällen – die Stereotype „in demselben Augenblicke" weist jeweils ausdrücklich auf sie hin; die verschiedenen Phasen der Erzählung selber stellen in ihrer Abfolge auch die drei Bestimmungsmomente des Zufalls dar: die Kollision zweier tödlicher Gewalten im ersten Teil des Triptychons, ihre wechselseitige Suspendierung in seinem zweiten und in seinem letzten die Vollstreckung ihrer mörderischen Tendenz. So bildet die Erzählung selber die „zufällige Wölbung", von der in ihr die Rede ist, den Einstand widerstreitender Momente, die Verzögerung des Falls, der die Regel des Natur- und des Staatsgesetzes zu erfüllen hat. Sie ist also *Darstellung* der in ihr beschriebenen Vorgänge nur, soweit sie selbst das Bild ihres *Zerfalls* stellt.

Der Zufall, den Kleist inszeniert, hat, gerade weil er glücklich ist, den Charakter einer Erkenntnisfalle: seinen Protagonisten stellt er sich nicht in seiner Kontingenz, sondern ausschließlich in seiner Beziehung auf ein notwendiges Wesen dar, das die Naturereignisse zu ihren Gunsten planvoll lenken soll. So wird die Fiktion einer teleologischen Ordnung für Jeronimo und Josephe zur objektiven Erkenntnis des Weltgrundes, der Zufall der Natur in ihrer privaten Heilsgeschichte zur Notwendigkeit. Die Massierung der Zufälle, denen der Kleistsche Text seine Protagonisten aussetzt, provoziert nun aber nicht bloß in deren Augen den Anschein der Regelmäßigkeit, sondern löst, ebenso systematisch wie exzessiv, den Kontingenzcharakter des Zufalls und den Normcharakter der Regel soweit auf, daß für den gesamten Umfang und für die Reichweite dieses Textes der Distinktionswert der Oppositionsbegriffe von Regel und Fall, Regel und Zufall erlischt. Beide sind von Kleists Darstellung in einem Sturz begriffen, in dem ihr Erkenntniswert suspendiert und sowohl die Generalisierbarkeit des von ihm beschriebenen Ausnahmefalls wie seine unübertragbare Einzigkeit; sowohl der Zusammenbruch von Erfahrungsregeln wie ihre Fortgeltung – im Sturz – bewahrt werden. Nicht allein die Architektur der Kleistschen Erzählung, auch ihr Verfahren im Umgang mit Regelbegriffen folgt dem Schema der stürzenden und im Sturz sich aufhaltenden Steine. Darstellung ist – suspendierter – Sturz.

Der gezielten Auflösung von Erfahrungskonventionen korrespondiert auf der sprachlichen Ebene die Sprengung der konventionellen, verständnisregulierenden Bedeutungseinheit des Wortes ‚Zufall'. Denn ‚Zufall' bedeutet in Kleists Text nicht mehr einfach nur das, was in der konventionalisierten Sprache unter einem Zufall verstanden wird. In ihm ist nämlich der begriffliche Valeur von ‚Zufall', den Kant in der Anmerkung zur Vierten Antinomie als das bestimmt, „dessen kontradiktorisches Gegenteil möglich ist", nicht weniger gegenwärtig als der metaphorische von Sturz, und beide werden durch ihre Assoziation mit benachbarten Wörtern und durch ihr Arrangement zu einer narrativen Struktur in ihrer univoken Bedeutung erschüttert und semantisch neu organisiert. Die Reihe: Zufall – einstürzte – versank – umzufallen – einzustürzen – Fall – Fall – zufällige – Zusammenschlag – zusammenfiel ... bindet das

Wort ‚Zufall' in ein verbales Netz ein, das ihm, über die konventionelle Bedeutung der Kontingenz hinaus, noch mindestens zwei andere Bedeutungen, die von Konvergenz und die von Kollaps, zuschreibt. Die poetische Logik des Zufalls in Kleists Text ist weder die lineare der bloßen Naturkausalität noch die numinose eines göttlichen Eingriffs; sie ist die Logik des Begriffs so wenig wie die der Metapher. Sie ist die sprachliche Logik einer Kombination von Wörtern, die in einer strengen sachlichen und formalen Beziehung zueinander stehen, in der sie sich weder zu einer vagen Einheit mischen noch isoliert bloß nebeneinander stehen, sondern konvergierend, aneinanderstoßend und wechselweise ihre Bedeutungstendenz hemmend sich zu einem latenten Syntagma zusammenschließen, das seine Elemente gegen den konventionellen Sprachgebrauch ebenso schwebend erhält, wie die „zufällige Wölbung" die ihren gegen das Gesetz der Gravitation. Je lastender das semantische Schwergewicht der Worte – und bei ‚Fall' und ‚Zufall' ist es extrem –, desto gespannter der Bogen ihrer Konnotationen; je fugendichter die semantischen und formalen Kontiguitätsbeziehungen, desto hartnäckiger widersetzen sich ihre Elemente der Reduktion auf isolierte Bedeutungseinheiten. Die Kombination von „Fall", „Zufall", „Zusammenschlag" und „Zusammenfall" etc. bewirkt in dem Maße, in dem durch sie jedes einzelne Glied ihrer Kette re-determiniert wird, ihre progressive Entdeutung. Nicht nur hebt sich der Fall auf, auch die Bedingung der Allegorie, die er darstellt: die semantische und formale Einheit des Wortes ‚Fall', wird defiguriert und disseminiert[11]: sie wird in all ihren Schattierungen über den gesamten Text versprengt und multipliziert, und sie wird ihrer Homogenität, Linearität und ihres univoken Sinnes beraubt. Das ist eine der Weisen, in denen Kleist seine poetologische Maxime realisiert: „die Kunst kann, in bezug auf sie [die Rede], auf nichts gehen, als sie möglichst verschwinden zu machen."[12] Der Zufall ist in der Sprache Kleists nicht das Dargestellte einer darstellenden Rede, sondern ein sprachliches Ereignis, in dem die Darstellungsfunktion der Rede selbst zu Fall gebracht und vermöge ihres Zusammen-Falls, gehemmt und potenziert zugleich, dennoch in Kraft bleibt. ‚Zufall' ist eine Sprachfigur jenseits von Begriff und Metapher, in der sich die Sprachlichkeit der Sprache als Suspendierung eines ihr transzendenten Sinns artikuliert.

Kleist mit Kant – negative Darstellung

Das gesamte Wortfeld von ‚Fall' und ‚Erhebung' und die korrespondierenden antithetischen Bewegungen, die Kleist in seiner Erzählung ausbreitet, folgen in ihrer Organisation dem dynamischen Prinzip, daß etwas erst da steigt, wo es fällt, und stürzt, wo es den Gipfel seiner Erhebung erreicht hat. Dieses Prinzip permanenter Peripetie, das Vokabular und Ereignisfolge der Erzählung vom ersten bis zum letzten Satz reguliert, ist dem des Dynamisch-Erhabenen in der Natur nachgebildet, das Kant in der *Kritik der Urteilskraft* (KdU) analysiert.[13] In ihrem 28. Paragraphen, „Von der Natur als einer Macht", nennt Kant neben Ungewitter, Sturm, Vulkanausbrüchen und Orkanen ausdrücklich auch das Erdbeben als eine Macht, die das Gefühl des Erhabenen in uns erweckt, „weil sie die Seelenstärke über ihr gewöhnliches Mittelmaß erhöhen und ein Vermögen zu widerstehen von ganz anderer Art in uns entdecken lassen, welches uns Mut macht, uns mit der scheinbaren Allgewalt der Natur messen zu können". (*KdU,* S. 104) Die schlechthinnige Größe der Natur, die sich in diesen Erscheinungen offenbart, läßt sich durch keine sinnliche Darstellung angemessen erfassen. Das unendliche Defizit der menschlichen Sinnlichkeit gegenüber derjenigen der Natur zwingt die Einbildungskraft, in einem anderen als den Vermögen der Anschauung und des Verstandes, nämlich in der sittlichen Idee der „Menschheit in unserer Person" (*KdU,* S. 105) Halt für ihre Darstellung zu suchen. Doch auch in dieser Idee erreicht die Einbildungskraft nicht Angemessenheit, sondern „Überlegenheit über die Natur selbst in ihrer Unermesslichkeit" (*KdU,* S. 104), so daß sie dem Naturphänomen, dessen Darstellung sie intendiert, in keiner Weise positiv korrespondieren kann. Nun versagt zwar das Darstellungsvermögen vor der erhabenen Natur, aber die Einbildungskraft kann ihr Versagen vor einem übermächtigen Sinnenphänomen interpretieren als Versagen sinnlicher Anschauung vor einer Idee, die jeder Sinnlichkeit überlegen ist. Die der Natur inkommensurable Darstellung wird zur Darstellung der Inkommensurabilität jeder Darstellung an die Idee. In dieser Wendung bezieht sich die Einbildungskraft negativ auf sich selbst und erzeugt aus der Fähigkeit, sich selber Abbruch zu tun und in Differenz zu sich zu treten, *als* diese Differenz die Achtung vor der sittlichen Idee. Ihre Darstellung ist Darstellung der Unangemessenheit der Darstellung an sich selbst.[14] Allein die Differenz der Darstellung an sich selbst, das Zeichenlose, vermag *a limine* noch zu bezeichnen, und erst im Scheitern jeder Vergegenwärtigung geht, als ihr Effekt, die Gegenwart der Idee im Respekt auf.

In dem Maße, in dem die Macht der Natur die des Menschen niederbeugt, erhebt sich diejenige menschliche Kraft, „die nicht Natur ist" und folglich nicht unter ihren Gesetzen steht. In dem Maße, in dem der Mensch als physisches Wesen den Naturgewalten unterliegt, steigt er als moralisches und übersteigt noch die Macht, die seine physische Existenz vernichten könnte. Die Unfähigkeit des Menschen als eines Verstandes- und Sinnenwesens, sich gegen die Naturgewalten selbst zu erhalten, wird aufgewogen durch „eine Selbsterhaltung von ganz anderer Art": durch das Vermögen seiner Einbildungskraft, Achtung für „die Idee der Menschheit in unserem Subjekte" (*K.d.U.,* S. 97) zu wecken. Dieser Dialektik des Dynamisch-Erhabenen folgen in der Rhythmik von Fall und Erhebung, Aufrichtung und Sturz nicht nur die Geschehnisse in Kleists Erzählung, auch die theoretischen Reflexionen ihrer Protagonisten entsprechen bis ins Detail ihrem Modell:

„Und in der Tat schien, mitten in diesen gräßlichen Augenblicken, in welchen alle irdischen Güter der Menschen zu Grunde gingen, und die ganze Natur verschüttet zu werden drohte, der menschliche Geist selbst, wie eine schöne Blume, aufzugehn."(17)

Im Zugrundegehen der irdischen Güter – und wie bei Kant gehört auch bei Kleist das Leben dazu – geht „der menschliche Geist selbst" auf, das also, was Kant mit zierlicher Korrektheit als „Idee der Menschheit in unserem Subjekte" bezeichnet. In der Verschüttung derjenigen Natur, die noch nach dem Prinzip der Zweckmäßigkeit ausgelegt werden konnte, öffnet sich die Natur in ihrer Schönheit, zweckmäßig, aber selbst ohne Zweck. Mit der Formulierung vom Aufgang der schönen Blume des menschlichen Geistes spricht aber Kleist, wie aus dem Zentrum der kantischen Kritik, nicht allein von einem bestimmten Gegenstand seiner Erzählung, dem er mit einer Metapher poetischen Glanz verleiht, sondern vom Aufgang: von der Entstehung, der Aufrichtung und Öffnung der Darstellung selbst. Denn der Vergleich des menschlichen Geistes mit einer schönen Blume assoziiert ihm nicht nur die Idee der Schönheit und deren fragile Zweckmäßigkeit ohne Zweck, von der auch die *Kritik der Urteilskraft* am Beispiel der Blume handelt (*KdU*, S. 61); er vergleicht ihn – denn „Blume" ist eine Metapher für die Metapher selbst – der poetischen Darstellung, die er in eben diesem Vergleich selber erfährt. Die Metapher des „menschlichen Geistes" ist zugleich Metapher der Darstellung; der Aufgang der „Menschheit in unserer Person" zugleich die Genesis der Sprache. Der menschliche Geist in seiner sprachlichen Gestalt geht genau dort auf, wo er aufhört, Objekt der Bezeichnung sein zu können. Erst wo er aufhört, Dargestelltes zu sein, beginnt er: die Ankunft seiner selbst aus der Differenz zu jeder postiv bestimmten Gestalt.

Der Aufgang von Menschlichkeit und Sprache ist als antithetisches Resultat gebunden an die Erfahrung des Zerfalls sämtlicher Normbegriffe vom Menschen und der Unverläßlichkeit nicht nur seiner, sondern auch der Natur, die er bewohnt. Sprache, „menschlicher Geist", wie sie von Kleist – und von Kant – gedacht werden, sind Effekte negativer Selbstaffektion der Einbildungskraft, nicht Position, sondern unvordenklicher Prozeß der De-Position, Ent-Stellung. Als solche sind ihre Produkte, *strictu sensu*, keiner literaturwissenschaftlichen, soll heißen historisch-rhetorischen Analyse zugänglich, denn sie sind der Ursprung von Rhetorizität und geschichtlicher Erfahrung. Erst wo die Blume des menschlichen Geistes aufgeht, gibt es die Möglichkeit einer ‚Blume' und einer metaphorischen Verwendung des Wortes ‚Blume'. Erst in diesen „gräßlichen Augenblicken" der Kleistschen Erzählung, wo die sinnliche Erfahrung „zu Grunde geht", findet eine Erfahrung, die sich nicht reduzieren läßt auf die des natürlichen Lebens, ihren Grund. Eine Schönheit, die nicht dem Gräßlichen, eine Moralität, die nicht dem Zusammenbruch äußerlicher Legalität entsprungen wäre und von ihm fortwährend zeugte, gibt es nicht. Die immanente Spaltung der Erfahrung in Lust und Unlust, Angemessenheit und Unangemessenheit, Anschauung und Bildlosigkeit, die der *Erdbeben*-Text artikuliert, läßt sich durch keine anthropologische oder psychologische Erklärung reduzieren, denn diese Spaltung ist selbst der Ursprung der Psyche und jener Kraft, „die nicht Natur ist" – der menschlichen. Kleists Erzählung, sofern sie die Erfahrung der Vernunftbestimmtheit des Menschen aus der Kollision mit dem schlechthin Unvernünftigen an ihm selbst und seiner Wirklichkeit beschreibt, ist angemessen nur als philosophische zu lesen: als narrative Analytik des Erhabenen.

In direktem Anschluß an den Satz über das Aufgehen der schönen Blume heißt es:

> „Auf den Feldern, so weit das Auge reichte, sah man Menschen von allen Ständen durcheinander liegen, Fürsten und Bettler, Matronen und Bäuerinnen, Staatsbeamte und Tagelöhner, Klosterherren und Klosterfrauen: einander bemitleiden, sich wechselseitig Hilfe reichen, von dem, was sie zur Erhaltung ihres Lebens gerettet haben mochten, freudig mitteilen, als ob das allgemeine Unglück alles, was ihm entronnen war, zu *einer* Familie gemacht hätte."(17)

So deutlich in dieser Beschreibung die Allusion auf die Gesellschaftsutopie Rousseaus auch ist – und insbesondere auf diejenige, die er im Erntefest der *Nouvelle Héloise* entwirft[15] –, der auch typographisch ausdrücklich gemachte Akzent dieser Beschreibung liegt auf der *Einheit*, die, durch das „allgemeine Unglück" und die korrespondierende gegenseitige Hilfe, in die in Stände zerfallene Gesellschaft gebracht wird: dadurch aber wird nicht einem vagen, und nur vorgeblich Rousseauschen, Begriff von gesellschaftlichen Naturverhältnissen, sondern derjenigen Forderung entsprochen, die, bei Kant, die Einbildungskraft an sich selber stellt, die disparaten Elemente einer unermeßlich scheinenden Wirklichkeit in die Totalität *einer* Anschauung zu bringen. Die von Kleist charakterisierten gesellschaftlichen Verhältnisse im Tal vor St. Jago sind nichts anderes als die Metapher der praktisch gewordenen Achtung, die dem Gefühl der Erhabenheit der *einen* Vernunftidee, der „Menschheit in unserer Person", entspricht. Von den „ungeheuern Taten", die man in dieser Gesellschaft erzählt, gilt ein gleiches. Der Krieger beweist, wie Kant in § 28 der dritten Kritik ausführt, Achtung für das Vernunftgesetz durch die Verachtung der Gefahr, die den bloß sinnlichen Gütern und dem Naturgut des eigenen Lebens droht. Auch das heroische Verhalten angesichts der Naturkatastrophe – Kleist spricht von Römergröße – folgt also dem Gesetz des Dynamisch-Erhabenen: je größer der Verlust in der Sphäre der Sinnlichkeit, desto größer der Gewinn für die negative Darstellung der Vernunftidee.

„Die göttliche Aufopferung" (18), von der Kleist mit dem emphatisch definiten Artikel spricht, ist eine Weise der Selbstaufopferung der Einbildungskraft und der Einschränkung des Lustprinzips, nach dem sie ihre Anschauungen bildet. Kant schreibt: „Das Wohlgefallen am Erhabenen der Natur ist [...] nur negativ [...], nämlich ein Gefühl der Beraubung [im selben Zusammenhang spricht Kant auch von ‚Aufopferung'] der Freiheit der Einbildungskraft durch sie selbst." (*KdU*, S. 115) Der Schmerz der Unangemessenheit der sinnlichen Darstellung an die dargestellte Idee provoziert in einem Akt von transzendentalem Masochismus die Lust an der Angemessenheit eben dieser Unangemessenheit der Sinnlichkeit an die Idee der Vernunft. Die Einbildungskraft tut sich selber Gewalt an und opfert sich auf, um als Gewinn die Lust einer negativen Adäquation an die undarstellbare Idee der Vernunft zu erfahren. Diese Verfassung der Darstellung, *praesentatio ex negativo* zu sein, und das von ihr aufgestellte Maß, sich selbst, zu zerbrechen, hat nicht nur eine unauflösliche Mischung von Schmerz und Lust zur Folge; sie bewirkt auch eine kategoriale Änderung im Status der Darstellung selber, denn sie ist nicht mehr sichernde Vergegenwärtigung eines streng definierten Vorstellungsinhalts oder eines bestimmten Begriffs in der Anschauung, sondern die unfixierbare Bewegung, in der eine Stellung sich selber verläßt, um einem Gesetz zu folgen, dessen Stelle weder von einem Begriff noch von einer Anschauung eingenommen werden kann. Diese Bewegung wird deshalb von Kant in einem bedeutungsvollen Vergleich als „Erschütterung" bezeichnet, als „schnellwechselndes Abstoßen und Anziehen ebendesselben Objekts". Nicht nur hat die Darstellung keinen festen Stand mehr auf einem ihr äußerlichen Fundament, sondern in ihr selbst öffnet sich, nach Kants Formulierung, „gleichsam ein Abgrund, worin sie sich selbst zu verlieren fürchtet" (*KdU*, S. 98). Es geht also in Kants Analytik des Erhabenen nicht so sehr um die Darstellung, zum Beispiel, eines Erdbebens, sondern um ein Erdbeben der Darstellung, ohne das sie eine Darstellung nicht wäre. Kleists *Erdbeben in Chili* stellt dies Erdbeben nicht dar, ohne zugleich das Beben der Darstellung zu sein.

Kleist hat diese Überlegung von der Erschütterung der Selbst- und Wirklichkeitserfahrung aufgenommen, aber, in strenger Konsequenz des Kantschen Gedankens der Inkommensurabilität von Erkenntnis und Anschauung an die Vernunftbestimmung, seine Formulierungen über die unauflösliche Ambiguität von Verlust und Gewinn, Lust und Unlust, Darstellung und Darstellungsbruch mit dem Vorbehalt der Unentscheidbarkeit, des möglichen Scheins, des *Als ob* versehen. Unter dieser Einschränkung versammelt er einige der zentralen Motive der kantischen Analytik des Erhabenen. Die vom Erdbeben Betroffenen sind zur harmonischen Einheit einer Familie nicht wirklich zusammengetreten, sondern nur so, *als ob* sie es wären. Nachdem von der „göttlichen Aufopferung" die Rede war, heißt es:

> „Ja, da nicht einer war, für den nicht an diesem Tage etwas Rührendes geschehen wäre, oder der nicht selbst etwas Großmütiges getan hätte, so war der Schmerz in jeder Menschenbrust mit so viel süßer Lust vermischt, daß *sich,* wie sie meinte, *gar nicht angeben ließ,* ob die Summe des allgemeinen Wohlseins nicht von der einen Seite um eben so viel gewachsen war, als sie von der anderen abgenommen hatte."(18; Hervorhebungen von mir. – W.H.)

Wie das Abzählen von Gewinn und Verlust scheitert, scheitert auch das Erzählen: Kleist erzählt nicht, sondern schreibt, was in der dem Anscheine nach zu *einer* Familie zusammengewachsenen Gesellschaft erzählt wird („...erzählte man jetzt Beispiele von ungeheuern Taten ..." [17]), aber in keinem Gedanken, keiner Anschauung und keinem Gefühl anders als unangemessen dargestellt werden kann. Kleist schreibt keine Erzählung über Ereignisse, vor deren Maßlosigkeit die urteilende Rede versagt, sondern den Text der Unangemessenheit jeder Erzählung solcher Ereignisse, um derart, *modo negativo,* den maßlosen Text dieser Ereignisse selber zu schreiben.

experimentum crucis

Nicht allein durch den Zusammenhang mit den Schriften Voltaires und Rousseaus über Naturkatastrophe und Teleologie, auch durch die Anknüpfung an Kants Analytik des Erhabenen ist Kleists Text mit den philosophischen Problemen der Theologie auf eine Weise befaßt, die weit über die aufklärerische Kritik an einem moralisch korrupten Klerus hinausgeht. Im 28. Paragraphen der *Kritik der Urteilskraft* schreibt Kant: „Wider diese Auflösung des Begriffs des Erhabenen [als Erhabenheit der menschlichen Vernunftbestimmung] [...] scheint zu streiten: daß wir Gott im Ungewitter, im Sturm, im Erdbeben u.d.gl. als im Zorn, zugleich aber auch in seiner Erhabenheit sich darstellend vorstellig zu machen pflegen, wobei doch die Einbildung einer Überlegenheit unseres Gemüts über die Wirkungen, und, wie es scheint, gar über die Absichten einer solchen Macht, Torheit und Frevel zugleich sein würde." (*KdU,* S. 107) Kant begegnet dem hypothetischen Vorwurf der Hybris mit dem Hinweis, er beruhe auf „Superstition", nämlich auf dem Glauben, es sei tatsächlich Gott, der sich im Erdbeben darstelle. Was in ihm aber tatsächlich sich darstelle, sei „die Idee der Menschheit in unserem Subjekte", die nur durch „eine gewisse Subreption" mit der Anschauung der Naturkatastrophe verbunden ist: durch die „Verwechslung einer Achtung für das Objekt" mit „der für die Idee der Menschheit in unserem Subjekte".

Versteht sich Kants Untersuchung des Erhabenen als eine Analyse dieser ästhetischen und der mit ihr verbundenen transzendentalen Subreption regulativer mit konstitutiven Begriffen, so ließe sich die Kleistsche Erzählung als systematischer Durchgang durch eben dieselbe Subreption bis zum Punkt ihrer Auflösung charakterisieren. Von allen Gestalten dieser Erzählung wird ein rächender oder rettender Gott als Urheber des Erdbebens angenommen, ein „Schöpfer", der „seine unbegreifliche und erhabene Macht" in ihm demonstriert haben soll; „Schöpfer" soll er überdies noch in dem Sinne sein, daß er Josephen ihren Sohn „wieder geschenkt" (14) hat: Philipp ist in ihren Augen ein Sohn Gottes, über den im Inkognito des Zufalls der Absolut-Notwendige als sein Vater wacht. Dementsprechend wird Josephe von Jeronimo in kalkulierter Zweideutigkeit mit dem Ruf „Mutter Gottes, du Heilige!"(14) begrüßt. In dieser Apostrophe und in der entsprechenden Formulierung der Josephe ist nicht bloß eine Selbstauslegung der Figuren nach dem Paradigma der Heiligen Familie zu sehen; auch die von ihrer Perspektive unabhängigen Details des Textes machen diesen auf sein christologisches Modell hin transparent. Die unmißverständlichsten Hinweise liefern die Namen der Protagonisten: So trägt die ‚Mutter Gottes' dieser Erzählung den Namen seines Ziehvaters aus der biblischen, Josephe; der natürliche Vater trägt einen Namen, der an den übernatürlichen gemahnt, nämlich den Namen des Heiligen, den heiligen Namen, Hieronymos: Jeronimo; der Name des anderen Kindes, dessen Empfängnis und Leben vom Lukas- und Markus-Evangelium in Parallele zu denen Christi dargestellt wird, Johannes, bleibt, übersetzt, für den Konkurrenten und Doppelgänger Philipps erhalten: Juan; der Name der Johannes-Mutter Elisabeth geht auf die Schwester der Mutter Juans, Donna Elisabeth, über.

Zu diesen Namenszitaten tritt eine weitere Assoziation mit dem christlichen Kultus hinzu: Josephe gebiert ihren Sohn am „Fronleichnamsfeste", an demjenigen Fest also, das von der katholischen Kirche in Parallele zum Gründonnerstag, dem Einsetzungstag des Abendmahls, zur Feier der Transsubstantiation von Brot und Wein in Leib und Blut Christi, abgehalten wird.[16] Durch die Datierung der Geburt Philipps auf das Fest des eucharistischen Sakraments legt Kleist die geheime Verbindung zwischen Transsubstantiations- und Inkarnationsidee offen und signalisiert zugleich, daß hier in der Gestalt des illegitimen, verachteten und gefährdeten Kindes kein Geringerer als Gottes Sohn geboren wird.[17] Kleists Erzählung stellt sich durch diese Verweise bis zu einem bestimmten Punkt ihres Verlaufs als Neuinszenierung der Lebens- und Leidensgeschichte Christi dar. Sie ist die Geschichte der wiederholten Offenbarung Gottes, aber in einem gänzlich unbigotten, vielmehr in dem monströsen Sinn, den in Beziehung auf die Geburt das Erdbeben hervortreten läßt – von ihm heißt es, daß „die Stadt gleich nach der ersten Haupterschütterung von Weibern ganz voll gewesen, die vor den Augen aller Männer niedergekommen seien" (17). Die apokalyptische Ankunft Gottes bekundet sich in der Auflösung aller natürlichen und gesellschaftlichen Ordnung und in der Zerstörung des alten Kultus abermals nach dem Beispiel des christlichen Evangeliums, das zur Stunde von Jesu Tod wie zum Zeichen seiner Auferstehung die Erde erbeben läßt. Und die Apostelgeschichte berichtet von einer Befreiung des Paulus aus dem Gefängnis just der Stadt *Philippi:*

> „Schnell aber ward ein großes Erdbeben, also daß sich bewegten die Grundfeste des Gefängnisses. Und von Stund an wurden alle Türen aufgetan und aller Bande los." (16,26)

Das Erdbeben ist ein Theophanie-Topos *par excellence.* Nicht nur in den Texten der christlichen, sondern auch in einem der bedeutendsten der antiken Tradition, den *Bakchen* des Euripides.[18] Dionysos *und* der Gekreuzigte bekunden ihre Macht durch die Erschütterung der Erde, durch die Auflösung rationaler Ordnungsprinzipien, den Umsturz der tradierten Religion und durch die *Entbindung:* die Befreiung aus den Fesseln bürgerlicher Konvention und die Wiedervergegenwärtigung ihrer Empfängnis oder ihrer Geburt, durch die, vom göttlichen Feuer verzehrt, der profane Ort ihres Erscheinens in Asche gelegt wird. Kleist erreicht durch den Gebrauch des Parusietopos vom befreienden Erdbeben und durch die stetige Referenz auf das Schicksal messianischer Gestalten des christlichen und hellenistischen Mythos, daß seine Erzählung selbst sich als eine wie auch subversive Form der Heiligen Schrift darstellt, die nicht nur von göttlichen Gestalten berichtet, sondern selber Ort literarischer Parusie ist. In ihr wird noch einmal, um ein geringes verstellt, die Menschwerdung Gottes zum Ereignis, in häretischer Wörtlichkeit verwandelt sich in ihr die profane Speise in die leibhafte Gestalt des Erlösers, aus der Gruft seines Gefängnisses wird der Träger des heiligen Namens noch einmal durch ein Erdbeben befreit und wieder, wenn auch mit der Vorbehaltsklausel des Als-ob versehen, kann der Garten von Eden betreten werden.

In diesem literarischen Eden – dem Kontrastbild zur Apokalypse –, in das die neue Heilige Familie sich versetzt fühlt, ist mit der gottmenschlichen Heilsunion zugleich die gesellschaftliche Einheit der bislang streng geschiedenen Stände und die ästhetische Einheit von Dichtung und Wirklichkeit, Traum und Realität erreicht. Das Thema der vollkommenen Transparenz der Darstellung aufs Dargestellte kulminiert in der Beschreibung des Dominikanerdoms und der in ihm vor Beginn der Messe versammelten Gemeinde: „an den Wänden hoch, in den Rahmen der Gemälde, hingen Knaben, und hielten mit erwartungsvollen Blicken ihre Mützen in der Hand"(19) – nicht Bilder, sondern leibhafte Gestalten hängen in den Rahmen und ersetzen als natürliche Kunstfiguren die Gemälde; die Kirchenrosette bricht nicht das Licht der Sonne, sondern „glühte, wie die Abendsonne selbst, die sie erleuchtete"(20); und in vollkommenem psycho-physischem Parallelismus findet die gleiche Glut von Sonne und Kunstrose, die den Sakralraum erleuchtet, ihre Entsprechung in der Glut der Inbrunst, deren Flamme aus der ganzen Versammlung gen Himmel schlägt. Himmel und Erde, Einzelner und Gemeinde, Kunst und Natur, Außen und Innen, Darstellendes und Dargestelltes durchdringen einander zu bruchloser Homogenität.

Die in Frage stehende Einheit tritt am deutlichsten, durch Drucktypenwechsel graphisch akzentuiert, in der Einheit der Familie hervor, die die Gesellschaft im Tal vor St. Jago zu bilden scheint. Konkret wird diese Einheit in der Verbindung zwischen der Familie des Fernando und der des Jeronimo: Da Juans Mutter aufgrund einer Verwundung ihren Sohn nicht stillen kann, fragt sein Vater Josephe, ob sie „diesem armen Wurme [...] nicht auf kurze Zeit ihre Brust reichen wolle" – und Josephe „nahm den kleinen Fremdling, indem sie ihr eigenes Kind dem Vater gab, und legte ihn an ihre Brust"(16). Die Vereinigung der beiden Familien – der Pariafamilie mit den Repräsentanten eben der Gesellschaft, die sie ausgeschlossen hatte – geschieht vermittels der Ersetzung einer Brust, die nicht mehr nährt, durch eine andere, die unversehrt geblieben ist – durch den Tausch der Nahrung, welche die eine Familie geben kann, der Milch, gegen die andere, die die zweite besitzt, das Frühstück –, und weiter durch einen Austausch, der Fernando auf dem Weg zum Dom und innerhalb desselben an die Seite von Josephe, Jeronimo an die von Fernandos Schwägerin bringt und damit dem einen Paar moralischen Kredit, dem anderen die Ehre vorurteilsfreier Großmut verschafft. Die heile Brust stellt das dar und stellt das wieder her, was der anderen, invaliden, fehlt; das Frühstück, das der einen Familie fehlt, wird durch das der anderen kompensiert; die Moralität, die durch die Verurteilung der einen Familie durch die andere verletzt worden ist, wird im Akt der Anerkennung und des Tausches im Feld der Oralität wiederhergestellt. Was fehlt, wird ausgefüllt; was getrennt war, durch die Anerkennung der Äquivalenz der Getrennten und durch den Tausch von Äquivalenten wieder zur Einheit gebracht. „Es war, als ob die Gemüter, seit dem fürchterlichen Schlage, der sie durchdröhnt hatte, alle versöhnt wären."(16) Aber nur, weil sie das Echo des Schlags, der *dröhnt*, in ihrem *versöhnt* nicht wahrnehmen, können sie glauben, wirklich *eine* Familie mit der Gesellschaft zu bilden, die sie zum Tode verurteilt hatte; nur weil ihr früheres Schicksal der Amnesie verfällt und sie sich in einer vergangenheitslosen erfüllten Gegenwart, unter dem Schutz des gegenwärtigen Gottes glauben, begeben sie sich auf den Weg, der sie zu „der ganzen im Tempel Jesu versammelten Christenheit“(21) führen soll.

Auch dort behalten sie die beim Tausch der Kinder und der Brüste bezogenen Positionen bei. Sie bilden einen *Chiasmus:* je ein Partner eines Paares tritt an die korrespondierende Stelle im anderen Paar. Diese chiastische Stellung – die choreographische Figur gesellschaftlicher Einheit – bildet das kompositorische Schema der ganzen Erzählung: die chronologisch parallelen Rettungsgeschichten des Jeronimo und der Josephe laufen auf ihre Begegnung im Tal als ihren gemeinsamen Schnittpunkt zu, um sodann, nach der Umgruppierung der Paare, zur Fortsetzung ihrer Leidensgeschichte geworden, wieder auseinanderzustreben; die Perspektive der Erzählung, die im ersten Teil des Textes ihren Fluchtpunkt in Jeronimo und Josephe hat, kreuzt sich im zweiten mit der auf Fernando und seine Familie, um sich im dritten zusehens auf Fernando zu konzentrieren. Genau in der Mitte der ganzen Erzählung wird die Idee des *Chiliasmus,* der apokalyptischen Ankunft des Reichs Gottes, evoziert und mit dem *Kruzifix,* dem Zeichen des gekreuzigten und wiederauferstandenen *Christus,* Königs des tausendjährigen Reiches, und mit dem Namen *Chili* in Verbindung gebracht:

> „Man erzählte, [...] wie die Mönche darin, mit dem Kruzifix in der Hand, umhergelaufen wären, und geschrien hätten: das Ende der Welt sei da! [...] es gäbe keinen Vizekönig von Chili mehr!“(17)

Im unmittelbar folgenden Satz wählt Kleist, und mit Bedacht, die Formulierung: „in einem Augenblick, da gerade die Erzählungen sich am lebhaftesten kreuzten“. In diesem Augenblick bittet Elvire Josephe um die Erzählung ihrer Geschichte und bittet sie, kaum daß diese die Hauptzüge davon angegeben hat, zu schweigen: im Kreuzungspunkt ihrer Geschichten, der zugleich den Mittelpunkt der Kleistschen markiert, stellt sich, wie in der korrespondierenden Stillszene, das sympathetische Schweigen der wechselseitigen Mitteilung ein, und wie bei Hegel die Rose im Kreuz der Gegenwart, geht die „schöne Blume“ des „menschlichen Geistes“ bei Kleist im Kreuzungspunkt der Erzählungen seiner Erzählung als Verstummen der erzählenden Rede auf. Im chiliastischen Chiasmus, im Zeichen des Kreuzes, das nicht nur in der Erzählung genannt und nicht nur von ihren Protagonisten und ihrer Rede, sondern von der Erzählung selber formiert wird, öffnet sie die Verfugung verschiedener Darstellungen und von Darstellendem und Dargestelltem, indem sie bloß sprachliche Darstellung zu sein aufhört und in der Mitte der latenten graphischen Chiffre als der Strukturformel des Erzählens selbst dem Schweigen Raum gibt. *Das Erdbeben in Chili* ist die Erzählung chiliastischen Erzählens, Erzählung vom Aussetzen des Erzählens, *experimentum crucis* eines Chiasmus, in dem Sprechen und Sprachlosigkeit sich verschränken, Kruzifiktion einer Mitteilung, in deren Mitte das Wort erstirbt. In der Chiffre göttlicher Gegenwart, die sie und als die sie sich schreibt, vollzieht die Erzählung das Opfer des leibhaften Logos, ohne daß sie selbst noch dessen Zeichen sein könnte.

Die Erlösung hat stattgefunden, aber da sie Erlösung durch ein stellvertretendes Opfer war, hat sie nicht von der Stellvertretung und nicht vom Opfer erlöst. Deshalb muß sie, zum Zeichen der Erinnerung und des Versprechens verkürzt, noch einmal und immerfort im stellvertretenden Opfer der Messe wiederholt werden. Die Ereignisse des dritten Teils der *Erdbeben*-Erzählung finden nicht nur *während* eines Meßopfers statt, sie *sind* dieses in perverser Buchstäblichkeit vollzogene Meßopfer selbst.[19] Die Morde stehen in zweierlei Hinsicht unter dem Zeichen der Re-Präsentation: zum einen folgen sie dem Imperativ, das Präsenzdefizit Gottes in seiner Gemeinde, das Ursache des Erdbebens gewesen sein soll, durch die Beseitigung derjenigen wieder zu füllen, in denen sich dieses Defizit personifiziert: Jeronimo, Josephe und ihr Kind; zum andern sind sie nicht nur Morde an den Repräsentanten des Mangels, sondern Wiederholung des eucharistischen Opfers, durch die sich die latente Analogie der Ermordeten mit den Gründungsgestalten der christlichen Religion vollendet. So wie die Tat brutaler Lynchmord und heilige Handlung, spontaner Exzeß und rituelles Drama zugleich ist, so sind ihre Opfer Personifikationen des Mangels an Präsenz und zugleich Inkarnationen der höchsten, der göttlichen Gegenwart. Die Zweideutigkeit der Repräsentanten und des Versuchs der Restitution von Präsenz tritt aber erst mit der benennenden und urteilenden Sprache hervor. Stand im Zentrum der sich kreuzenden Erzählungen das Schweigen und wird die Ineinsbildung der Gegensätze von Natur und Kunst, Individuum und Gesellschaft in der ersten Domszene mit Sprachlosigkeit assoziiert, so beginnt mit dem benennenden und urteilenden Wort des Predigers, der „die Seelen der Täter, wörtlich genannt, allen Fürsten der Hölle übergab"(20), der agonale Disput als Angriff auf Leib und Leben der Opfer.[20] Dennoch trifft sie das urteilende Wort nicht einfach von außen, die Struktur der Repräsentation, der Ersetzung und Stellvertretung ist der Doppelfamilie und dem von ihr gebildeten Chiasmus selbst immanent. Die Urteilssprache, selber ein *quid pro quo,* trifft in der *einen* Familie auf eine Figur, die sich gleichfalls durch ein *quid pro quo* ergeben hat und in der sich jede Person als Substitution einer anderen darstellt. Aus der Überkreuzung dieser beiden Substitutionsfiguren resultieren die Täuschungen der identifizierenden Rede. Das symbolische Arrangement der Personen muß der urteilenden Sprache als ein konventionelles erscheinen, in dem sich der Name des einen Partners aus dem des anderen herleiten läßt. Daraus, daß Josephe und Jeronimo im Bewußtsein der Öffentlichkeit ein Paar bilden, wird geschlossen, daß der Mann in Josephens Begleitung, Fernando, Jeronimo sein müsse; daraus, daß Josephe und ihr Sohn nach dem Urteil der Menge zusammengehören, wird geschlossen, das Kind auf ihrem Arm sei das ihre und der erste Schluß werde bestätigt, wenn es sich dem Begleiter seiner mutmaßlichen Mutter zuwende. Paradoxerweise zieht die urteilende und nach ihren eigenen Maßstäben fehlurteilende Menge, wenn sie Fernando Jeronimo und Juan Philipp nennt, nur die Konsequenz aus der symbolischen Anordnung der beiden Paare im Chiasmus; sie substituiert, wie es die Einheit der Familie erlaubt und das moralische Gesetz fordert, eins fürs andere in ähnlicher Weise wie Josephe Juan an Stelle von Philipp ihre Brust reicht. So amoralische Konsequenzen das Urteil der Menge nach sich zieht, es ist darin das unbewußte Reversbild des moralischen Urteils der *einen* Familie, daß es die Individuen gleichachtet und dieselbe Forderung, die an den einen ergeht, auch an den anderen macht. Das emphatische *ist* der falschen Prädikation „er *ist* Jeronimo Rugera!" ist deshalb innerhalb der Struktur des symbolischen Austausches ebenso wahr, wie Fernandos richtige, nämlich moralisch berechtigte Auskunft, Jeronimo habe sich als Jeronimo bloß ausgegeben, angesichts des daraus folgenden Mordes an seiner Schwägerin nicht nur falsch, sondern amoralisch ist. Die Logik des Tausches, der Substitution und der Repräsentation führt unkontrollierbar und unaufhaltsam zur Täuschung, zur Perversion des Guten ins Böse, der Moralität in bloße Legalität, zur Entstellung und zur Entwertung der schönen Darstellung der Sittlichkeit im Chiasmus der Paare und ihrer Kinder. Seinen Kulminationspunkt erreicht der Schwindel von Tausch und Täuschung an der Stelle, wo statt Philipp Juan, statt des „Bastard" (22) der legitime Sohn, statt des göttlichen Kindes, das gemeint war, das menschliche erschlagen wird.

In Kleists Erzählung wird der vom Text in vielem mit den Attributen Jesu ausgestattete und als Erlösungsfigur designierte Philipp durch seine Verwechslung mit Juan vom Tod verschont,[21] aber nicht er selbst ist die Macht, der er seine Errettung zu danken hat, und sein Leben behält er nur um den Preis der messianischen Stellung, die ihm vom Text der Erzählung selbst zugewiesen wurde. Zwar mag man – und die Struktur der Erzählung legt eine solche Interpretation sogar nahe – in dem Zufall, der die Urteilskontingenz in den Bereich des Geschehens hinein verlängert und Juan an Stelle von Philipp zum Opfer werden läßt, dieselbe transzendente Macht am Werk sehen, die durch das Erdbeben schon einmal das Leben Philipps und seiner Eltern gerettet haben soll; aber diese theoteleologische Interpretation wird dementiert durch das Zerbrechen des christologischen Paradigmas, dem die Erzählung bis zu den Morden auf dem Vorplatz des Domes gefolgt war: anders als es das Evangelium vorschreibt, sind es die Eltern Philipps, die dem Pogrom zum Opfer fallen, während er selbst, die Reinkarnation Christi, am Leben bleibt. Das Erlösungsversprechen, das mit seiner Gestalt gegeben ist, aber erst durch das Opfer seines eigenen Lebens eingelöst werden könnte, wird durch sein Überleben gebrochen. Der Erlöser wird erlöst, aber der erlöste Erlöser ist keiner.

An dieser Stelle überschreitet die Logik der Supplementarität,[22] die der Kleistsche Text entfaltet, die Grenzlinie des christologischen Modells, die er sich mit der Referenz auf die Heilige Familie, die apokalyptische Katastrophe und das Meßopfer selber gezogen hatte. Und zwar überschreitet er sie nicht durch einen narrativen Willkürakt, sondern vermöge der Dynamik der Supplementarität selbst. Kleist macht deutlich, daß die familiale Einheit der Gesellschaft allein durch das Komplementaritätsverhältnis zweier Familien, durch einen Akt des Tausches und der Substitution zustandekommt; aber ebenso deutlich läßt er die Ambiguität des zentralen Substitutionsobjektes und die Zweideutigkeit des Mechanismus der Ersetzung hervortreten: die Brust ist für Juan lebensnotwendig, aber mit einem Wechsel verbunden, der tödliche Folgen hat; der Austausch zwischen den einzelnen Familienmitgliedern führt zwar zu einer homogeneren Gestalt der Gesellschaft, aber zu einer solchen, in der die Täuschung über die Identität der einzelnen einen Teil dieser Gesellschaft vernichtet; die Vorstellung, Gott selbst habe sich im Erdbeben offenbart, befestigt auf der einen Seite die Überzeugung von einer gottmenschlichen Heilsunion in der neuen Heiligen Familie, auf der anderen aber sanktioniert sie die Ritualmorde an den „gotteslästerlichen Frevlern“(21). Jedes dieser Supplemente – die andere Brust, die eine Familie, die Selbstdarstellung Gottes – ist nötig, um ein vitales, ein moralisches oder ein Erklärungsdefizit zu füllen; jedes von ihnen ist aber zugleich gefährlich, korrumpierend und vergrößert den Mangel, den es zu füllen bestimmt war. Am krassesten wird dieser Doppelcharakter der Substitution an der Brust demonstriert: der, von dem es heißt: „sie legte ihn an ihre Brust“, ist derselbe, der am Ende „von seiner“ – nämlich seines Vaters – „Brust gerissen und, hochher im Kreise geschwungen, an eines Kirchpfeilers Ecke zerschmettert“(22) wird – an einem Pfeiler also, der denjenigen zitiert, an dem Jeronimo im ersten Satz der Erzählung hatte sterben wollen. Das *quid pro quo* ist vollkommen. Juan wird an Stelle von Philipp gestillt und an seiner Stelle wird er erschlagen. Die nährende Brust wird zum tödlichen Pfeiler. Die Mutter zum Vater. Das Stillen zur Totenstille. Das Leben der Tod. Was an Fronleichnam, dem Fest der Verwandlung von Brot und Wein in Leib und Blut begann, endet, von „Blute besprützt“, mit „Leichnamen“. Die Logik der Supplementarität verkehrt den Gewinn in Verlust, die Darstellung in Entstellung, die Wiederholung in Entwertung und bezeugt in jeder Repräsentation, daß es die Präsenz ohne die ruinöse Spur der Abwesenheit, die sie in sie einträgt, nicht gibt.[23]

Für die Repräsentation ergibt sich aus dieser aporetischen Logik, daß sie nie im strengen Wortsinn Repräsentation sein kann, sondern ihrerseits eines Substitutes bedarf, das ihren Mangel behebt. Die christologische Semiotik schließt aber eine Repräsentation der Repräsentation, einen Stellvertreter des Stellvertreters Gottes aus, weil allein durch die Einzigkeit und Unvertretbarkeit seiner Darstellung im Reich der Endlichkeit seine eigene Einzigkeit und seine Macht über die Endlichkeit sich behaupten kann. Der Repräsentant Gottes auf Erden kann nur, wenn seine Einzigkeit und Unersetzlichkeit gesichert ist, durch das Opfer seines Lebens die Nichtigkeit der sinnlichen Welt bekunden und durch ihre Preisgabe, die zugleich Preisgabe der Darstellung Gottes ist, die Präsenz der Gottheit selbst wiederherstellen. Kleists Text sprengt den Rahmen dieses christologischen Repräsentationsschemas. Er führt nicht nur – wie es die Tradition des christlichen Meßopfers erlaubt, das selbst schon eine wenn auch sanktionierte Verletzung der Unvertretbarkeitsforderung enthält – mit Philipp einen Repräsentanten des Repräsentanten Gottes ein, sondern stellt ihm überdies noch in Juan einen Doppelgänger an die Seite, der statt seiner den Opfertod erleidet. Der Tod Juans rettet Philipp das Leben, aber nur dessen Tod hätte die Analogie zwischen ihm und Christus, zwischen Massaker und Meßopfer vollenden und die Restitution des authentischen, einzigartigen und unverlierbaren Bezugs zur Gottheit als einer transzendenten Macht bewirken können. Der Tod Philipps wäre, in wie auch häretischer und entstellter Form, das kultische Gegenstück zur Methode der Sicherung eines absoluten Grundes und der illusionsfreien Selbstbeziehung des Subjekts auf sich als seine Substanz, gewesen. Durch Philipp hätte noch einmal Gott dargestellt, durch seinen Tod die göttliche Präsenz wiederhergestellt werden sollen; in Juan hingegen ist nur Philipp dargestellt und sein Tod ist nicht das Mittel, die Schranke der Sinnlichkeit vor dem Unendlichen aufzuheben, sondern das sinnlose Ende eines menschlichen Lebens, jenseits dessen es kein göttliches gibt. Der Zufall von Juans Tod verweist auf die Fiktionsanfälligkeit und den Kontingenzcharakter des notwendigen Grundes und der Methode, die zu ihm hinführen soll, auf die Endlichkeit des Gedankens der unendlichen Substanz. Jede theologische und jede teleologische Erklärung muß vor ihm versagen, denn durch ihn ist der Kern des transzendenten Sinns selber zerstört, an dem allein sie sicheren Halt finden könnte. Gott hat sich in dem, der seine Darstellung zu werden versprach, nicht manifestiert, denn er ist in ihm nicht gestorben. ‚Gott ist tot' wäre nur die tröstliche Formel eines Atheismus, der darauf beharrt, daß er einmal gelebt haben kann. Für Kleist, desolater, ist Gott eine Ankündigung, der durch ihre Repräsentationsstruktur die Bedingungen ihrer Einlösung genommen sind, ein Gegenstand, kantisch, der nicht unter den Bedingungen der Gegenständlichkeit steht, ein notwendig gebrochenes Versprechen. Der Tod seines Propheten, des Johannes, Juans, läßt keinen um so beredteren *logos* zurück, sondern ein regloses und stummes Kind, dem sein Vater mit ‚Liebkosungen ohne Ende' den Mund verschlossen hat, ein *infans.*

War Philipp im Zentrum der familialen Einheit der Gesellschaft, im stummen Kreuzungspunkt ihrer Erzählungen das Symbol dieser Einheit, so geht er aus ihrem Zerfall, nicht weniger stumm, als die Allegorie dieses Symbols hervor. Wenn er noch etwas darstellt, so das Scheitern der in seiner Figur angelegten Intention aufs Symbol, in dem paradiesisch oder apokalyptisch die Einheit der Idee der Menschheit und ihre Versöhnung mit der Gottes anschaulich werden sollte. Nicht etwas stellt er dar, sondern die vollkommene Unangemessenheit seiner Figur an das in ihr Dargestellte. So auch die Erzählung selbst. Indem sie Philippe dem Opfertod entgehen läßt, trennt sie sich vom christologischen Paradigma der Repräsentation und löst den von ihr selbst erweckten Schein auf, sie könnte die literarische Reinkarnation göttlicher Präsenz, der Idee, des festen Grundes, des Logos bieten. Die literarische Subreption des Kleistschen Textes, er selber sei die Neufassung der Heiligen Schrift, seine Gestalten die *dramatis personae* einer neuen Erlösungsgeschichte und die in ihm berichteten Ereignisse Offenbarungen der Gottheit, wird kritizistisch von ihm selber zerstört. Aber nicht im Verfahren einer Analyse, die meint, von diesem Schein selber frei zu sein und ihn von außen wie einen fremden Stoff durchdringen zu können, sondern durch die immanente Dynamik des Dramas der Darstellung, das sie inszeniert, führt sie die Krisis herbei, in der ihr Darstellungsversprechen sich bricht. Das *experimentum crucis* der Erzählung durchkreuzt sich selbst. Es bildet nicht das schöne Symbol der Sittlichkeit, sondern die Figur einer selbstzerstörerischen Trennung von der Illusion, sie könnte es sein. So wird die Erzählung zur Allegorie auf ihre symbolische Intention. Sie bedeutet kritizistisch die Unmöglichkeit der von ihr unternommenen Darstellung einer obersten einheits- und bedeutungsstiftenden Instanz. Mit dem falschen Kind wird die Erzählung einer transzendent verbürgten Wahrheit erschlagen. Mit ihr das ihr zugrundeliegende Schema einer Repräsentation, die eine notwendige und unvertretbare Beziehung zu dem von ihr Repräsentierten unterhalten soll, einer Substitution, die ihrerseits keiner Substitution mehr fähig wäre, einer Homogenität zwischen Darstellendem und Dargestelltem, die es diesem ermöglichte, sich ohne Bruch und Verlust in jenem zur Anschauung zu bringen. Die Verdoppelung der Darstellung eines transzendentalen Ideals, die Kleists Erzählung betreibt, macht mit der Einzigkeit auch die Notwendigkeit dieser Darstellung und mit dieser die Gewißheit des in ihr Dargestellten zunichte. Aber an sich selbst kann die kontingent gewordene Darstellung so wenig Halt finden wie an dem von ihr einer bloß kontingenten Erkenntnis preisgegebenen Ideal. Sie ist nicht selbstgenügsame Präsenz, sondern diejenige Figur, in der sich ein auf Darstellung, Wiederherstellung und Sicherstellung angelegtes Sprechen seines Anspruchs begibt und im Zerbrechen seiner Symbolisierung die Differenz offenlegt, auf deren Grund es sich seit je allererst hat artikulieren können. Wenn Darstellung in ihrem Übergang von der notwendigen zur kontingenten Darstellung, von der unwiederholbaren zur potentiell unendlich ersetzbaren noch etwas darstellt, so die Distanz zu sich selbst. Artikulation einer Erfahrung, und einer geschichtlichen überdies, bleibt Kleists Erzählung gleichwohl. Aber es ist nicht die Erfahrung eines bestimmten Vorstellungsinhalts und nicht die der Form des Vorstellens, es ist die Erfahrung der Differenz, die das Vorstellen ermöglicht und seine Form, seine Ausschließlichkeit und seine Wahrheit zerstört.

Die Zerfallenheit der Darstellung mit sich selbst zieht auch deren Interpretation in Mitleidenschaft. Eine Auslegung, die in der Rettung Philipps eine Notwendigkeit sehen wollte, wäre nicht nur eine implizite Rechtfertigung des Mords an Juan, sie beginge denselben Verständnisfehler, den Jeronimo und Josephe begehen, wenn sie den Zufall ihrer Rettung als Gnadenakt des Schöpfergottes deuten; sie würde den Zufall essentialisieren. Den gleichen ‚Fehler' begeht, aus einer anderen Perspektive, die christliche Gemeinde, wenn sie die Rettung des verfemten Paares nicht als Zeichen von Gottes Gunst, sondern als seine Aufforderung, es hinzurichten, interpretiert. So stimmig diese teleologischen Interpretationen des Kontingenten ihren Verfechtern scheinen mögen, so erweist doch ihre Widersprüchlichkeit den kontingenten Charakter dieser Interpretationen selbst. Jede essentialisierende Auslegung des Kontingenten kann ihrerseits nur von der Kontingenz zeugen, die sie zu bestreiten sucht. Die von Philipps Überleben wäre zynisch, denn er hat nichts gewonnen als ein Leben, das an den Tod eines anderen erinnert. Philipps Rettung ist, entsprechend der kritizistischen Strategie von Kleists Text, vielmehr als Resultat aus dem Konflikt zwischen verschiedenen theo-teleologischen Interpretationen des Erdbebens zu deuten: als *Zufall,* der sich aus dem Zusammenfall von Deutungssystemen ergibt, analog demjenigen *Zufall,* der Jeronimo aus dem zusammenstürzenden Gefängnis entkommen läßt. Kleists Erzählung inszeniert mit dem Drama der Darstellung zugleich das von Interpretationen, die um der Einheit der Erfahrung willen Fakten im Hinblick auf ihre transzendente Bedeutsamkeit auslegen. Gerade jener Einheit der Erfahrung wird aber durch den Ausgang des Konflikts der Interpretationen, den Kleist erzählt, der Grund entzogen. Und jede Deutung seines Textes, die diese Erfahrungseinheit durch seine Einbettung in ein historisches, gesellschaftliches oder psychologisches Kontinuum wiederherzustellen sucht, wird von der narrativen Interpretationskritik, die er selber ist, ihrer Unhaltbarkeit überführt. Nur diejenige Methode, ihn zu interpretieren, kann der Kritik dieses Textes standhalten, die den Versuch nicht unternimmt, die in ihm zerstörte Einheit durch die Applikation ihrer Regel wiederherzustellen. Nur diejenige, die vom Attentat des Zufalls, den der Text verübt, selbst getroffen wäre und seine Gewalt weder verleugnet, noch verklärt: nur diejenige, die sich als Verfahren nach Regeln oder im Hinblick auf die Einheit einer allgemeinen Regel aufgibt, würde fähig zur verstehenden Erfahrung dieses Textes.

Übrig bleibt einer Interpretation, der ihr Text selber ihr privilegiertes Objekt, die gesicherte Bedeutung entzieht, um nur eine entwertete übrigzulassen, bloß der unmögliche Imperativ, der sich Fernando angesichts des von ihm an Kindes Statt angenommenen Philipp aufdrängt. Wenn er ihn „mit Juan verglich, und wie er beide erworben hatte, so war es ihm fast, als müßt er sich freuen"(23). Der Verlust des eigenen Kindes und der Hoffnung, in diesem fortzuleben, soll durch die moralische Vaterschaft an Philippe aufgewogen sein – aber kann es doch nur fast. Denn die Freude über das adoptierte Kind müßte die Freude über den Mord am eigenen einschließen. So ist es ihm nur „*fast*, als müßt er sich freuen". Aber doch – wie in der Oszillation von Schmerz und Lust im Gefühl des Erhabenen –, „als ***müßt*** er sich freuen", worüber sich zu freuen unmöglich ist. Die Ethik der Lektüre – wo der feste Grund der Erkenntnis fehlt, verwandeln sich alle hermeneutischen Fragen in solche der Ethik[24] – fordert ein gleiches: die scheinbar naturwüchsigen Erkenntnisversicherungen der Theo-teleo-logik und mit ihnen den festen Stand, den das Verstehen wie die Darstellung zu gewinnen sucht, aufzugeben; die Ablösungsarbeit, die der Text selber betreibt, in seiner Auslegung fortzusetzen; und dem Fall dessen, was durch keine Regel mehr gehalten ist und dennoch bleibt, sich zuzuwenden. Diese Aufgabe spricht nur im Modus des Irrealis, nicht in einem ‚er mußte', sondern einem „als müßt er" sich aus: in einer Form, die die Einbuße der Erkenntnisgewißheit noch im Bereich moralischen Gefühls anzeigt. An dieser Aufgabe, so unsicher, unergiebig und schmerzhaft sie sei, hat, in der Interpretation und über jede Interpretation hinaus, die Lektüre zu arbeiten.

Anmerkungen

Friedrich A. Kittler, Ein Erdbeben in Chili und Preußen

1 Vgl. dazu David E. Wellbery, *Diskursanalyse,* unveröffentlichter Vortrag, gehalten vor der MLA, New York 1981.

2 Über die schriftstellerischen und erotischen Gründe, weshalb auch für Prof. Wilhelm Traugott Krug die Ehe mit Wilhelmine v. Zenge nur ein Ersatz und nicht die ganze Wahrheit gewesen ist, vgl. demnächst meine Arbeit *Aufschreibesysteme 1800/1900* (erscheint München 1985).

3 Vgl. Jacques Lacan, *Le séminaire,* livre XX: Encore, Paris 1975, S. 77.

4 Vgl. Lacan, *Télévision,* Paris 1973, S. 66 f.

5 So Klaus Birkenhauer, *Kleist,* Tübingen 1977, S. 194 f.

6 Betty Gleim, *Erziehung und Unterricht des weiblichen Geschlechts. Ein Buch für Eltern und Erzieher,* Leipzig 1810, Bd. I, S. 91.

7 Vgl. dazu Gerhard Kaiser, *Von Arkadien nach Elysium. Schiller-Studien,* Göttingen 1978.

8 Für diverse Belege vgl. Lloyd deMause, Evolution der Kindheit, in: deMause (Hg.), *Hört ihr die Kinder weinen. Eine psychogenetische Geschichte der Kindheit,* Frankfurt/M. 1977, S. 31 f.

9 Hermann Stegemann, *Der Krieg. Sein Wesen und seine Wandlung,* Stuttgart, Berlin 1939–40, Bd. II, S. 190.

10 Ebd., S. 245.

11 Ebd., S. 245 f.

12 Carl Schmitt, *Theorie des Partisanen. Zwischenbemerkung zum Begriff des Politischen,* Berlin 1963, S. 47.

13 Ebd., S. 87.

14 Ebd., S. 48.

15 Vgl. Karl Glossy, Kleine Mitteilungen, in: *Jahrbuch der Grillparzergesellschaft* 33 (1935), S. 151 f.

Norbert Altenhofer, Der erschütterte Sinn. Hermeneutische Überlegungen zu Kleists ‚Das Erdbeben in Chili'

1 F. D. E. Schleiermacher, *Hermeneutik und Kritik,* hg. von Manfred Frank, Frankfurt 1977, S. 13.

2 Ebd., S. 167.

3 Ebd.

4 Ebd., S. 178.
5 Ebd., S. 168.
6 Ebd., S. 322 f.
7 Ebd., S. 337.
8 Ebd., S. 422.
9 Ebd..
10 Ebd., S. 423.
11 Ebd., S. 460.
12 Ebd.
13 Ebd.
14 Ebd., S. 82.
15 Ebd., S. 203.
16 Ebd., S. 92.
17 Dem theologischen Hermeneuten stellt sich das Problem, den Sinn der Texte im Spannungsfeld von Offenbarungsglauben und historischer Bibelkritik auszumitteln, dem Altertumsforscher die Aufgabe, durch Übersetzung und Auslegung den toten Gegenständen antiquarischer Gelehrsamkeit Gegenwärtigkeit abzugewinnen, in ihnen ein „Unendliches der Vergangenheit und Zukunft" (Hermeneutik und Kritik, S. 94) zu erkennen, dem Gast der Berliner Salons wird die dort geübte Kunst „geselligen Betragens" zum Modell eines utopischen Freiraums von Kommunikation und Interaktion, in dem der deformierenden Wirkung des bürgerlichen Lebens mit seiner familialen Enge und beruflichen Spezialisierung das freie Wechselspiel spontaner und konventioneller Verkehrsformen entgegengesetzt wird.
18 Jochen Schmidt, *Heinrich von Kleist,* Tübingen 1974, S. 22.
19 Kleist hat mit Sicherheit auch das Erdbeben von Lissabon im Auge, das um die Mitte des 18. Jahrhunderts mehr Zweifel an der Vernünftigkeit der Weltordnung in Gang setzte als alle militärische und juristische Barbarei der Epoche. Im 1. Buch von Goethes ‚Dichtung und Wahrheit' heißt es (nach Kleist!) dazu sogar, vielleicht habe „der Dämon des Schreckens zu keiner Zeit so schnell und so mächtig seine Schauer über die Erde verbreitet" wie im Gefolge dieses Ereignisses.
20 Zu den Vorbereitungen der Hinrichtung Josephes heißt es: „Man vermietete in den Straßen, durch welche der Hinrichtungszug gehen sollte, die Fenster, man trug die Dächer der Häuser ab, und die frommen Töchter der Stadt luden ihre Freundinnen ein, um dem Schauspiele, das der göttlichen Rache gegeben wurde, an ihrer schwesterlichen Seite beizuwohnen." (11 f.)
21 Max Kommerell, *Geist und Buchstabe der Dichtung,* Frankfurt ^{3}1944. S. 246.
22 Ebd., S. 245.
23 Heinrich von Kleist, *Sämtliche Werke und Briefe,* hg. v. Helmut Sembdner, Darmstadt ^{2}1962, Bd. 2, S. 670 f. (Brief vom 21. Juli 1801).
24 Ebd., S. 766 (Brief vom 4. August 1806).
25 Kommerell (Anm. 21), S. 246.
26 Zit. nach Helmut Sembdner (Hg.), *Heinrich von Kleists Lebensspuren,* München 1969, S. 273.
27 Friedrich Weisser, ebd., S. 276.

Karlheinz Stierle, Das Beben des Bewußtseins. Die narrative Struktur von Kleists ‚Das Erdbeben in Chili'

1 Die theoretischen Voraussetzungen dieser Untersuchung sind expliziert in dem Kapitel ‚Geschehen, Geschichte, Text der Geschichte' meines Buchs *Text als Handlung,* München 1975, S.49–55, sowie in dem Aufsatz: ‚Erfahrung und narrative Form. Bemerkungen zu ihrem Zusammenhang in Fiktion und Historiographie', in: J.Kocka, Th.Nipperdey (Hgg.), *Theorie und Erzählung in der Geschichte,* München 1979, S.85–118. Eine Konkretisation am Beispiel findet sich in meinem Aufsatz: Die Struktur narrativer Texte. Am Beispiel von J.P.Hebels Kalendergeschichte ‚Unverhofftes Wiedersehen', in: H.Brackert, E.Lämmert (Hgg.), *Funkkolleg Literatur I,* Frankfurt 1977.

2 Vgl. Verf., Text als Handlung und Text als Werk, in: M.Fuhrmann, H.R.Jauß, W.Pannenberg (Hgg.), *Text und Applikation. Theologie, Jurisprudenz und Literaturwissenschaft im Gespräch,* Poetik und Hermeneutik IX, München 1981, S.537–545.

3 Über das Wechselverhältnis von Thema und Horizont als Voraussetzung literarischer Erfahrung vgl. Verf., Was heißt Rezeption bei fiktionalen Texten? in: *Poetica* 7 (1975), S.345–387.

4 Eine erschöpfende Auseinandersetzung mit der zum ‚Erdbeben in Chili' vorliegenden Literatur ist in der folgenden Betrachtung nicht möglich. Unter den vorhandenen Werk-Interpretationen seien insbesondere hervorgehoben: W.Silz, Das Erdbeben in Chili, in: W.Müller-Seidel (Hg.), *Heinrich von Kleist. Aufsätze und Essays,* Wege der Forschung CXLVII, Darmstadt 1967, S.367–411 (ursprünglich in W.S., *Heinrich von Kleist. Studies in his Works and Literary Character,* Pennsylvania 1961), J.M.Ellis, Kleist's ‚Das Erdbeben in Chili', in: *Papers of the English Goethe Society* 39 (1962–63), S.10–55 und B.von Wiese, *Die deutsche Novelle,* Bd.II. Düsseldorf 1965, S.53–70: Heinrich von Kleist, Das Erdbeben in Chili.

5 Zum Zufall in Kleists Novelle vgl. H.P.Herrmann, Zufall und Ich. Zum Begriff der Situation in den Novellen Heinrich von Kleists (1961), in: W.Müller-Seidel (Hg.), *Heinrich von Kleist,* S.367–411.

6 Die Ambiguität des Zufalls zwischen Kontingenz und religiösem Sinn betont insbesondere B.von Wiese (a.a.O., S.60).

7 Auf das Unwirkliche dieser Erfahrung verweist auch W.Silz, a.a.O., S.361: „Dies ist das Wunschbild eines neuen Paradieses, genauso illusorisch und unbegründet wie das idyllische Rosenfest in *Penthesilea* oder in Kleists Leben die scheinbare Besserung seiner Mitwelt nach dem Unglück von Jena." W.Müller-Seidel hat in seinem Buch *Versehen und Erkennen* (Wien 1961) die „Struktur des Als-ob" der Glückserfahrung im *Erdbeben von Chili* hervorgehoben, ohne indes die Begründung dieser Struktur in der Choc-Erfahrung zu sehen. Auch von Wiese, der in seiner Studie von einem „Märchen" (S.60) und einer „Utopie des reinen Daseins" (S.65) spricht, geht daran vorbei.

8 Publius Ovidius Naso, *Metamorphosen,* hg. und übersetzt von H.Breitenbach, Zürich 1958, S.9f.:

> Und es entstand die erste, die goldene Zeit: ohne Rächer,
> Ohne Gesetz, von selber bewahrte man Treue und Anstand.
> Strafe und Angst waren fern; kein Text von drohenden Worten
> Stand an den Wänden auf Tafeln von Erz; es fürchtete keine
> Flehende Schar ihren Richter: man war ohne Rächer gesichert.

9 Die Erschütterung des Bewußtseins durch die Gewalt sakraler Musik ist das Thema von Kleists Novelle *Die heilige Cäcilie oder die Gewalt der Musik.*

10 Vgl. Voltaire, *Dictionnaire philosophique,* Art. ‚Fanatisme', texte établi par R. Naves, Paris 1961, S. 198: „Que répondre à un homme qui vous dit qu'il aime mieux obéeir à Dieu qu'aux hommes, et qui, en conséquence, est sûr de mériter le ciel en vous égorgeant?" An dieser wie an anderen Formen des die Sicherungen der Vernunft durchbrechenden Verhaltens nimmt Kleist aber ein ganz anderes als aufklärerisches Interesse. Es ist dem Rätsel der menschlichen Spontaneität zugewandt.

11 Die folgenden Bemerkungen zum Verhältnis von Gliederung des Diskurses und Gliederung der Geschichte beziehen sich auf die Textgestalt der von Kleist selbst veranstalteten Buchausgabe bei Reimer (*Erzählungen,* Bd. 1, Berlin 1810). Die Erstveröffentlichung der Novelle in Cottas *Morgenblatt für gebildete Stände,* Nr. 217–221 (10.–15. September 1807) folgt in der Textgestalt noch einer traditionellen Logik der Sinneinschnitte des Textes nach den Sinneinschnitten der Geschichte. Durch die neue Textform macht Kleist eine Tendenz sinnfällig, die im sprachlichen Duktus seines Erzählens schon angelegt ist. In seiner kritischen Ausgabe hat H. Sembdner die neue Textgestalt als einen Eingriff Reimers zu deuten gesucht, der, um nicht einen neuen Halbbogen anbrechen zu müssen, die Absätze der ursprünglichen Fassung beseitigt habe: „Die rigorose Beseitigung der Absätze wurde also lediglich aus Ersparnisgründen vom Verleger Reimer veranlaßt, und es besteht kein Grund, dieses Verfahren beizubehalten." (Kleist, *Sämtliche Werke,* Bd. 2, S. 902). Diese Erklärung, für Sembdner Grund, die ursprüngliche Textgestalt des ‚Morgenblatts' wiederherzustellen, scheint indes wenig stichhaltig. Eine solche Textzerstörung hätte Kleist wohl kaum hingenommen. Vielmehr entspricht die kühne Spannung zwischen Geschichte und Diskurs zu genau Kleistschem Stil, als daß ein sachfremder verlegerischer Eingriff angenommen werden müßte.

12 Baudelaire, Salon de 1859, in: *Oeuvres complètes,* hg. von Y.-G. Le Dantec und C. Pichois, Paris 1961, S. 1043.

> „Ein gutes Gemälde, wenn es dem Traum getreu und ebenbürtig sein soll, der es hervorgebracht hat, muß entstanden sein wie die Welt. Wie die Schöpfung, die uns erscheint, das Ergebnis mehrfacher Schöpfungen ist, von denen die vorausgehenden jeweils durch die folgende vervollständigt werden, so besteht ein harmonisch vollendetes Bild aus einer Serie übereinandergelagerter Bilder, wobei jede Bildschicht dem Traum mehr Wirklichkeit gibt und ihn der Vollendung eine Stufe näherbringt."

David E. Wellbery, Semiotische Anmerkungen zu Kleists ‚Das Erdbeben in Chili'

1 Die zentralen Werke der zeitgenössischen Semiotik, an die ich mich anlehne, sind: Umberto Eco, *A Theory of Semiotics,* Bloomington, London 1976; Algirdas Julien Greimas und Joseph Courtés, *Sémiotique. Dictionnaire raisonné de la théorie du langage,* Paris 1979; Jurij M. Lotman, *Die Struktur literarischer Texte,* übers. von Rolf-Dietrich Keil, München 1972.

2 Der Begriff ist von Hans-Georg Gadamer geprägt worden. Vgl. dessen Hauptwerk *Wahrheit und Methode,* ^{2}1965.

3 Zur Textualität des Traumes vgl. die Freudlektüre Jacques Derridas, Freud und der Schauplatz der Schrift, in: J. D., *Die Schrift und die Differenz,* übers. von R. Gasché, Frankfurt 1972, S. 302–350. Über den in der semiotischen Diskussion verwendeten Mythosbegriff informiert Claude Lévi-Strauss, Le geste d'Asdiwal, in: *Annuaire de l'EPHE* V, 1979.

4 Das Schichtenmodell ist in dem in Anm. 1 zitierten Werk von Greimas/Courtés ausführlich dargestellt. Vgl. bes. S. 157–162.

5 Im nächsten Satz wird der Raum des Klosters als „Klostergarten" konkretisiert, der seinerseits „Schauplatz seines [Jeronimos] vollen Glückes" ist. Dieser Garten entspricht dem „Tal von Eden" (15) des idyllischen zweiten Teils, das auch durch ‚Vereinigung' und ‚Glück' gekennzeichnet ist.

6 Jurij Lotman (Anm. 1) hat am entschiedensten auf die semantische Funktion des Raumes in Erzähltexten hingewiesen. Die dargestellten Räume funktionieren als unterschiedliche Wertsphären, und jede Überschreitung einer räumlichen Grenze ist zugleich der Übergang von einem semantischen Bereich in einen anderen. Daher werde ich im folgenden von topographisch-semantischen Grenzüberschreitungen reden.

7 Vgl. Wolf-Dieter Stempel, Erzählung, Beschreibung und der historische Diskurs, in: *Geschichte – Ereignis und Erzählung,* hg. von Reinhart Koselleck und Wolf-Dieter Stempel, München 1973, S. 325–346, bes. S. 328–329.

8 Vgl. zur Nicht-Darstellbarkeit von ‚Zufällen' in der semio-narrativen Tiefenstruktur die Ausführungen Louis Marins zur Verräter-Figur in: L. M., *The Semiotics of the Passion Narrative. Topics and Figures,* übers. von Alfred M. Johnson, Jr., Pittsburgh 1980, bes. S. 175–176.

9 Mit diesem Sachverhalt hängt das variationsreiche Spiel mit dem Lexem ‚wenden', das sich auf der Manifestationsebene entfaltet, zusammen. Man vergleiche: „diese ungeheure Wendung der Dinge" (12); „Er ... wollte sich schon wieder wenden, als ..." (14); „ ... wenn das Geschäft die erwünschte Wendung nähme" (18); „ ... in einer ... Seitenwendung, die Seelen der Täter ... allen Fürsten der Hölle übergab!" (20); „ ... wenn derselbe nicht, durch eine Wendung, dem wütenden Schlag entwichen wäre" (22).

10 Die ‚Luft', die hier fehlt, funktioniert in der Novelle als ‚friedliches Element': „ ... ein unsägliches Wonnegefühl ergriff ihn, als ein Westwind, vom Meer her, sein wiederkehrendes Leben anwehte ..." (13). Die Luft ist sozusagen der ‚Atem der Natur', das Element des Lebens.

11 Notieren wir hier im Vorbeigehen, daß die ‚Herrschaft des Elementaren' eine weitverbreitete goethezeitliche Figur für gesellschaftliche Unordnung, zumal ‚Revolution', ist. Später wird dann auch vom „Umsturz aller Verhältnisse" (18) die Rede sein, eine Formel, die die gleiche Konnotation evoziert.

12 Der Begriff ‚Symbolik' wird hier verwendet im Sinne von Dan Sperber. Vgl. seine grundlegende Studie: *Rethinking Symbolism,* übers. von Alice L. Morton, Cambridge, London, New York, Melbourne 1975. Eine deutsche Übersetzung (*Über Symbolik,* Frankfurt 1975) liegt auch vor.

13 Wolf-Dieter Stempel (Anm. 7), S. 329.

14 Die Semantik dieser Szene entspricht also genau dem Schillerschen Begriff der Idylle als „einer freien Vereinigung der Neigungen mit dem Gesetze, einer zur höchsten sittlichen Würde hinaufgeläuterten Natur . . .". Friedrich Schiller, *Sämtliche Werke,* hg. von Gerhard Fricke und Herbert G. Göpfert, München [4]1967, V, S. 751.

15 Zur theoretischen Grundlegung der hier verwendeten Begrifflichkeit vgl. A. J. Greimas und J. Courtés, The Cognitive Dimension of Narrative Discourse, *New Literary History* 7 (1976), S. 435–447.

16 Vgl. Lubomir Doležel, Extensional and Intensional Narrative Worlds, *Poetics* 8 (1979), S. 206: „The basic rule of authentication in narrative texts can be formulated as follows: narrative sentences stated in the ‚objective' Er-Form narrative are automatically assigned the value ‚authentic'; sentences stated in other narrative speech-acts are ‚non-authentic', unless they are authenticated by the Er-Form narrative or by other specific devices."

17 Im Gegensatz zu dieser ‚stummen' Reaktion wird die entsprechende Geste des Chorherrn mit Sprache begleitet: „Er begann gleich mit Lob, Preis und Dank, seine zitternden, vom Chorhemde weit umflossenen Hände hoch gen Himmel erhebend, daß noch Menschen seien, auf diesem, in Trümmer zerfallenden Teile der Welt, fähig, zu Gott empor zu stammeln." (20)

18 An Wilhelmine von Zenge, Beilage zum Brief vom 18. 9. 1800.

19 Das Figurensystem der ‚Väter' basiert also auf einer recht schlichten Kombinatorik:

	Legalität	Sexualität
zivilisiert	Kommandant der Stadt, der Vater von Don Fernando	Don Henrico Asteron, leiblicher Vater von Josephe
primitiv	Der Vater des Jeronimo Rugera	Meister Pedrillo, metaphorischer Vater von Josephe

Es ließe sich nachweisen, daß der Herr von G., sowohl Kommandant der Stadt als auch Vater der Marquise von O. (in der gleichnamigen Novelle), alle vier Möglichkeiten vereinigt.

Christa Bürger, Statt einer Interpretation. Anmerkungen zu Kleists Erzählen

1 R. Wellek/A. Warren, *Theorie der Literatur,* Frankfurt, Berlin 1963, S. 119.
2 Zur methodologischen Ausrichtung der folgenden Anmerkungen vgl. P. Bürger, Institution Kunst als literatursoziologische Kategorie [...], in: ders., *Vermittlung – Rezeption – Funktion. Ästhetische Theorie und Methodologie der Literaturwissenschaft,* Frankfurt 1979, S. 173–199.
3 Vgl. dazu *Aufklärung und literarische Öffentlichkeit,* hg. von Ch. B./P. Bürger/J. Schulte-Sasse, Frankfurt 1980.
4 Zit. nach H. Sembdner (Hg.), *Heinrich von Kleists Lebensspuren,* Frankfurt ^{2}1977, S. 305 f.
5 Vgl. dazu P. Bürger: *Zur Kritik der idealistischen Ästhetik,* Frankfurt 1983, Kap. III.
6 Zit. nach H. Sembdner (Hg.), *Heinrich von Kleists Lebensspuren,* S. 305. Vgl. z. B. auch K. A. Varnhagen von Enses Besprechung der Novellensammlung Achim von Arnims von 1812 in: ders., *Literaturkritiken* [...], hg. von K. F. Gille, Tübingen 1977, S. 4 f.
7 *Heinrich von Kleists Lebensspuren,* S. 307.
8 H. Broch, Methodisch konstruiert, in: ders. *Die Schuldlosen,* München ^{2}1965, S. 58; 1933 erstmalig erschienen u. d. Titel *Methodologische Novelle.*
9 Hegel, Wer denkt abstrakt?, in: ders., *Werke,* hg. von E. Moldenhauer/ K. M. Michel, Frankfurt 1970, Bd. 2, S. 57.
10 Ebd., S. 579.
11 Schiller, Merkwürdige Rechtsfälle als ein Beitrag zur Geschichte der Menschheit, in: ders., *Sämtliche Werke,* hg. von G. Fricke/H. G. Göpfert. München ^{4}1967, Bd. 5, S. 864 ff.
12 A. G. Meißner, Skizzen, in: *Erzählende Prosa der Goethezeit,* hg. von M. Beaujean. 2 Bde., Hildesheim 1979, Bd. 1, S. 29 f. (Herv. von mir). Das Urteil der Herausgeberin über Meißner ist für unseren Zusammenhang nicht uninteressant: „Er blieb, wie die meisten mittelmäßigen Talente dieser Zeit, innerlich stets der Aufklärung verhaftet" (ebd., S. 513).
13 Ebd., S. 30.
14 A. v. Arnim, Der Wintergarten, in: ders., *Sämtliche Romane und Erzählungen,* hg. von W. Migge, München 1963, S. 303 f.
15 Vgl. dazu L. Rohner, *Kalendergeschichte und Kalender,* Wiesbaden 1978, S. 46 f., S. 85.
16 Herder, Adrastea, in: ders., *Sämtliche Werke,* hg. von B. Suphan, Berlin 1885, Bd. 23, S. 224.
17 Ebd., S. 228 f. und S. 238. Vgl. dazu die Bremer Dissertation von O. Frels, *Der Literaturbegriff des späten Herder. Eine Studie zur Kritik der Autonomieästhetik um 1800* (1981).
18 Vgl. dazu die Einleitung in: *Novelle,* hg. von J. Kunz, Darmstadt 1968.
19 F. Schlegel, Nachricht von den poetischen Werken des Johannes Boccaccio (1801), in: *Novelle,* S. 43.

20 A. v. Arnim, Der Wintergarten, in: ders., *Sämtliche Romane und Erzählungen,* Bd. 2, S. 132 und S. 127.
21 A. W. Schlegel, Vorlesungen, in: *Novelle,* S. 45.
22 Ebd., S. 49.
23 F. Schlegel, *Nachricht,* S. 41.
24 A. W. Schlegel, *Vorlesungen,* S. 49.
25 Ebd., S. 45.
26 F. Schlegel, *Nachricht,* S. 41.
27 Ebd., S. 40 f.
28 A. W. Schlegel, *Vorlesungen,* S. 44 f. und S. 50.
29 Ebd., S. 45.
30 F. Schlegel, *Nachricht,* S. 41.
31 Vgl. ebd., S. 41 f.
32 A. v. Arnim, Landhausleben, in: ders., *Sämtliche Romane und Erzählungen,* Bd. 3, S. 518 f.
33 W. Grimm, Brief an Arnim vom 20. 9. 1827, zit. nach A. v.A., *Sämtliche Romane und Erzählungen,* Bd. 3, S. 795.
34 C. H. L. Pölitz, *Jean Pauls Geist oder Chrestomathie der vorzüglichsten, kräftigsten und gelungensten Stellen aus seinen sämtlichen Schriften,* zit. nach: H. Verschuren, *Jean Pauls ‚Hesperus' und das zeitgenössische Lesepublikum,* Assen 1980, S. 83.
35 So liest z. B. Caroline Herder Jean Paul, wenn sie „einzelne Bilder" der Romane als „Materialien der jetzigen Zeit" auffaßt, die an die Lebenswelt der Subjekte anschließbar sind (vgl. ihren Brief an Jean Paul vom 26. 6. 1797, zit. nach H. Verschuren, *Jean Pauls ‚Hesperus',* S. 48). Auch ihr Vergleich der Romane Jean Pauls mit dem Straßburger Münster zielt wohl nicht auf organische Ganzheit des Kunstwerks, sondern eher auf die Fähigkeit des Rezipienten, dessen einzelne Momente lebenspraktisch einzuholen.
36 Vgl. dazu B. Lindner, Das Opfer der Poesie. Zur Konstellation von Aufklärungsroman und Kunstautonomie am Ende des 18. Jahrhunderts, in: *Aufklärung und literarische Öffentlichkeit,* S. 294 ff.
37 Zum Problem der Dichotomie vgl. *Zur Dichotomisierung von hoher und niederer Literatur,* hg. von Ch. B./P. Bürger/J. Schulte-Sasse, Frankfurt 1982.
38 C. Brentano, Brief an A. v. Arnim vom 1. 12. 1811, zit. nach Kleist, *Sämtliche Werke und Briefe,* hg. von H. Sembdner, München ^{3}1964, Bd. 2, S. 895.
39 A. H. Müller, Brief an Gentz vom März 1808, zit. nach H. Sembdner (Hg.), *Kleists Lebensspuren,* S. 212.
40 Vgl. dazu ebd.
41 Vgl. dazu A. W. Schlegel, Mode-Romane, Lafontaine, in: ders., *Sämtliche Werke,* hg. von E. Böcking, Leipzig 1846/47, Bd. 12.
42 Diese Entwicklung wiederum, so könnte man sagen, macht die Vorliebe der traditionellen Germanistik für die Novellenform verständlich.
43 G. Lukács, Heidelberger Ästhetik (1916–1918), hg. von G. Márkus/F. Benseler, in: ders., *Werke.* Bd. 17, Darmstadt, Neuwied 1974, S. 107 ff.
44 „Poetische Bewältigung der Wirklichkeit heißt damit für (Kleist) nichts weiter als: ... die zufallsbestimmte Wirklichkeit im Medium der Sprache zur sinnlichen Gegenwart bringen und sie damit einordnen in einen sie übergrei-

fenden Zusammenhang. Die Antinomien der ,Situation', Zufall und Einheit, sind dann aufgegangen im sprachlichen Gefüge der Dichtung" (H.-P. Herrmann, Zufall und Ich. Zum Begriff der Situation in den Novellen Heinrich von Kleists, in: *Germanisch-Romanische Monatsschrift,* N.F. 11 (1961), S. 97 und passim).

45 J. Schulte-Sasse, *Literarische Wertung,* Stuttgart ²1976, S. 8.

46 M. Carrière, *Für eine Literatur des Krieges, Kleist,* Basel, Frankfurt 1981, S. 117 f.

47 Ebd., S. 21.

48 Vgl. dazu: Traditionserhellung II: Romantische Remythologisierung, in: Ch. B., *Tradition und Subjektivität,* Frankfurt 1980, S. 149 ff.

49 Diese Tatsache dürfte für eine stilistisch interessierte Literaturwissenschaft um so aufregender sein, als die Änderungen, die Kleist gegenüber den Zeitschriftenfassungen seiner Erzählungen für die Buchausgabe vorgenommen hat, geringfügig sind (vgl. dazu K. Kanzog, *Prolegomena zu einer historisch-kritischen Ausgabe der Werke Heinrich von Kleists* [...], München 1970).

50 Vgl. dazu A. Estermann, Nacherzählungen Kleistscher Prosa, in: K. Kanzog (Hg.), *Text und Kontext,* Berlin 1979, S. 81 (dort ist auch je ein Beispiel zum ,Bettelweib' und zum ,Erdbeben' abgedruckt).

51 W. Kayser, Kleist als Erzähler, in: W. Müller-Seidel (Hg.), *Heinrich von Kleist. Aufsätze und Essays,* Darmstadt 1967, S. 230.

52 Vgl. die bekannte Äußerung Goethes aus den *Wahlverwandtschaften,* wo er vom „Konflikt des Gesetzlichen und des Ungebändigten" spricht, auch zit. in: J. Kunz (Hg.), *Novellen,* S. 33.

53 P. Horn, *Heinrich von Kleists Erzählungen. Eine Einführung,* Königstein/Ts. 1978, S. 114.

54 Ebd., S. 128.

55 G. Lukács, *Deutsche Realisten des 19. Jahrhunderts,* Berlin (DDR) 1952, S. 22.

56 D. Grathoff, Die Zensurkonflikte der Berliner Abendblätter, in: K. Peter u. a., *Ideologiekritische Studien zur Literatur,* Frankfurt 1972, S. 152.

57 Vgl. ebd., S. 85: „Kleists Wendung an ein größeres Publikum war sicherlich insofern politisch motiviert, als er sich ... der politischen Bedeutung der Presse bewußt war und einen Beitrag zur besseren Information und damit zur politischen Bewußtwerdung und Mobilisierung des ,Volkes' leisten wollte. Diesem Moment kommt eine fortschrittliche Bedeutung zu, weil es gegen die absolutistische Politik des ,Volksverwaltens' in Preußen gerichtet war."

58 Diese Behauptung widerspricht der These von H. H. Holz, für den Kleists Hinwendung zum „Erzählstil der Faktizität" den Versuch darstellt, „im Horizont des versagenden Sprechens der Sprache die Gewähr der Wahrheit abzuringen" (*Macht und Ohnmacht der Sprache,* Frankfurt, Bonn 1962, S. 149).

59 Wenn wir annehmen wollen, daß die Analyse von D. Grathoff nicht einfach die Kategorien des Öffentlichkeitsbuches von Jürgen Habermas in Kleists publizistische Aktivitäten hineinliest, sondern daß seine Behauptung, derzufolge Kleist sich um die Herstellung einer räsonnierenden Öffentlichkeit bemüht, plausibel ist, so ergäbe sich daraus, daß auch dessen literarische Arbeit insgesamt zerfällt in eine auf Öffentlichkeit geöffnete und eine diese ausschließende.

60 Caroline de la Motte-Fouqué, *Gespräch über die Erzählungen von H. v. Kleist* (1812), zit. nach H. Sembdner, *Heinrich von Kleists Nachruhm. Eine Wirkungsgeschichte in Dokumenten,* Bremen 1967, S. 629.

61 G. Lukács, *Die Seele und die Formen,* Neuwied/Berlin 1971, S. 164 f.

62 Vgl. dazu *Tradition und Subjektivität,* Kap. 10, sowie meinen Aufsatz ‚Die soziale Funktion volkstümlicher Erzählformen – Sage und Märchen', in: H. Ide (Hg.), *Kritisches Lesen,* Stuttgart 1971, S. 26–56.

63 J. Schönert, Behaglicher Schauer und distanzierter Schrecken, in: *Literatur in der sozialen Bewegung,* Tübingen 1977, S. 52.

64 Ich fürchte, R. Wilkenings eindringliche Untersuchung des Perspektivismus im Erzählen Kleists, die in ihrem Interpretationsteil zu ähnlichen Ergebnissen kommt wie P. Horn, überträgt allzu abstrakt auf dieses die Begriffe der Rezeptionsästhetik, wenn der Verfasser – ohne eine solche Behauptung durch rezeptionshistorische Dokumente zu stützen – meint, „sein integrierender Standpunkt (ermöglicht es dem Leser), die perspektivisch verengten Blickwinkel der Figuren und des Erzählers kritisch zu beurteilen" (*Studien zum textinternen Perspektivismus und seiner leserorientierenden Funktion im Erzählen Heinrich von Kleists, dargestellt an der Novelle ‚Das Erdbeben von Chili',* Diss. Bremen 1978, S. 233).

65 G. Deleuze/F. Guattari, *Rhizom,* Berlin 1977, S. 7.

66 B. v. Wiese, *Novelle,* Stuttgart [2]1964, S. 55.

Helmut J. Schneider, Der Zusammensturz des Allgemeinen

1 Vgl. Hans-Ulrich Wehler, Geschichte und Soziologie, in: ders., *Geschichte als Historische Sozialwissenschaft,* Frankfurt 1973, S. 9–44, sowie den Sammelband: ders. (Hg.), *Geschichte und Soziologie,* Köln 1972. Mit Blick auf die Systemtheorie Jürgen Habermas, Geschichte und Evolution, in: ders., *Zur Rekonstruktion des Historischen Materialismus,* Frankfurt [3]1982, S. 200–259. – M. Rainer Lepsius, Zum Verhältnis von Geschichtswissenschaft und Soziologie, in: Hans Michael Baumgartner/Jörn Rüsen (Hg.), *Seminar: Geschichte und Theorie. Umrisse einer Historik,* Frankfurt 1976, S. 118–138.

2 Einen guten Überblick gibt der von Peter Bürger herausgegebene Sammelband: *Seminar: Literatur- und Kunstsoziologie,* Frankfurt 1978. Vgl. ders., *Vermittlung – Rezeption – Funktion. Ästhetische Theorie und Methodologie der Literaturwissenschaft,* Frankfurt 1979. Peter Zima, *Kritik der Literatursoziologie,* Frankfurt 1978. Darin bes. S. 14 ff.

3 Dokumentiert bei Bürger, *Literatursoziologie,* S. 163 ff.

4 Theodor W. Adorno, *Ästhetische Theorie,* Frankfurt 1970, S. 340.

5 Ders., Rede über Lyrik und Gesellschaft, in: ders., *Noten zur Literatur I,* Frankfurt 1975, S. 92.

6 Ders., *Ästhetische Theorie,* S. 185.

7 Vgl. Harald Weinrich, Literaturgeschichte eines Weltereignisses: Das Erdbeben von Lissabon, in: ders., *Literatur für Leser. Essays und Aufsätze zur Lite-*

raturwissenschaft. Stuttgart, Berlin, Köln, Mainz 1971, S. 64–76. – Weinrich streift Kleists Erzählung nur kurz im Kontext einer rousseauistischen Verlagerung des Theodizeeproblems auf die geschichtsphilosophische Gesellschaftskritik; er geht vor allem auf Voltaire ein. – Ferner John Ellis, Kleist: ‚Das Erdbeben in Chili', in: ders., *Narration in the German Novelle. Theory and Interpretation,* Cambridge 1974, S. 46–76, S. 49 f.

8 Reinhart Koselleck hat das in einer Reihe von kategorialen Untersuchungen zum Geschichtsbegriff herausgearbeitet; vgl. u. a.: Historia Magistra Vitae. Über die Auflösung des Topos im Horizont neuzeitlich bewegter Geschichte, in: ders., *Vergangene Zukunft. Zur Semantik geschichtlicher Zeiten,* Frankfurt 1979, S. 38–66, bes. S. 59 ff. – Historische Kriterien des neuzeitlichen Revolutionsbegriffs, ebd., S. 67–86, bes. S. 76 ff. – ‚Neuzeit'. Zur Semantik moderner Bewegungsbegriffe, ebd., S. 300–348, bes. S. 328 ff.

9 Z. B. Wilhelm Heinse: „Das bürgerliche Gebäude befindet sich bis dato noch in einem Erdbeben; ein Stück fällt nach dem anderen, und was neu gebaut wird und worden ist, desgleichen. Alles muß dem Erdboden gleichgemacht werden, alles nackter Mensch werden". – Jean Paul: „Aber desto schlimmer, wenn die ungestüme Notwendigkeit spricht, nicht die lange sanfte Freiheit, wenn nicht der fromme Kirchner, sondern ein Erdbeben die Glocken läutet". – Beide Zitate nach Claus Träger (Hg.), *Die Französische Revolution im Spiegel der deutschen Literatur,* Frankfurt 1975, S. 136 und 235 f. – Die häufigste Metapher ist wohl die des Gewitters.

10 Harry Steinhauer, Heinrich von Kleists ‚Das Erdbeben in Chili', in: Gerhard Hoffmeister (Hg.), *Goethezeit. Studien zur Erkenntnis und Rezeption Goethes und seiner Zeitgenossen,* Bern, München 1981, S. 281–300, S. 281 ff. Allerdings scheint der Vf. sie hiermit zu identifizieren, so etwa zur Rettung der Liebenden und dann des Kindes, S. 296: „Beide Ereignisse wurden von Kleist erfunden, um seine These zu beweisen: daß der Himmel mehr Freude an einem schlichten, von Natur guten ‚Sünder' hat als an dem korrekten Benehmen der Selbstgerechten."

11 Georg Lukács, Die Tragödie Heinrich von Kleists, in: ders., *Deutsche Literatur in zwei Jahrhunderten,* Neuwied, Berlin 1964 (= *Werke* Bd. 7), S. 201–231; S. 230. – Lukács sieht Kleist als den Vorläufer der zeitgenössischen Dekadenz; der Essay hat entscheidend zur Auslösung der sogenannten Expressionismusdebatte beigetragen, in der die Positionen der Widerspiegelungsästhetik gegen die ästhetische Moderne zementiert wurden, unter deren Einfluß dann auch die sozialistische Literatursoziologie stand.

12 Vgl. Hans Joachim Kreuzer, *Die dichterische Entwicklung Heinrich von Kleists. Untersuchungen zu seinen Briefen und zu Chronologie und Aufbau seiner Werke,* Berlin 1968, S. 186 ff., bes. S. 189. Kreuzer vertritt gegenüber anderen den Standpunkt, daß es sich um die früheste Erzählung handelt, verfolgt sie aber nicht so weit zurück, wie es hier geschieht.

13 Maßgebend für die Darstellung des teleologischen Weltbildes, dem Kleist anhing und das hiernach durch die Lektüre Kants erschüttert wurde, ist L. Muth, *Kleist und Kant. Versuch einer neuen Interpretation,* Köln 1954.

14 Vgl. vor allem den Brief an Wilhelmine von Zenge vom 22. März 1801 (‚Kantkrise') sowie an Ulrike von Kleist vom 23. März 1801 (‚Eselserlebnis').

15 Zur Schlüsselfunktion der *Familie Schroffenstein* für Kleists dramatisches Werk vgl. Hinrich C. Seeba, Der Sündenfall des Verdachts. Identitätskrise und Sprachskepsis in Kleists ‚Familie Schroffenstein', in: Walter Müller-Seidel (Hg.), *Kleists Aktualität. Neue Aufsätze und Essays 1966–1978,* Darmstadt 1981, S. 104–150. S. 147 zum ‚Erdbeben'.

16 Vgl. an Ulrike, Mai 1799.

17 Henri Brunschwig, *Gesellschaft und Romantik im 18. Jahrhundert. Die Krise des preußischen Staates am Ende des 18. Jahrhunderts und die Entstehung der romantischen Mentalität,* Frankfurt, Berlin, Wien 1976.

18 August Wilhelm Schlegel, *Vorlesungen über schöne Litteratur und Kunst. III. Teil* (1803/4): *Geschichte der romantischen Litteratur.* Zitiert nach Karl Konrad Polheim (Hg.), *Theorie und Kritik der deutschen Novelle von Wieland bis Musil,* Tübingen 1970, S. 21. – Goethes bekannte Definition – zu Eckermann am 29. Jan. 1827 – ebd., S. 54 („eine sich ereignete unerhörte Begebenheit"). – Der Zusammenhang zwischen Novelle und Französischer Revolution verdiente eine nähere Untersuchung. Vgl. die Bemerkung von Walter Müller-Seidel, „daß die deutsche Novelle in dem Augenblick da ist, in dem man über die Wirkungen der Französischen Revolution nachzudenken beginnt". (Kleist und die Gesellschaft. Eine Einführung, in: ders. [Hg.], *Kleist und die Gesellschaft. Eine Diskussion,* Berlin 1965, S. 26.) Vgl. zu den Gespenstergeschichten des Vorabends der *‚Unterhaltungen'* als einer Reaktion auf den nachrevolutionären Zerfall eines einheitlich-rationalistischen Weltbildes Jürgen Söring: Die Verwirrung und das Wunderbare in Goethes ‚Unterhaltungen deutscher Ausgewanderten', in: *ZfdtPh* 100 (1981), S. 544–559, bes. S. 549 ff.

19 Friedrich Schiller, Über die ästhetische Erziehung des Menschen in einer Reihe von Briefen, in: *Sämtliche Werke,* hg. von G. Fricke und H. G. Göpfert, München 1960, Bd. 5, S. 580.

20 So Steinhauer (Anm. 10), S. 285 („tiefe, innige Frömmigkeit"). Beispiel einer theologisierend-moralisierenden Interpretation ist Karl Otto Conrady, Kleists ‚Erdbeben in Chili'. Ein Interpretationsversuch, in: *GRM* NF IV (1954), S. 185–195. – Gegen jeden theologischen Vereinnahmungsversuch wehrt sich Wolfgang Wittkowski, Skepsis, Noblesse, Ironie. Formen des Als-ob in Kleists *‚Erdbeben',* in: *Euphorion* 63 (1969), S. 247–283. Da er die Hauptfiguren und vor allem Don Fernando (vgl. u. Anm. 34) aber zugleich zu vorbildlichen Vertretern sittlicher Autonomie macht, charakterisiert und wertet (und rechtfertigt) er ihr Verhalten wiederum in stark moralischen Kategorien, die m. E. der Erzählung nicht angemessen sind; und so spricht er beiläufig auch von den beiden „als religiöse[n] Menschen" (S. 251).

21 An Wilhelmine, 21. Mai 1801.

22 Conrady (Anm. 20), S. 191. Die Rettung des unehelichen Kindes aber sei „Gottes Werk", und in ihm vollziehe sich die Versöhnung (S. 192). – Eine Auseinandersetzung mit den religiösen Deutungen findet sich sowohl bei Wittkowski (Anm. 20) als auch bei Ellis (Anm. 7) in den Anmerkungen.

23 Über das Verhalten des Paars im Mittelteil vgl. die Diskussion zwischen Wittkowski und Ellis (jener hatte auf dessen Erstdruck 1963 geantwortet, worauf Ellis a. a. O. reagiert). – Obwohl Ellis seine Kritik nicht absolut, son-

dern als Hinweis auf die durchgängige Ambivalenz versteht (die also auch die von der früheren Kritik allzu sehr glorifizierten Hauptfiguren trifft), scheint sie mir in diesem Punkt zu sehr moralisierend bzw. psychologisierend. So spricht er von einem „alarming piece of self-centredness" mit Beziehung auf Josephe, die den „verfloßnen Tag [...] eine Wohltat" nennt trotz des allgemeinen Elends (S. 61), beklagt die Mitleidslosigkeit usw. (S. 59). Aber diese Diskrepanz des persönlichen Glücks zum allgemeinen Schicksal ist es doch gerade, die sie mehr und mehr in der idyllisch-teleologischen Sinnkonstruktion aufzuheben bemüht ist, wobei maßgebend (natürlich) ihr eigenes Glück ist.

24 Hans M. Wolff, *Heinrich von Kleist als politischer Dichter,* Berkeley, Los Angeles 1947, S. 387, sieht eine „leise Annäherung an die Staatsidee", wogegen sich sehr dezidiert ausspricht Peter Horn, Anarchie und Mobherrschaft in Kleists ‚Erdbeben in Chili', in: ders., *Heinrich von Kleists Erzählungen. Eine Einführung,* Königstein/Ts. 1978, S. 112–133. Horn sieht in Don Fernando den Vorkämpfer einer idealen Gemeinschaft, wie sie ansatzweise der Mittelteil verwirkliche.

25 Ellis (Anm. 7), S. 76.

26 Vgl. die außerordentlich einsichtsreiche Arbeit von Klaus Müller-Salget, Das Prinzip der Doppeldeutigkeit in Kleists Erzählungen, in: *ZfdPh* 92 (1973), S. 185–211. Wieder in Walter Müller-Seidel (Hg.), *Kleists Aktualität* (Anm. 15), S. 166–199. Dort S. 177 die Feststellung, daß das ‚Erdbeben' wohl die härteste Gesellschaftskritik aufweise. Wenn es (S. 194) heißt, „daß Kleists Gesellschaftskritik trotz ihrer gelegentlichen Schärfe ein abgeleitetes, sekundäres Phänomen darstellt. Die rätselhafte Grundstruktur der Welt wird nicht auf gesellschaftliche Prämissen zurückgeführt, sondern geht für Kleist allem Gesellschaftlichen voraus" – so ist das im Hinblick auf die thematische und bewußte Gestaltung sicherlich zutreffend. Die sozialgeschichtliche Analyse müßte versuchen, die nichtthematischen und unbewußten Bedingungen für eben diesen Sachverhalt namhaft zu machen.

27 Immanuel Kant, Geschichte und Naturbeschreibung des Erdbebens am Ende des 1755sten Jahres, in: *Sämtliche Werke,* hg. von K. Vorländer, Bd. 7, Leipzig 1922. – Vgl. bes. die „Schlußbetrachtung" S. 325 ff., die sich gegen eine anthropozentrische Deutung ausspricht, die die Betroffenen „als das Ziel der Rache Gottes" ansehen. Zur Passage, die Kleist angeregt haben soll, vgl. H. v. Kleist, *Sämtliche Werke und Briefe,* hg. von Helmut Sembdner, München 1964, 2. Bd., S. 902 f.

28 An Wilhelmine, 16. Nov. 1800.

29 Hier sind in erster Linie zwei klassisch gewordene Analysen zu nennen, denen auch die vorliegende Entscheidendes verdankt: Wolfgang Kayser, Kleist als Erzähler, und Hans Peter Herrmann, Zufall und Ich. Zum Begriff der Situation in den Novellen Heinrich von Kleists, beide in: W. Müller-Seidel, *Heinrich von Kleist,* a. a. O., S. 230–243 bzw. S. 367–411.

30 Voltaire, Poëme sur le désastre de Lisbonne, ou examen de cet axiome: Tout est bien, in: *Oeuvres de Voltaire,* hg. von M. Beuchot, Paris 1833, Tm. XII, S. 196.

31 Vielleicht der *locus classicus* hierfür ist die Schilderung des sog. Richters in

Goethes ‚Hermann und Dorothea' (1797), V, 229 ff. und VI, 3 ff. „Wuchs nicht jeglichem Menschen der Mut und der Geist und die Sprache?" (VI, 19). Desgleichen zu dem, was oben mit Koselleck Zeitbeschleunigung genannt wurde: „Denn wer gestern und heut in diesen Tagen gelebt hat, / Hat schon Jahre gelebt: so drängen sich alle Geschichten." (V, 231 f.)

32 Zum Revolutionsverständnis vgl. Karl Griewank, *Der neuzeitliche Revolutionsbegriff,* Frankfurt 1969, S. 175 ff. – Hannah Arendt, *Über die Revolution,* München o. J., bes. S. 57 ff.

33 Kleist, *Werke,* Bd. 2, S. 321. – Die Stelle interpretiert ebenfalls Karl Heinz Bohrer, Die Furcht vor dem Unbekannten. Zur Vermittlungs-Struktur von Tradition und Moderne, in: ders., *Plötzlichkeit. Zum Augenblick des ästhetischen Scheins,* Frankfurt 1981, S. 68–85, S. 80 f. Bohrer bringt mehrmals das, was er die ‚Plötzlichkeitsstruktur' des Ästhetischen nennt, mit dem Ereignis der Französischen Revolution zusammen. So hier (S. 80) mit Bezug auf Schiller, dessen ästhetische Schriften „nicht aus der gegebenen Tradition, sondern dem emphatischen ‚Augenblick' der Französischen Revolution entsprangen, die eine plötzliche, durch kein Muster, keinen Topos, keine Grammatik, kein Zitat erklärbare Veränderung des Bewußtseins hervorrief, soviel geistesgeschichtliche Vorbereitung man auch anführen mag." Die Frage stellt sich bei Bohrers brillanten Attacken gegen die historische Wissenschaft, die diesem ästhetischen Augenblick sein (Gegenwarts-)Recht durch Einordnung in Vorgegebenes gerade raube (vgl. S. 69 f.), wie dann der (doch vermittelnde?) Bezug der frühromantischen Utopie zur ‚Unmittelbarkeit' der Revolution zu denken ist.

34 Wittkowski (Anm. 20) beschreibt die Figur ganz ähnlich, begreift sie aber doch als Erfüllung eines ethischen Sinns; diesen wiederum rückt er in die Nähe der Schillerschen Kalokagathie und des Humanitätsideals der Klassik. Stellt man so den „thematischen Gegensatz zwischen Sittlichkeit und metaphysisch-religiöser Fragestellung" (S. 254) in den Vordergrund, dann kommt der Kunstcharakter zu kurz – und Don Fernando als Kunst-Figur.

René Girard, Mythos und Gegenmythos: Zu Kleists ‚Das Erdbeben in Chili'

1 Dieser Essay ging aus einem Gespräch mit David Wellbery über Kleist hervor.

2 Paris 1961.

3 Paris 1976.

4 Paris 1978.

5 *Characteristics of Men, Manners, Opinions, Times,* hg. von John M. Robertson, Indianapolis, New York 1964, S. 13.

Werner Hamacher, Das Beben der Darstellung

1 René Descartes, Discours de la Méthode, in: *Oeuvres philosophiques I,* Paris 1963, S. 599. – Da wegen der Ausgewogenheitsforderungen des Verlags diese Studie hier um die Hälfte ihres ursprünglichen Umfangs gekürzt erscheinen muß, bleiben an dieser Stelle von dem Versuch einer Rekonstruktion der Geschichte des Erdbeben-Motivs in Philosophie und Literatur nur diese kursorischen Hinweise erhalten: in der Hoffnung, sie mögen zumindest einen flüchtigen Einblick in die Wandlung dieses Motivs zwischen Descartes und Kleist ermöglichen.

2 Harald Weinrich hat in ‚Literaturgeschichte eines Weltereignisses: Das Erdbeben von Lissabon' einen Überblick über philosophische und literarische Reaktionen auf dies Ereignis gegeben, in: *Literatur für Leser,* Stuttgart 1971, S. 64–76.

3 Voltaire, *Oeuvres Complètes IX,* Paris 1877, S. 465–479.

4 J. J. Rousseau, Lettre à Voltaire, Le 18 août 1756, in: *Oeuvres Complètes IV,* Paris 1969.

5 Insbesondere ‚Geschichte und Naturbeschreibung der merkwürdigen Vorfälle des Erdbebens, welches an dem Ende des 1755sten Jahres einen großen Theil der Erde erschüttert hat', in: *Kants Gesammelte Schriften,* hg. von der Königlichen Preußischen Akademie der Wissenschaften, Bd. I, Berlin 1910, S. 456 ff.

6 Candides Vertreibung aus dem Paradies von Thunder-ten-tronckh geht auf eine Liebesaffaire zwischen einem Hauslehrer – dem Leibnizianer Pangloss – und einer Zofe und, in deren Gefolge, einer zweiten zwischen Candide und der Tochter seines Gastgebers zurück: das soziale Motiv, das bei Kleist die Serie des Unglücks für den Hauslehrer Jeronimo und seine Schülerin Josephe auslöst, findet also nicht nur, wie bisher vermutet, in Rousseaus *Nouvelle Héloise,* sondern ebenso im *Candide* einen Paten. Nach der Teilnahme an einem Krieg und der Erfahrung seiner Greuel – „femmes égorgées qui tenaient leurs enfants à leurs mamelles sanglantes ... Des cervelles étaient répandues sur la terre à côté de bras et de jambes coupés ..." (*Les Oeuvres Complètes de Voltaire,* Oxford 1980, S. 126 f.) – gerät Candide, aus einem Schiffbruch durch einen unwahrscheinlichen Zufall eben errettet, ins Erdbeben von Lissabon, dessen *causa finalis* in Candides Erklärung „Voici le dernier jour du monde!" ausgerufen wird (ebd., S. 135). Die dem Erdbeben mit knapper Not Entronnenen sollen in einem Autodafé – einem „secret infaillible pour empêcher la terre de trembler" (ebd., S. 138) – von der Inquisition hingerichtet werden; Pangloss wird gegen den Brauch nicht verbrannt, sondern angeblich gehenkt; Candide findet, begnadigt, außerhalb des zerstörten Lissabon seine totgeglaubte Geliebte wieder.

7 *Die philosophischen Schriften* von Gottfried Wilhelm Leibniz, hg. von C. J. Gerhardt, Bd. 6, Berlin 1885, Hildesheim 1961, S. 108.

8 Brief an Marie von Kleist, 24. November 1806.

9 Brief vom 16. November 1800.

10 Zur Aufhebung des Zufalls bei Hegel vgl. Dieter Henrich ‚Hegels Theorie über den Zufall', in: *Hegel im Kontext,* Frankfurt 1971.

11 Der ‚Begriff' der Dissemination ist von Jacques Derrida entwickelt worden in seinem Buch *La dissémination,* Paris 1972.

12 Die Formulierung ist dem *Brief eines Dichters an einen anderen* entnommen; dtv-Ausgabe, Bd. V, S. 80.

13 Es geht im folgenden nicht um die Frage, ob Kleist von Kant ‚beeinflußt' worden sei, noch weniger darum, was es mit seiner sogenannten Kant-Krise auf sich habe. Mir geht es vielmehr um die Demonstration des engen systematischen Zusammenhangs zwischen Kants Analytik des Erhabenen und Kleists Problematisierung einer Darstellung, die unter Bedingungen steht, in denen der dogmatische Gebrauch des Teleologie-Begriffs und mit ihm die Logik der Repräsentation erschüttert ist. – An anderer Stelle wird zu entwikkeln sein, in welcher Weise die Theorie des Erhabenen grundlegend für alle kunsttheoretische Reflexion der Moderne ist, ob sie nun – wie bei Benjamin und Adorno – explizit an Kant anknüpft, oder sich – wie bei Heidegger – diesen Rekurs erspart, und in welcher Weise sie Kritik des Ästhetischen und der ästhetischen Theorie ist.

14 Vgl. die eingehende Analyse dieses und verwandter Motive der *Kritik der Urteilskraft,* in: Jacques Derrida, ‚Parergon', in: *La vérité en peinture,* Paris 1978, bes. S. 136–168; und Jean-Luc Nancy, *L'offrande sublime,* in: *Po & sie* 30, Paris 1984.

15 Vgl. J. J. Rousseau, ‚Julie, ou la Nouvelle Héloise', Vème Partie, Lettre VII, in: *Oeuvres Complètes* II, Paris 1964, S. 602 ff.

16 Bei der feierlichen Prozession während dieses *festum corporis Christi* wurden in den Ländern des spanischen Weltreichs – und Kleist, der erstaunlich exakte Kenntnisse über den Hergang des chilenischen Erdbebens besaß, mag davon gewußt haben – auf fahrbaren Gerüsten Szenen der christlichen Erlösungsgeschichte, sogenannte *autos sacramentales,* aufgeführt, darunter auch solche, die als *autos del corpus Christi* und *autos do Natal* bezeichnet wurden. In ihnen wurde während des Fronleichnamszugs in theatralischer Repräsentation Christi Geburt dargestellt.

17 Bekanntlich sind auch andere Texte Kleists diesem Motiv verpflichtet. So mündet der *Amphitryon* in eine Paraphrase der Verkündigung Mariens: „Dir wird ein Sohn geboren werden, / Deß Name Herkules" (2335/36), und in der *Marquise von O.* beschreibt Kleist, spiegelverkehrt zum *Amphitryon,* die Geschichte der Desillusionierung einer Frau, der der Ursprung ihres Kindes, „eben weil er geheimnisvoller war, auch göttlicher zu sein schien, als der anderer Menschen", und die das einzige Vorbild für ihren Zustand in dem der „heiligen Jungfrau" findet (dtv-Ausgabe, Bd. IV, S. 115 und S. 112).

18 Kleist hat die späte Tragödie des Euripides mit Gewißheit gekannt. Ebenso wie in der Apostelgeschichte findet sich auch in ihr die spektakuläre Befreiung des Jeronimo aus dem Gefängnis vorgebildet; selbst der Strick fehlt nicht. Als Pentheus, der die Göttlichkeit des Dionysos bestreitet, dessen theatralische Inkarnation im Verlies seines Palastes zu fesseln versucht, bindet er statt dessen einen Stier und im selben Augenblick läßt der Neue Gott das Haus erbeben und das Feuer auf dem Grab seiner Mutter Semele neu auflo-

dern: „als in diesem Augenblick / Bebt das Haus, erfaßt von Bacchus, und von seiner Mutter Grab / Feu'r emporwallt" (552–554). – Zitiert wird hier und in Anm. 21 nach der Übersetzung von F. H. Bothe, in dessen fünfbändiger Ausgabe der Werke des Euripides (Berlin, Stettin 1800–03, hier Bd. III von 1802) Kleist *Die Bacchantinnen* wahrscheinlich gelesen hat. Elemente ihrer dramatischen Komposition, stoffliche Arrangements und sogar einzelne Formulierungen hat er daraus in seine *Penthesilea* übernommen; vgl. die Analysen Jochen Schmidts, in: *Heinrich von Kleist – Studien zu seiner poetischen Verfahrensweise*, Tübingen 1974, S. 234–241; und Bernhard Böschenstein, ‚Die *Bakchen* des Euripides in der Umgestaltung Hölderlins und Kleists', in: *Aspekte der Goethezeit*, hg. von St. A. Corngold u. a., Tübingen 1977. – Zum Erdbeben als Theophanie-Topos vergleiche auch: Vergil, *Aeneis* 3, 90 ff.; Ovid, *Metamorphosen* 9, 782–3; Pseudo-Longinos, *peri hypsous* 63,6 (auch 63,9!).

19 In einem höchst signifikanten Vergleich warnt Kleist seine Braut Wilhelmine von Zenge zweimal, den konventionellen Zeichen der Moralität rückhaltlos Vertrauen zu schenken: In seinem Sendschreiben *Über die Aufklärung des Weibes* vom 16. 9. 1800 schreibt er: „Und doch sind dies alles nur *Zeichen* eines Gefühls, das auch ganz anders sich ausdrücken kann. Denn mit demselben Gefühle, mit welchem Du bei dem Abendmahle das Brot nimmst aus der Hand des Priesters, mit demselben Gefühle, sage ich, erwürgt der Mexikaner seinen Bruder vor dem Altare seines Götzen." (dtv-Ausgabe Bd. V, S. 51 f.) Das einzige Kriterium richtigen Handelns, an dessen Untrüglichkeit dieses Schreiben festhält, der kategorische Imperativ, der sich durch die Stimme des Gewissens mitteilen soll, wird ein Jahr später, im Brief vom 15. 8. 1801, am Leitfaden einer ähnlichen Analogie zwischen Christentum und Barbarei in Frage gestellt: „Dieselbe Stimme, die dem Christen zuruft, seinem Feinde zu vergeben, ruft dem Seeländer zu, ihn zu braten, und mit Andacht ißt er ihn auf – Wenn die Überzeugung solche Taten rechtfertigen kann, darf man ihr trauen?" (dtv-Ausgabe Bd. VI, S. 208 f.) Kein Zweifel, daß Kleist am christlichen Meßopfer nicht nur die religiöse Konvention, sondern auch ihre mörderischen und kannibalistischen Implikationen wahrgenommen hat.

20 Nicht erst das urteilende Wort, schon die Stimme, das privilegierte Medium seiner Vergegenwärtigung, zerstört. Mit der Bekundung ihrer eigenen Anwesenheit, der Anwesenheit *tout court*, vernichtet die Stimme denjenigen, dessen Vater sie zu sein behauptet: In höhnischer Paraphrase zur Taufe Jesu, bei der eine Stimme vom Himmel rief: „Dies ist mein geliebter Sohn, an dem ich mein Wohlgefallen habe", heißt es bei Kleist: „eine Stimme aus dem rasenden Haufen [...] rief: dies ist Jeronimo Rugera, ihr Bürger, denn ich bin sein eigener Vater! und ihn [...] mit einem ungeheuern Keulenschlage zu Boden streckte". (22) Die „Stimme" ist es, die ihn mit einem Keulenschlag zu Boden streckt! Die Präsenz vernichtet ihre Repräsentation, der Ursprung das ihm Entsprungene; das benennende Wort ist Mord am Benannten.

21 In den *Bacchantinnen* konnte Kleist eine Verwechslung ähnlicher Art vorgebildet finden: Pentheus' Mutter Agaue zerfleischt, im Wahn, sie zerreiße einen jungen Löwen, ihren eigenen Sohn und bereitet ihm damit das Schicksal, das dem Dionysos zuteil werden sollte. Nicht nur der Mythos, auch Euripi-

des selbst verweist in einem Vers des Chores auf das *quid pro quo* von Pentheus und Dionysos: „Als Stier erscheine, oder komm, vielköpfig, uns, / Ein Drach', oder feuerrother Löw', Eleleus!" (940–941) – Pentheus erleidet den von Dionysos erzwungenen Sparagmos als Doppelgänger des Dionysos selbst: beide erscheinen in der Gestalt des Löwen, ihrem *tertium comparationis,* miteinander verbunden. Das Opfer, das mit seinem Leben dargebracht wird, dient nicht allein der Errichtung und Ausbreitung der Herrschaft des Dionysos und der *restitutio ad integrum* seiner gekränkten Göttlichkeit; es ist vielmehr Form seiner Herrschaft und Darstellung dieser Göttlichkeit selbst, die phänomenale Wirklichkeit – und sei es seine ‚eigene' – zu verkehren und zu zerreißen. Die Verwechslung ist in der Tragödie des Euripides die des Gottes und seines feindlichen Ebenbildes, aber diese Verwechslung ist selbst diejenige Darstellung des Gottes, die durch keine Verwechslung mehr betroffen werden kann.

22 Zum Begriff der Logik der Supplementarität vgl. Jacques Derrida, *De la Grammatologie,* Paris 1967 (dt: *Grammatologie,* Frankfurt 1974), und ‚La Pharmacie de Platon', in: *La dissémination,* Paris 1972.

23 Kleists Erzählung verzehrt sich in der Spannung zwischen dem Wunsch nach Restitution jener ganzen Gegenwart – die auch die Gegenwart und Vollständigkeit des mütterlichen Leibes ist – und der Angst, sie durch diese Restitution selbst zu zerstören. Das geliebte Objekt, die Mutter und, *totum pro parte,* die mütterliche Brust, ist nicht eins, es ist – und darüber belehrt nicht weniger entschieden als *Das Erdbeben in Chili* Kleists *Penthesilea* – entzweit. Es ist hier von zwei Brüsten die Rede: der invaliden, die Juan nicht mehr zu nähren vermag, und der unbeschädigt spendenden, die Philipp entzogen wird; von zwei Kindern, deren eines an Stelle des andern gestillt und an seiner Stelle erschlagen wird; von zwei Müttern und zwei Vätern, die gegeneinander ausgetauscht und einander geopfert werden. Wer *eine* Brust will – und nur eine ist eine *ganze* –, muß sich von *einer* Brust trennen: muß sie aufgeben, entfernen, abreißen, zerschlagen. Aber jeder Schlag, der die andere trifft, teilt sich der einen mit und teilt sie. Die Brust wird, wie es an einer Stelle heißt, *mitgeteilt;* und das ist Kleists Sprache –: diese Mitteilung, Teilung des Mit der Brust. – Nun ist angesichts der zentralen kompositorischen Stellung der Stillszene und des Tausches der Kinder und Brüste auffällig, daß Juans Mutter wegen einer Verwundung an den *Füßen* außerstande sein soll, ihrem Sohn die *Brust* zu geben – Brüste und Füße stehen offenbar in einem Substitutionsverhältnis; und mit den Brüsten steht über das Relais der Füße jene Imago des teuflischen Vaters in metonymischer Beziehung, die von Meister Pedrillo – er trägt den gleichen Namen wie der Vater von Juans Mutter – verkörpert wird: einem „Schuhflicker, der für Josephen gearbeitet hatte, und diese wenigstens so genau kannte, als ihre kleinen Füße" (21). Die Wunde Elviras, der anderen Josephe – auch sie, wie Josephe, durch ihren Namen zu einem *vir* maskulinisiert –, liegt offenbar tiefer: zwischen den Brüsten und den Füßen; und geheilt kann die durch ihre Entzweiung zerrissene Einheit der einen ‚Brust' und der einen ‚Familie' nur durch die Schläge dessen werden, der *flickt:* die Morde des Schuhflickers Pedrillo. Die diaporetische Logik dieser Konfiguration ist zugleich die des Kleistschen Erzählens, das je-

den Zug durch seinen Gegenzug aufhält und abbricht: die Logik der zufälligen und zusammenfallenden Wölbung.

24 Die Arbeit an diesem Text wurde im Mai 1982 abgeschlossen; seither habe ich versucht, mich diesem Problem weiter zu nähern in *Das Versprechen der Auslegung* – Überlegungen zum hermeneutischen Imperativ bei Kant und Nietzsche; in: *Spiegel und Gleichnis* (Festschrift für Jacob Taubes), hg. v. N. Bolz/W. Hübener, Würzburg 1983, S. 252–273.

Die Autoren

Norbert Altenhofer, gest. 1990, lehrte am Institut für Deutsche Sprache und Literatur II der Universität Frankfurt a. M. – Publikationen: *Hofmannsthals Lustspiel ‚Der Unbestechliche‘* (1967), *Harzreise in die Zeit. Zum Funktionszusammenhang von Traum, Witz und Zensur in Heines früher Prosa* (1972); Aufsätze zu Freud, Goethe, Heine, Hofmannsthal, Kleist, Landauer, Lessing, Marivaux, Moliere, Schleiermacher, zu Fragen der Metaphorologie und der Hermeneutik.

Christa Bürger, Institut für Deutsche Sprache und Literatur I der Universität Frankfurt a. M. – Publikationen: *Deutschunterricht – Ideologie oder Aufklärung?* (2. Aufl. 1973); *Textanalyse als Ideologiekritik* (1973); *Der Ursprung der bürgerlichen Institution Kunst in höfischen Weimar. Literatursoziologische Studien zum klassischen Goethe* (1977); *Tradition und Subjektivität* (1980); *Leben schreiben* (1990); Aufsätze zur deutschen Literatur vom 18. Jh. bis zur Gegenwart, zu Fragen der Literatursoziologie und der Ästhetik.

René Girard, Department of French and Italian, Stanford University. – Publikationen: *Mensonge romantique et vérité romanesque* (1961); *Dostoievski: Du double à l'unité* (1963); *La Violence et le sacré* (1972); *Critique dans un souterrain* (1976); *Des choses, cachées depuis la fondation du monde* (1978, zus. mit Jean Michel Oughourlian and Guy Lefort); *‚To Double Business Bound‘: Essays on Literature, Mimesis, and Anthoropology* (1978); *Le Bouc émissaire* (1983); *Shakespeare* (1990); *Das Heilige und die Gewalt* (1992); *Ausstoßung und Verfolgung* (1992).

Werner Hamacher, Department of German, Johns Hopkins University. – Publikationen: *‚pleroma‘ – zu Genesis und Struktur einer dialektischen Hermeneutik bei Hegel* (1978); Aufsätze zu Kant, Fichte, Schlegel, Schleiermacher, Nietzsche, Heidegger, Yeats und Celan, zu Fragen der Philosophie, der Hermeneutik und der Texttheorie.

Friedrich A. Kittler, Germanistisches Institut der Ruhr-Universität Bochum. – Publikationen: *Der Traum und die Rede. Eine Analyse der Kommunikationssituation Conrad Ferdinand Meyers* (1977); zus. mit Gerhard Kaiser: *Dichtung als Sozialisationsspiel. Studien zu Goethe und Gottfried Keller* (1978); *Aufschreibesysteme 1800/1900* (2. Aufl. 1987); *Grammaphon Film Typewriter* (1986); *Dichter Mutter Kind* (1991); *Technische Schriften* (1993); Aufsätze zu Lessing, Goethe, Schiller, Novalis, Hoffmann, Nietzsche, zur Psychoanalyse und Diskursanalyse von Literatur.

Helmut J. Schneider, Germanistisches Seminar der Rheinischen Friedrich-Wilhelm Universität Bonn. – Publikationen: *Idyllen der Deutschen* (Hg. 1978); *Deutsche Landschaften* (Hg. 1981); *Idyllentheorien des 18. Jahrhunderts* (Hg. 1985); Aufsätze zu Goethe, Jean Paul, Voss, Mörike, Seghers, Peter Weiss, zur Gattungsgeschichte der Utopie und Idylle und zur literarischen Landschaftsdarstellung.

Karlheinz Stierle, Fachgruppe Literaturwissenschaft (Romanische Literaturen) der Universität Konstanz. – Publikationen: *Dunkelheit und Form in Gerard de Nervals ,Chimeres'* (1967); *Text als Handlung. Perspektiven einer systematischen Literaturwissenschaft* (1975); *Petrarcas Landschaften. Zur Geschichte ästhetischer Landschaftserfahrung* (1979); *Dimensionen des Verstehens* (1990); Aufsätze und Abhandlungen zur französischen, italienischen und deutschen Literatur sowie zur Literaturtheorie; Beiträge zu *Poetik und Hermeneutik.*

David E. Wellbery, Department of German, Johns Hopkins University. – Publikationen: *Lessing's, ,Laocoon': Semiotics and Aesthetics in the Age of Reason* (1984); zus. mit Klaus Weimar: *Goethes ,Harzreise im Winter'* (1984); Aufsätze zu Goethe, Hoffmann, Rilke, Hofmannsthal, zu Fragen der Literaturtheorie und der Narrativik.

Aus dem Verlagsprogramm

Literaturgeschichte bei C. H. Beck

Gerhard Schulz
Kleist
Eine Biographie
2007. 607 Seiten mit 57 Abbildungen. Leinen

Werner von Koppenfels
Der Andere Blick
Das Vermächtnis des Menippos in der europäischen Literatur
2007. 320 Seiten mit 11 Abbildungen. Leinen

Peter-André Alt
Franz Kafka
Der ewige Sohn. Eine Biographie
2005. 764 Seiten mit 43 Abbildungen. Leinen

Dirk Heißerer
Im Zaubergarten
Thomas Mann in Bayern
2. Auflage. 2005. 312 Seiten mit 63 Abbildungen. Gebunden

Helmut Koopmann
Thomas Mann – Heinrich Mann
Die ungleichen Brüder
2005. 532 Seiten mit 10 Abbildungen. Leinen

Mathias Mayer
Mörike und Peregrina
Geheimnis einer Liebe
2004. 254 Seiten mit 19 Abbildungen. Leinen